暮らしの実用シリーズ

決定版

手作りウッドデッキ入門

ONE PUBLISHING

暮らしの実用シリーズ

決定版 手作りウッドデッキ入門

Contents

表紙写真は東京都の秋元さんの手作り2段デッキ。この広さで製作費わずか20万円。まさにDIYならでは

※本書をもとに製作される際は、安全に十分留意の上、個人の責任で行なってください。
※掲載されている価格などのデータは取材時のものです。
※本書は、DIY雑誌「ドゥーパ!」、株式会社 学研プラス刊行ムック「手作り!ウッドデッキ」「まるごとDIYウッドデッキ」「決定版DIY道具事典」「DIY素材百科」に掲載した記事をベースに、加筆修正を加えて再構成したものです。

心地よい光の中でのブランチ、
春のさわやかな風を感じながらの読書、
家族と語り合う午後のひとときー…。
手作りのウッドデッキだからこそできるかけがえのない時間。
ここではそんな生活を実現させたDIYerの
手作りウッドデッキを紹介する。

［巻頭実例］

週末ウッドデッキ生活はじめました。

DIY Wooddeck Life

DIY Woodeck Life 1

斜面に立つ手作りのオーシャンビューデッキ

海三昧のオープンリビングライフを愉しむ

神奈川県葉山町●鈴木邸

2階ベランダも鈴木さんの手作り。ウッドデッキと梯子で繋がっている

普通乗用車が通れないほど、細い坂道を登った高台に鈴木真樹さんの家がある。自宅敷地のほとんどが斜面だが、ウッドデッキからの眺望は抜群だ。一色海岸（神奈川県葉山町）が一望でき、晴れて空気も澄んでいると、大島も見られるそう。

「眺望はすごいんですが、なにしろ車が通れない環境。施工業者に依頼すると、割高になってしまうんです。見積もりを見て、唖然としました。もう自分でやるしかないなぁって」と、鈴木さんは笑う。

せっかく作るなら広々としたウッドデッキにしたいと思っていたが、新築した家から約2m先がすでに斜面だった。そのため、ウッドデッキ作りは約1m平地を延ばす地面作りからはじまる。

DATA

製作者	鈴木真樹さん（37歳、会社員）
DIY歴	約20年
製作期間	約2年
デッキの広さ	約38㎡
デッキ材	ウエスタンレッドシダー、SPF
費用	約50万円

オーシャンビューを楽しめる鈴木邸のデッキ。「海を眺めながらのビールが最高です」と、鈴木さん

海三昧のオープンリビングライフを愉しむ

DIY Wooddeck Life 1

神奈川県葉山町●鈴木邸

敷地下部の門扉付近の土を土のう袋に詰めこみ、それを積み上げて平地が作られた。ウッドデッキの先端部は、斜面に突き出ており、斜面には埋められた基礎石もある。地中に鉄パイプを埋めこみ、穴の中にコンクリートを流した。さらに、その鉄パイプと基礎石をモルタルで固めている。

束柱には、木材保護塗料を塗ったウエスタンレッドシダーを使い、床板は、腐ったら簡単に張り替えられるという理由で、SPF材を使用した。ただし、組み立て前に各面に木材保護塗料を3度塗りしている。床張りは、床面がきれいになるように、下穴をあけてからステンレス製のコーススレッドを打ちこんでいった。

完成したウッドデッキは縦4.5m、最大幅8mと広く、2階ベランダに繋がる梯子を設け、メゾネットタイプといえそうな姿になっている。また、海に面して設置されている母屋浴室が右隣の家側にあるため、目隠しフェンスをウッドデッキ右側にのみ作った。

ウッドデッキ完成後は、ビールを飲んだり、友だちとパーティーを楽しむ。しかし、なによりも満喫しているのは入浴タイムだ。「入浴中に、海を眺められるんです!」と、笑う。

ウッドデッキがもたらしたのは、どんなときも海を見られる空間なのだ。

玄関の窓からはウッドデッキの向こうに海が見える。コントラストが美しい額縁に入った絵のような景色

斜面に突き出して作られたウッドデッキ。石積みの階段も鈴木さんが作ったもの

室内からも海が見られるように、2階ベランダのフェンスにはワイヤーロープを張った。床材に使ったのはウエスタンレッドシダー。ベランダ床板の下はポリカーボネイトの波板を張りつけている

奥さんの南さんが「我が家の自慢です」と話す浴室。ウッドデッキができてからは、湯舟に浸かりながら海を眺めることが可能に

シャワーつき立水栓の水受けにタイルを張った。木枠に設けたすき間が排水溝

ベランダへ通じる梯子は、4×4材に2×4材の踏み台を取りつけた。「簡単に階段を作るならこれだ!」と思って、作ったそう

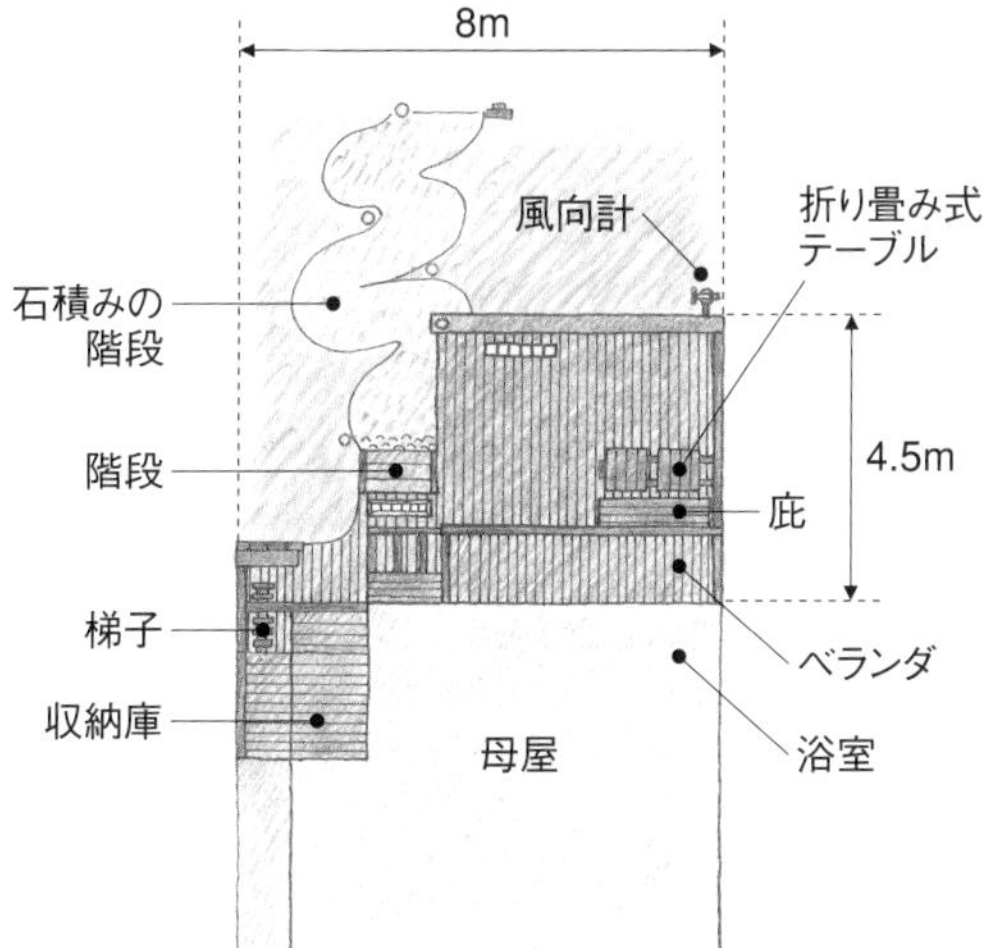

趣味のウィンドサーフィンのために風向計を取りつけた（写真右上）。船舶ライトがつけられたフェンスは座れるように2×10材を使用。折りたたみ式テーブルは、天板の長さ約1335㎜、幅約610㎜

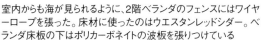

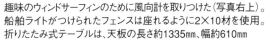

DIY Wooddeck Life **2**

室内から延長された開放的な屋外リビングスペース

滑らかな弧を描く モダンデザインデッキ

長野県岡谷市●小酒井邸

「自宅の庭でバーベキューやパーティーを開いたり、子供がのびのび遊べる空間を手作りしてみたかった」と小酒井さんはウッドデッキを作った理由を語る。鉄筋コンクリート打ちっぱなしの小酒井邸は曲線を意識したモダンなデザイン。それにあわせるようにデザインされた滑らかな曲線を描いたデッキの上で、2歳になる娘のななちゃんは楽しそうに砂遊びをしている。「娘のためにデッキの上に砂場も作ったんです」と、親子そろって満足そうな笑みを浮かべる。

小酒井邸のウッドデッキは耐久性に優れたウエスタンレッドシダー製。室内床面にデッキの高さをあわせて設計してあるため、屋外のウッドデッキと室内が窓を通して同一空間に感じられ、広々とした印象を受ける。ベランダからの景

DATA

製作者	小酒井正仁さん（32歳、会社員）
DIY歴	約3年
製作期間	延べ20日
デッキの広さ	約30㎡
デッキ材	ウエスタンレッドシダー
費用	約25万円

きれいな曲線を描いたウッドデッキ。ジグソーとサンダーで仕上げたR部分が自慢のポイント

観を意識して、あえて柵を作らなかったというデッキは開放感にあふれている。かわりにデッキの淵には枕木と植栽が配され、彩りを添える。高台に立つこの家からの素晴らしい眺望を考えたデッキデザインだ。

苦労したポイントは庭木にあわせたデッキの設計。デッキを作る前は庭に大小たくさんの木が生えており、整地するのに大変苦労したという。ユンボを使って軽く地面を掘り起こし、後はひたすら手作業で整地していったそうだ。最終的に大きな庭木は根が深く、移動することができないため、庭木をいかしたデザインに変更。それが逆にデッキ上にリズムを与え、ナチュラルな印象に仕上がった。

信州の寒さは厳しく、地中の凍結深度は30㎝にもなるという。そのため基礎の支柱は地中を50㎝ほど掘り、砂利をいれて埋めこんだ。支柱は通常のものでは長さが足りないため、駐車場の車止めのコンクリート柱を使用。梁と基礎となる支柱の間にはベランダ用のマットをカットしたゴム製のゲタを挟み、梁と梁の接合部分はシリコンシーラントで隙間を埋めてある。

アーチをくぐるとウッドデッキのステップが。コンクリート打ちっぱなしの建物にあったモダンなデッキデザイン

デッキ中央のフタを取りはずせば砂場が出現。娘のななちゃんは大喜び

DIY Woodedeck Life 2

滑らかな弧を描く モダンデザインデッキ

長野県岡谷市●小酒井邸

デッキが腐食しないよう、支柱と梁の間にはゲタをはかせてある。材の接合部分には補強材としてシンプソン金具を使用している

デッキの淵には枕木と黄金コノテヒバが交互に配され、彩りを添えている。小酒井邸の庭には緑があふれている

デッキへのアプローチは枕木と化粧砂利で小道を作った

デッキ上に無駄なものを配置せず、あえて柵を設けないことによってスマートな印象に

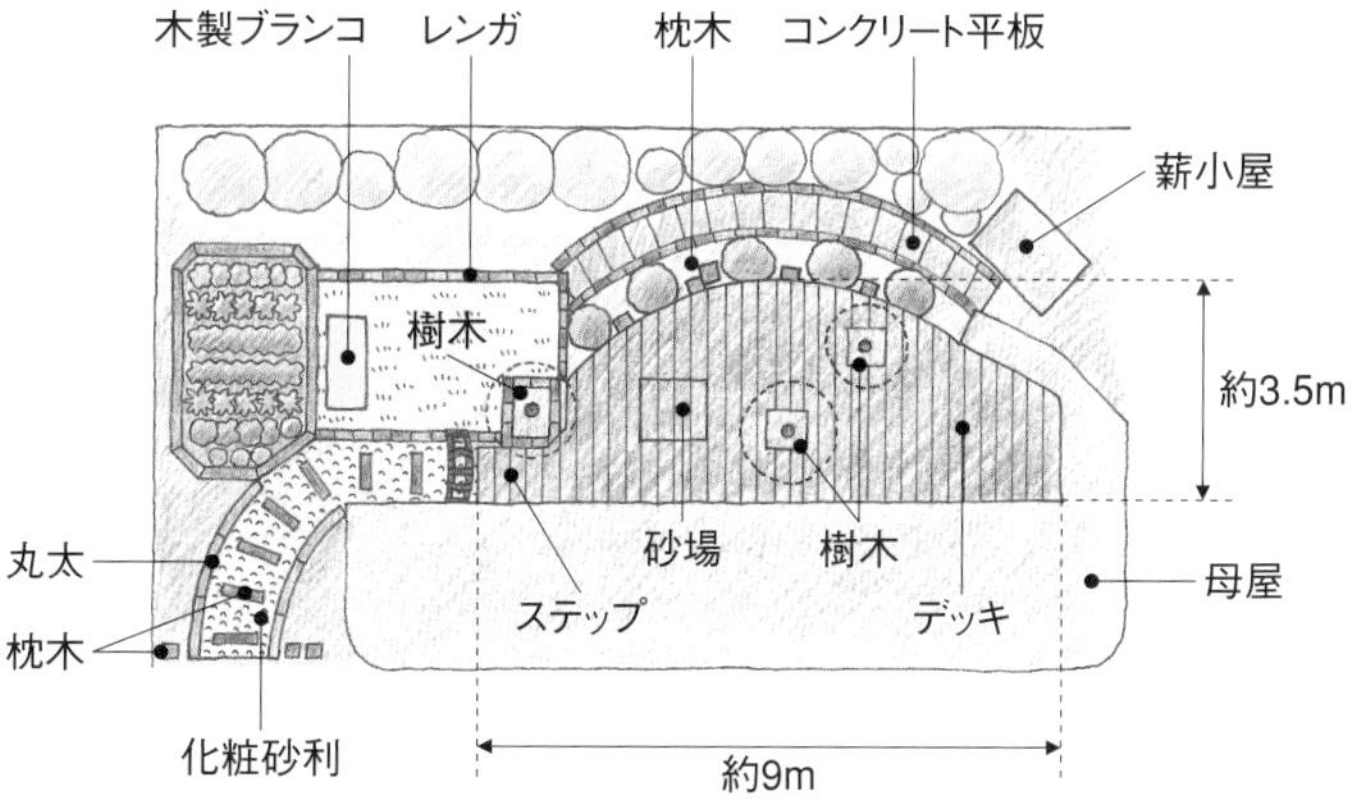

デッキと室内床面の高さが変わらないため、デッキが室内の延長スペースになる。広々とした開放感に心が安らぐ

高台に立った小酒井邸のデッキからは素晴らしい眺望が。DIYでも贅沢なリラックススペースを作ることができるのだ

DIY Wooddeck Life 2

滑らかな弧を描く モダンデザインデッキ

長野県岡谷市●小酒井邸

これは、水による腐食を防ぐ工夫であり、寒い地方に住むＤＩＹｅｒならではのアイデアといえるだろう。

　工作好きな家庭で育ち、子供の頃から必要なものは自分で作ることが当たり前だったという小酒井さん。「お金をかければ、なんでもできる。そこをあえて材料費だけで作る。でも手抜きをしたくありません。プロに頼めば図面を起こして渡してくる。だったら自分も図面を引いて、余剰な材料を出すことなく物を作りたい」。真剣に話す小酒井さんはプロ顔負けの高いＤＩＹ意識を持っていた。

デッキを作る際、整地した庭に作った家庭菜園。9種類の野菜が無農薬でのびのび育っている

Part 1

ウッドデッキの庭
実例集

家のリビングから続くウッドデッキは、
木の香りに包まれたもうひとつのリビングルーム。
家族や仲間と一緒にバーベキューをしたり、
お茶を飲みながら読書を楽しんだりと、楽しみ方は様々。
そんなウッドデッキのある庭を紹介する。

Special
Wooddeck
Collection

1 CASE

斜面に張りだした
展望デッキ

眼下に広がる林を堪能できる ぜいたくな空中スペースでくつろぐ

千葉県千葉市◎岩井邸●デザイン◎大澤豊子

急斜面に張りだしている展望デッキ。コンクリートの独立基礎を使って、強度を万全にしている

森林公園やスポーツ施設が広がる千葉市郊外。自然派にとっては絶好の居住環境にある岩井邸は、敷地内に傾斜地があり、しかもそこが雑木林という独特の立地条件。この特徴を最大限に活用して作られたのが、この展望デッキだ。

リビングルームから続くウッドデッキは、船首のように、斜面に大きく張りだしている。フロアはほぼ五角形。一辺にはガーデンシェッド（物置）を併設し、まわりはカントリー調のクロスフェンスでデザイン。シンプルながら実にユニークである。デッキ材にはすべてヒノキが使われている。

雑木林から出る小枝を使って作ったバードフィーダー。かわいい野鳥がやってくる

眼下に広がる雑木林とそれに続く緑の海を眺望しながら午後のティータイムを楽しむ。バードフィーダーにやってきた野鳥を観察する。

デッキのすぐ左前、堂々とそびえる桜の大木がこのデッキのシンボルツリーだ。花見の頃のすばらしさはもちろん、夏場は涼しい影を落としてくれたりと、四季折々の楽しみを運んでくれる。

抜けるような空が心なしか近くに感じられる贅沢な空間。絶好のヒーリングスペースとなっている

眼前に雑木林が広がり、眺望は格別。左手に併設されているのがガーデンシェッド

デッキフロアはほぼ五角形をしたユニークな形。フロアの張りパターンが特徴的

庭への出入りは半地下の駐車場から行なうのだが、この入り口を抜けると、高麗芝に覆われた明るいガーデンスペースが、パッと目の前に広がってくる。

コニファーやミモザなどの洋風の植栽が、しゃれた雰囲気を醸し出し、レンガ積み花壇や枕木のアプローチ、トレリス、自然石の乱張りを使ったテラスなどがバランスよくレイアウトされている。その庭の最奥にひかえるのが、この展望デッキだ。

敷地の形を生かして変化に富んだガーデンを作りながらも、それでいてバラつかないのは、色調や形態がシンプルで、ウッドデッキとの調和をよく計算されているからだろう。

庭の一角には、傾斜地の雑木林を散歩できるよう、ちょっとした小道がつけられているのだが、そこから見上げるデッキの姿も、この展望デッキの見どころのひとつである。

CLOSE UP

施主の作品、その1。自然木をうまく利用して作られたガーデンライト&バードフィーダー

無類のDIY好きという施主の岩井さん。しゃれたウッドデッキも、格好の作業場にしてしまった。ガーデンシェッドに収納されているものは、実は工具類や部材など。デッキには作業台が常設されていて、すぐに作業に取りかかれるようになっている。小鳥のさえずりを聞きながらのオープンエアでの作業……。うらやましいかぎりである。

作業台や、フェンスのバードフィーダー、自然木を利用して作られたガーデンライトスタンドなどが、ここから生まれた作品だ。遊び心のある豊かな作品が多い。

おや、デッキに作業台を発見！ 木工好きなんですね。さて作品は……

施主の作品、その2。デッキに常設の作業台。日曜大工には欠かせない便利グッズのひとつ

施主の作品、その3。ウッドフェンスに取りつけられた小枝を使ったバードフィーダーと鳥小屋

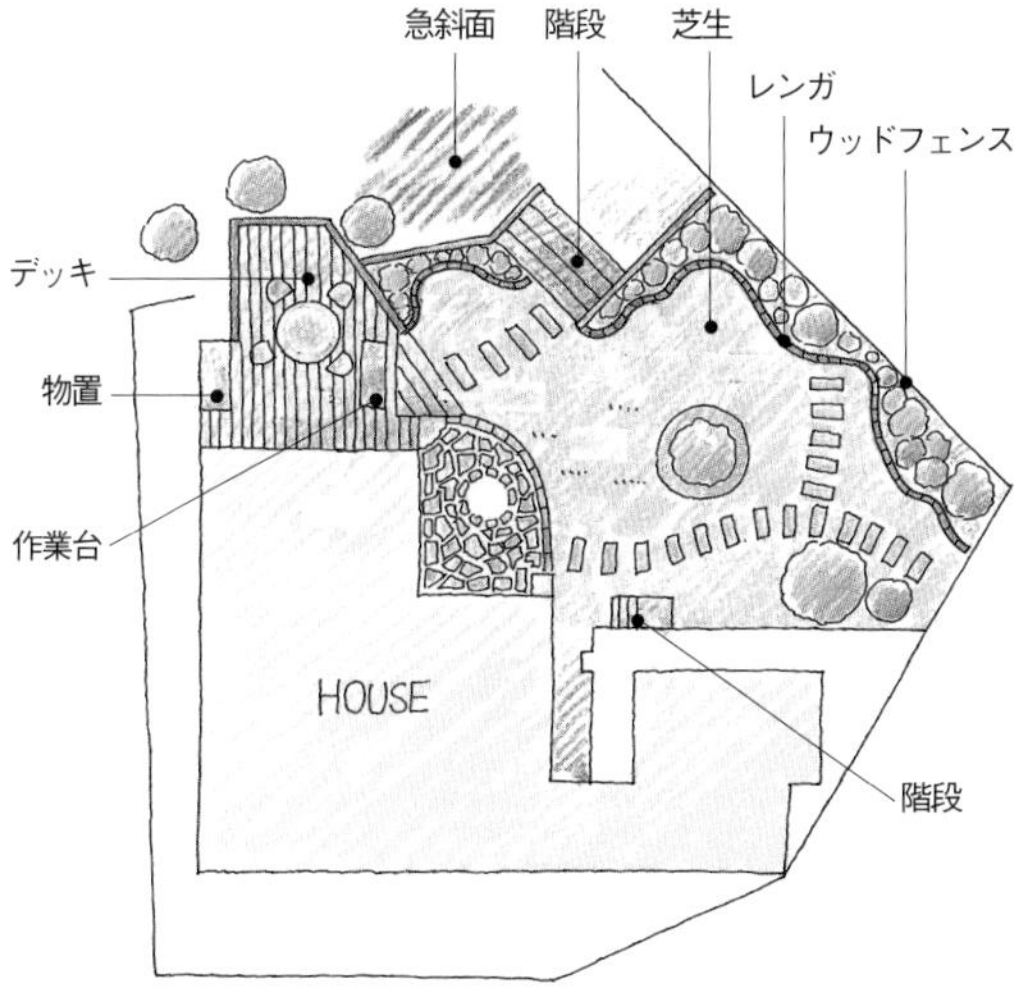

高麗芝を敷きつめた庭から見たウッドデッキ。枕木やレンガ、乱形の自然石がうまく配されている

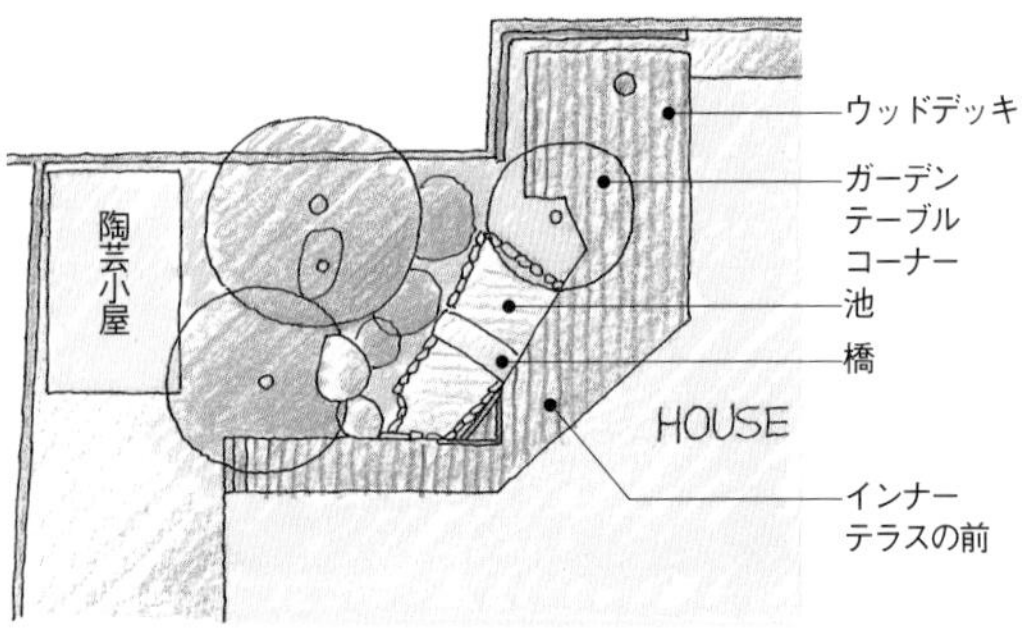

先代が残した和風庭園を生かしたデッキ作りが、施主の希望だった。庭の池も灯篭も、年代を経たみごとな植栽もあまさず残す。それに加えて、庭を屋内と接近させ、より身近に感じさせる。そんなふたつの希望を実現させたのが、この回廊型デッキだ。

まず目をひかれるのが、その特殊な形状。フェンスはなく、池のきわにまで大きく張りだし、庭の二方を取りかこむようになっている。

またデッキに面する部屋には、掃き出し窓や、全開できるホールディングドアが必ずあって、どの部屋からも出入りできる。内と外の境界をできるだけあいまいにという施主の考えが、ここにも生かされている。

床板のパターンはシャープなななめ張り。濡れ縁風で和の庭にしっくりと溶けこみながら、洋風の家屋にもマッチさせた好例だ。

住宅が庭を取りかこむような設計。デッキフロアのパターンはななめ張りにして、和と洋の融合に成功している

CASE 2

和の庭をとりかこむ回廊型デッキ

デッキフロアを植栽に接近させ、木々にふれる生活を

大阪府茨木市◎戸田邸●デザイン・施工◎中川木材産業

リビングから庭を望む。リビングの一部をタイル張りにしてインナーテラスに。ホールディングドアを全開して、デッキの上に設置したオーニングを伸ばすとリビング空間がさらに広がる

池の上にまで張りだしたデッキ。デッキの中央からは小橋を通って築山に行くことができる

夫婦ふたりとも教員である海老名さんは、生徒たちを招いて
デッキでバーベキューパーティーを開くのが夢

カーブベンチは芝生とデッキをつなぐ位置にある。人が多くても座れるようにとの配慮

デッキの隣にある水場は、デッキと同じ素材でカバーして、一体化させた

CASE 3

住宅の高基礎に合わせた
大型デッキ

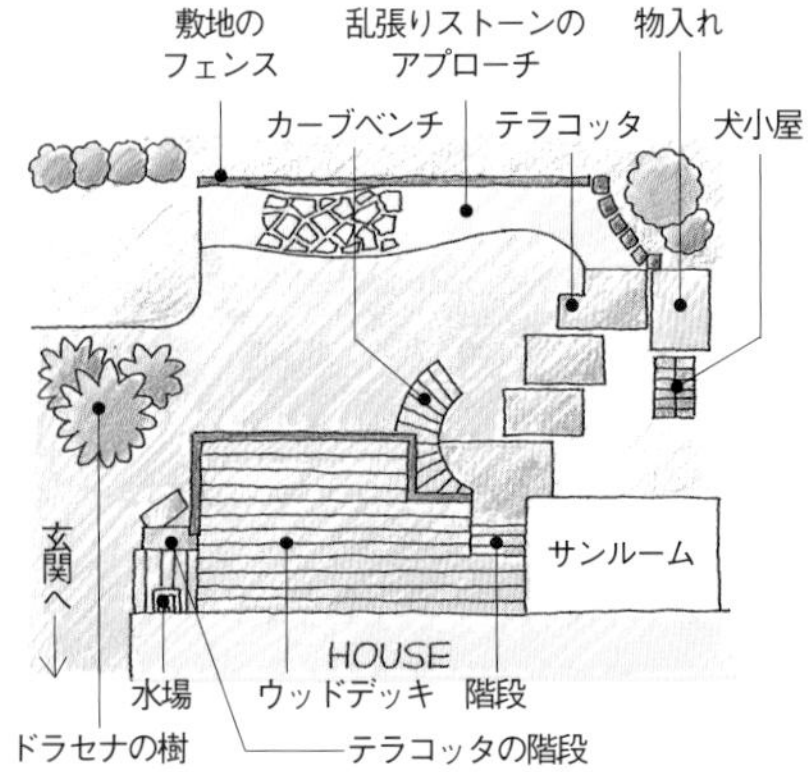

木の香るデッキと自然素材のアプローチでリゾート気分を満喫

神奈川県高座郡◎海老名邸●デザイン・施工◎D.パラダイス

デッキ、アプローチ、右上の犬小屋のあるスペースと、3つのエリアわけがしっかりしている

海老名さんお気に入りの船舶用ライト

花火を打ち上げたようなドラセナの樹がシンボルツリーの海老名邸。芝生に白いテーブルセット、ゆるいカーブのアプローチも奥行きを感じさせる。

そして主役の広いウッドデッキ。奥行きが3m近くあり、かなりゆったりしたサイズだ。住宅の基礎がもともと高かったのにあわせて、デッキも高くなった。地面から80cm程度ある。広さも高さもある大型デッキだが、50坪の庭にはちょうどいいバランスといえる。

土台が丸見えでは具合が悪いので、カバーするために板を張った。横に板を張ったデザインは、ちょうど向かいあわせにある敷地のフェンスとそろったデザインで、トータルなまとまりで見ても非常に好感のもてる庭だ。

施主の海老名さんが、デザインスケッチをひと目見て気にいったというのもうなずける。

デッキのポストは1本だけ長くして、船舶用のライトを設置。ひと手間かけて、配線もポストの中に埋めこんである。前述のフェンスには、小さな穴をあけたテラコッタの向こうに照明を仕込むという、技ありのライティングもひそんでいた。

CASE 4

スペースの広がるガレージデッキ

カーポートとウッドデッキが合体、庭の広がりが倍増した!

兵庫県西宮市◎鈴木邸●デザイン・施工◎デッキ工房オオタ

鈴木邸の前景。写真右上部分が、カーポートの屋根にウッドデッキを設置したガレージデッキ

カーポートの屋根にデッキを作ってセカンドガーデンにしてしまおうというのが、ガレージデッキのコンセプト。とくに庭の高さがカーポートの屋根の位置にある住まいの場合では、庭全体のスペースがぐっと広がるという利点もつく。

ここで紹介する鈴木邸では、ガレージデッキを実現させただけではなく、さらに庭にも別基礎でデッキを作り、ガレージデッキと自然につないだ。その結果、広いデッキ空間が確保でき、家族全員のお気に入りスペースとなったのだった。

ただし施工を担当したデッキ工房オオタさんによると、このふたつの床面をフラットにつなぐ作業には、かなりの苦労があったようだ。

またデッキにあわせて、和風だった庭を思いきってイメージチェンジ。街灯、表札、門も、ナチュラルな雰囲気になるようにリフォームした。

このガレージデッキの設置以降、ご近所のあちこちで、ちょっとしたガレージデッキブームが起きているそうだ。

CLOSE UP

強くてナチュラル、ガレージデッキには工夫がいっぱいだった！

ガレージデッキの骨組みには、頑丈なスチール鋼管を使用。しかしウッディな雰囲気をこわさないように、ポスト部分を木材で覆うなどの工夫が加えられている。屋根の上のデッキ部分には、耐久性のあるウエスタンレッドシダーが採用されていることも注目したい。この床部分は取りはずしできるようになっているので、手いれも楽。至れりつくせりのガレージデッキだ。

ガレージの屋根にはわずかな勾配がついているので、デッキの床板から落ちてくる雨水が、ガレージに漏ることはない

木材で覆われたポスト。教えられなければ、木造のガレージと思ってしまう。うれしいひと手間だ

カーポート横の階段を登っていくと芝生の庭が広がる。植栽も洋風のものに植えかえた

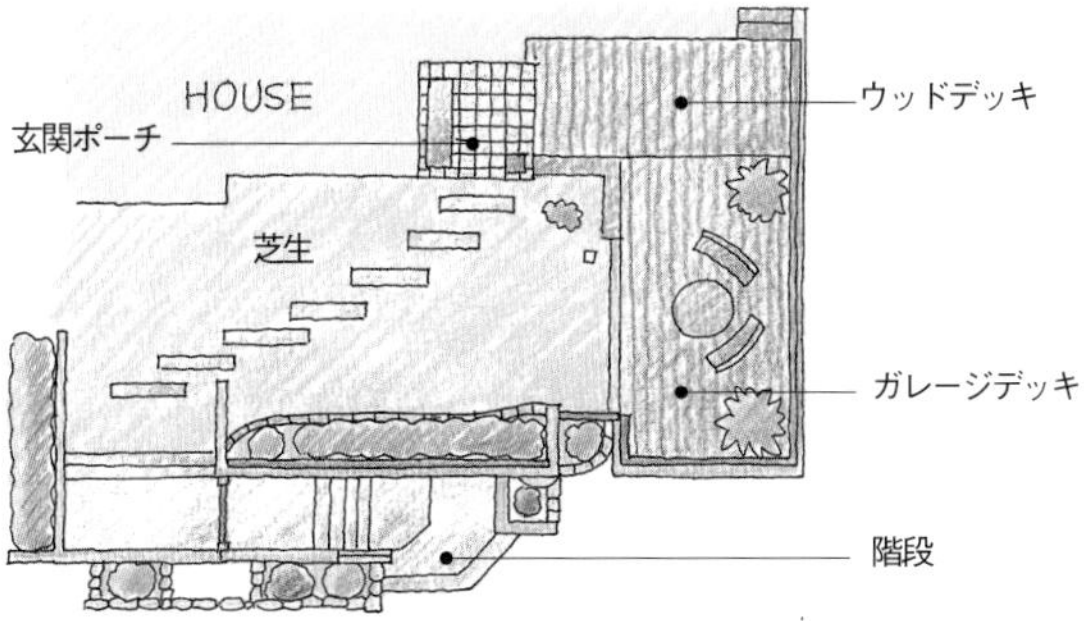

庭のデッキとガレージデッキをドッキング。
手前に床面の境目が見られる。フラットにするのがひと苦労だった

曲線のレンガウォールと組みあわせて湘南風のやわらかいイメージに

神奈川県茅ヶ崎市◎宇野邸●デザイン・施工◎Dパラダイス

CASE 5 小さくても存在感のある手ごろなデッキ

雨の日の愛犬の遊び場として設置を思いたったという、宇野邸のウッドデッキ。床面積は3畳ほどの小さいスペースであるにもかかわらず、思いのほか存在感を醸しだしている。

　その理由は、デッキにレンガ積みを組みあわせ、四角四面になりがちなウッドデッキに、R（曲線）をうまく取りいれたプランニングにあるようだ。これで小さなウッドデッキを、やわらかくやさしい感じがする、ひと味違うイメージにすることができた。

　デッキを取りかこむラティスフェンスも、できるだけおさえぎみの低い高さに設定することで、前面のレンガ積みをひきたてた。ステップに使われている乱張りストーンも、レンガやウッドと相性ピッタリ。

　施主が自分でラフに敷いただけ、というレンガアプローチにあわせて設けられたウッドゲートは、低めで明るい雰囲気だ。ウッドデッキと呼応した色あいもいい。

　湘南の海まで5分という宇野邸の立地条件にふさわしい、風が通る素敵なウッドデッキである。

奥さんが自分で適当に敷いたというレンガアプローチから、ウッドゲートを望む

レンガで縁どった乱張りストーンのステップ。ラティスの扉は下にキャスターをつけてゆがみを防いでいる

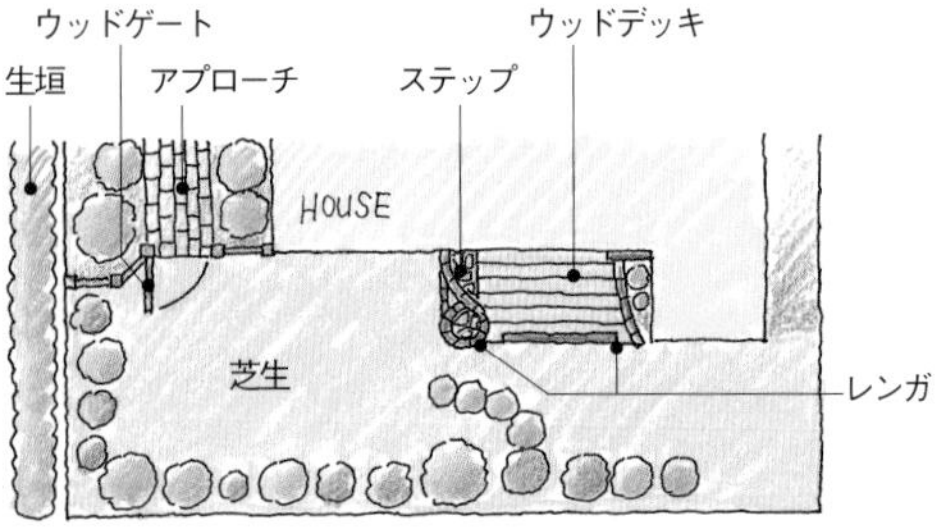

低めのラティスフェンスが開放感を生みだした

愛犬の遊び場に、と作られたデッキであるが、すっかり施主夫妻の憩いの場となっている

キッチンガーデンへと続くブリッジ風アプローチ。
海をイメージして、両サイドには白い化粧砂利が敷きつめられた。
またバルコニーフェンスに沿って、2×材が組まれている

CASE 6

マンションのバルコニーが生まれ変わるローデッキ

デッキを複雑に組みあわせ、地中海リゾート風ガーデンに

千葉県千葉市◎K邸●デザイン・施工◎おりーぶPot

14階マンション最上階。バルコニーに出ると、頭上にはさえぎるものがいっさいない大空が広がり、眼下には高層ビル群と東京湾が眺望できる。

超近代的なビルの上というロケーションだからこそ生まれた、光と風があふれるスペース。ここに、ゆっ

開放感いっぱいのバルコニーデッキ。写真手前、プランターシェルター前の床には、夜のライトアップのためステンドグラスがはめこまれている

強風時にプランターなどを避難させるためのプランターシェルター。開口部は折りたたみ式になっている。冬場は温室としても使える

たりとくつろげるオープンエアリビングを作りたくなっても、不思議ではない。

かくしてリフォームが敢行され、14階のバルコニーは、潮の香りが似あう地中海風リゾートに変身してしまった。

中央には複雑な5段デッキが配された。いずれもフェンスのないローデッキだが、組みあわせることで、立体的な印象を生みだすことに成功している。

上段のデッキは、住居にかこまれている中庭のようなスペース。ここにパーゴラと作りつけのテーブルを置いた。中央のメインデッキの前には温室兼用のプランターシェルターが作られ、これがデッキの特徴をきわだたせるポイントとなった。

キッチンガーデンからデッキを望む

デッキ最上段には三角のパーゴラを取りつけた。ベンチやテーブルはすべて強風に備え、固定されている

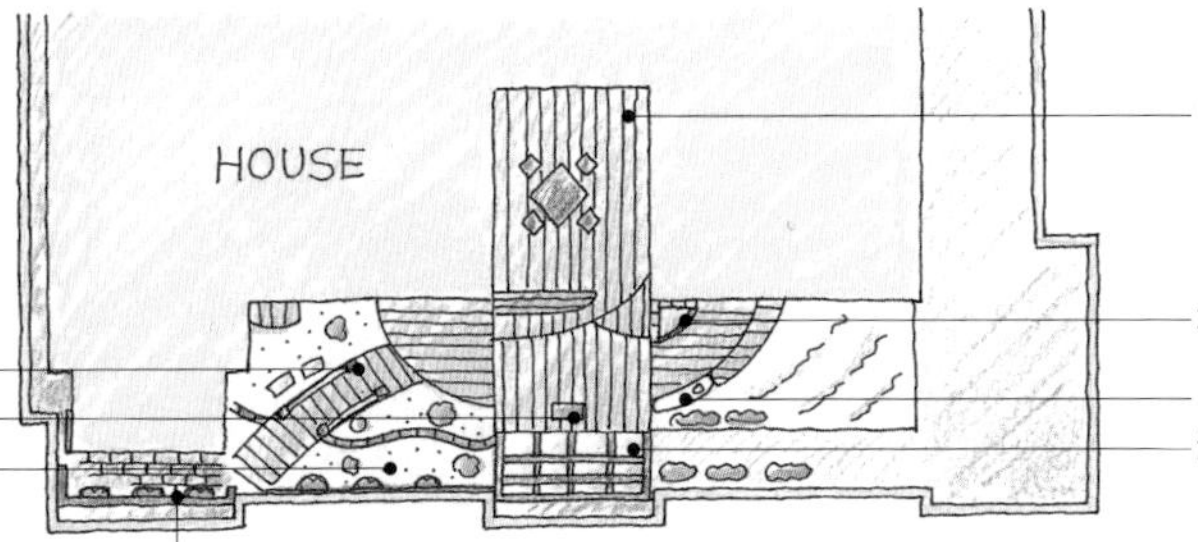

海に近いだけあって、強風対策は万全を期した。最上段にあるベンチやテーブルはすべて木ネジで固定、プランターシェルターを設置したのも、この風対策の一環である。

またベランダやバルコニーにデッキを作る場合、既存の構造物に傷をつけないようにしなければならない。つまり壁面や床面に穴をあけるような加工はできないことになる。

このためアンカーボルト（コンクリートに打ちこむボルト）はまったく使わずに、デッキは自重だけで安定させている。キッチンガーデンにも敷かれたレンガにもモルタルは使っていない。

それに加えて撤去することも想定し、デッキ製作に使った木ネジには、簡単にバラせるよう、サビないステンレス製のものを使用。しっくい風ウォールも、中身を発泡スチロールにしたので、持ち運び可能だ。

何かと規制の多い共同住宅でのリフォームだが、テクニックを駆使すれば、ベランダにデッキ空間を作りあげることも夢ではないのである。

4段目の扇型デッキの要として作られた屋外水栓。レンガ、乱張り自然石、白セメント、珪砂などを駆使して、地中海風な仕上がりに

CLOSE UP

夜を演出するユニークな照明があちこちに…

海を感じさせる照明が随所で見かけられるが、船舶ライトをトップに置いた、しっくい調ウォールもそのひとつ。

もうひとつは、メインデッキの床にはめ込まれた、施主の奥さん手製のステンドグラス。中には船舶用ライトと、反射板代わりに銀紙を入れた。ステンドグラスは季節ごとにデザインを変えて楽しむそうだ。

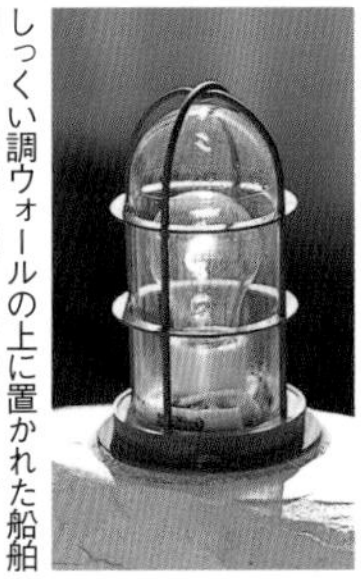

しっくい調ウォールの上に置かれた船舶用ライト。海を照らす灯台のようだ

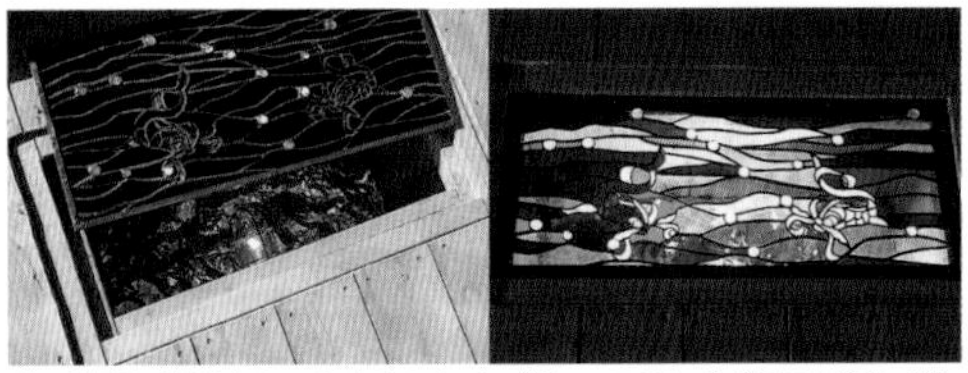

右／内部に照明をセットすることで、美しいステンドグラスが浮かび上がる。左／ステンドグラスをはずすと、なかに船舶用ライトと銀紙があるのがわかる

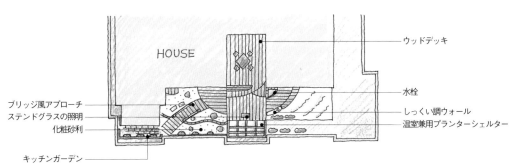

Part 2

ウッドデッキ作り基本の〝き〟

憧れのウッドデッキ。モノが大きいだけに構えがちだが、
基本さえおさえれば誰でもDIYで簡単に作ることができる。
ここでは、デッキ作りに欠かせない、基礎や土台、床、フェンス、パーゴラまで、
ウッドデッキ作りの全行程を詳しくガイドする。

The Basics of Woodeck Construction

ウッドデッキの構造

おさえておきたい各部の名称

ウッドデッキは、構造的には非常にシンプルで、初めてでも挑戦しやすい造作物。まずはここで、各部の名称とともに全体の作りを把握しておこう。何が何に支えられているのかを頭にいれておけば、製作もしやすいはずだ。

基礎石《きそいし》（束石《つかいし》、沓石《くついし》）

全体の荷重を受ける大切な部分。直接土の上に置き並べるときと、掘って生コンを充てんしてから設置するときと、地盤によって方法は違う。いろいろな形状の基礎石があるが、ブロックでも代用できる。

根太《ねだ》

床板を支える土台の一部。床板とは常に直角に交わる関係だ。イラストのように縦張りの床のときは、根太は横に走る。根太自体は束柱に支えられる。見えない部分だが、根太が上下していると床板がでこぼこになるので、細心の注意を。根太には2×6が使われることが多い。

束柱《つかばしら》（ショートポスト）

基礎石の上にのせて立ち上げる柱。根太を支える大事な部材だ。これが床よりも高くなると、フェンス支柱やパーゴラ支柱になる。4×4が使われることが多いが、地面に近くて湿気を吸いやすいので、防腐対策はしっかりと。

垂木《たるき》

垂木とは通常、屋根の野地板を受ける材のことだが、パーゴラの上に並べる装飾的な角材の名称としてもよく通っている。あまり重くならないよう、2×4を縦に割いたり、最初から2×2を使うことも多い。

パーゴラ

いわゆるぶどう棚、藤棚のこと。装飾的な意味合いはもちろん、夏場はヨシズを乗せて日除けにしたり、ハンギングプランターやライトをかけたり、いろいろと役に立つ。垂木と桁の関係でデザインもさまざまに変わる。

桁《けた》(ビーム)

垂木を受ける材のこと。支柱に支えられている点では、デッキ土台でいう根太に似ている。よく目立つので、強度が落ちない程度に飾り切りをしたりして楽しむ。さらに桁と支柱の間を方杖で補強することもある。

支柱《しちゅう》(ポスト、ロングポスト)

パーゴラやフェンスを支える柱。束柱を伸ばして支柱にする場合と、デッキの上に別材を立ててあとづけする場合とある。あとづけの場合は金具などで固定。4×4が一般的。

手すり

フェンスのトップは、人の手がいつも触れることを考慮して作りたい。あえて幅のある2×6を使うとちょい置きに使えて便利。また、このイラストのように通し材にするとフェンス全体の強度が増す。

フェンス

柵のこと。転落防止や目隠しのために取りいれられるが、ローデッキなどはフェンスなしが多い。フェンス面は、既製のラティスのほか、自作の縦格子やクロスフェンス、手作りラティスなど多く見られる。

床板《ゆかいた》

デッキ面のこと。通気や、雨水のたまりに配慮して、5mm程度のすき間をあけながら固定されることが多い。使われるのは2×4や2×6。根太との兼ね合いに注意すれば、床板の並べ方でデザインを楽しむこともできる。

Step by Step Guide for Wooddeck Construction

幕板《まくいた》

床板を外側から包んで木口を隠し、見た目よくまとめる板。さらには、外枠にあたる根太をさらにしっかりと固定して強度を高める効果もある。しかし構造上欠かせないものではないのでつけるつけないはお好みで。

ウッドデッキ作りの流れ

準備

- 計測・庭全体のプランニング
- ←ウッドデッキの設計図作り
- ←道工具の調達
- ←資材調達
- ←塗装（1回目）

ウッドデッキ製作にあたっては、予定地を採寸することが第一段階。窓の高さや出っ張りなどを採寸したら、それを方眼紙に、10分の1や20分の1スケールで描いてみる。方眼紙ならデッキのサイズも見えてくるはずだ。

より具体的にイメージするためには、実際の予定地にデッキ材を1、2枚置いてみるとよい。通路にはどの程度スペースが必要か、階段はどの程度前へ出すことになるのか、あくまで現場を踏まえた設計図作りが大切だ。

目線についてもしっかり考慮しよう。リビングのソファーに座ったとき、通りを歩く人の視線、どちらも実際に立ってみないとわからないこと。平面図にはあらわれない「高さ」の把握にもつながる。

プランニングのアプローチとしてもうひとつ、木材に合わせて作るという手もある。ある程度敷地に余裕があって融通がきき、できるだけ簡単・スピーディーに作りたいときに有効な方法だ。デッキでいちばん木材を使うのはいうまでもなく床板。これを、近所のホームセンターの2×材の品ぞろえに合わせて、10フィートなら10フィートに決めてしまう（実寸はやや長いので注意）。加工の手間が省けるし、経済的という利点もある。

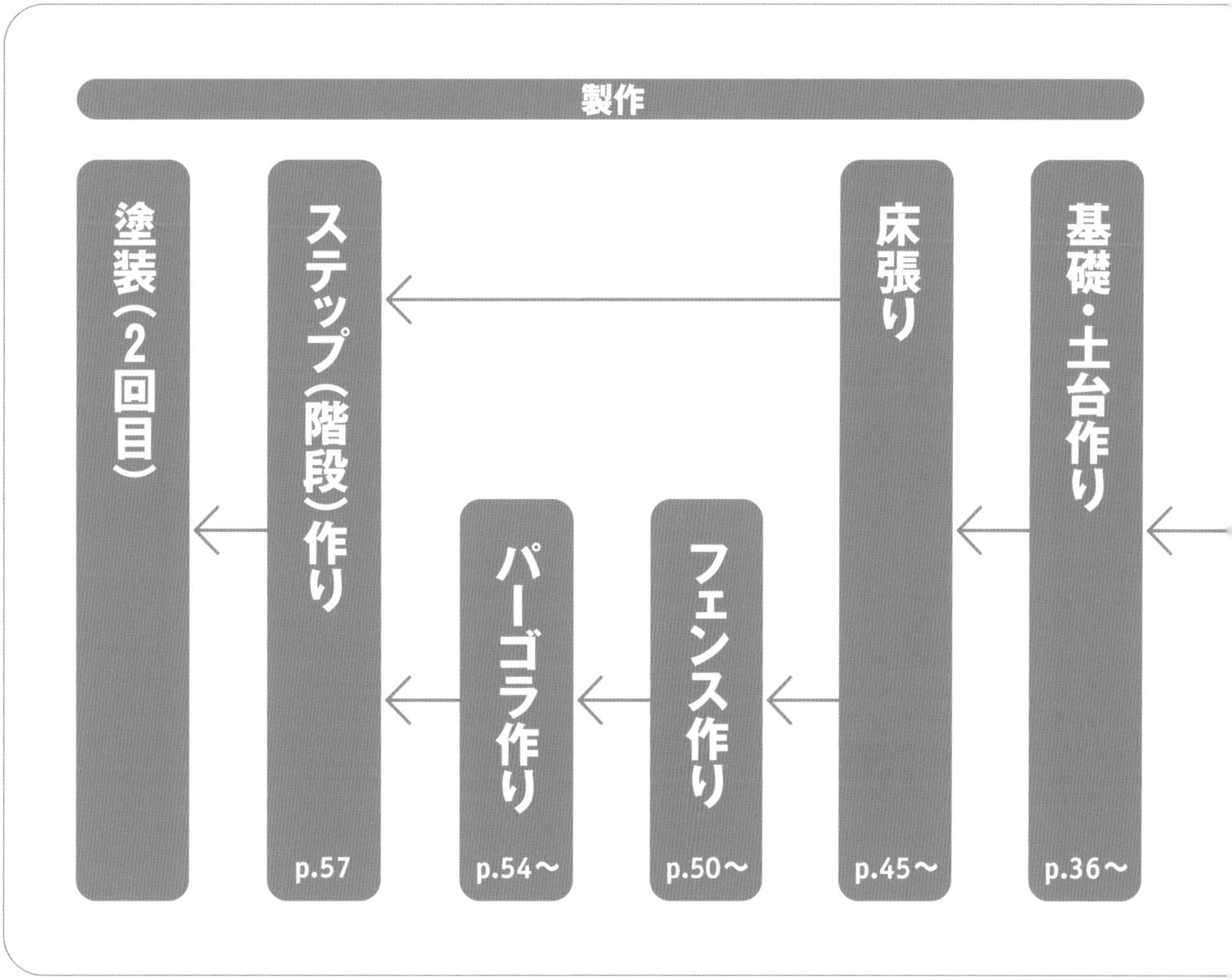

設計図作りの味方

縮尺定規を使う

写真は全長20cm弱ほどの縮尺定規。20分の1や25分の1、50分の1などの縮尺目盛りがついているところがミソ。通常の板定規ではあまり見られず、三角柱スタイルが特徴だ。この手の縮尺定規がひとつあれば、設計上のミスを減らし、またスピーディーに設計作業を進めることができるだろう。

1,000円以内で手に入るはず

実寸を目で確認しながら作業できる

プランニングのコツ

デッキスペースと高さをイメージする

庭のプランニングで大切なのはバランス。デッキのサイズがはっきりしていても、大きいか小さいかは、現場にはめこんでみなければわからないのだ。そこでおすすめしたいのが地縄を張るやり方。イラストのように四隅にクイを打ってデッキスペースに縄を張る。その場で調整もできるし、一度はやっておきたい作業。

また、2×6を数本買ってきて、ほんの少し並べてみるのも手。完成時のイメージをもつことは、大事なポイントだ。

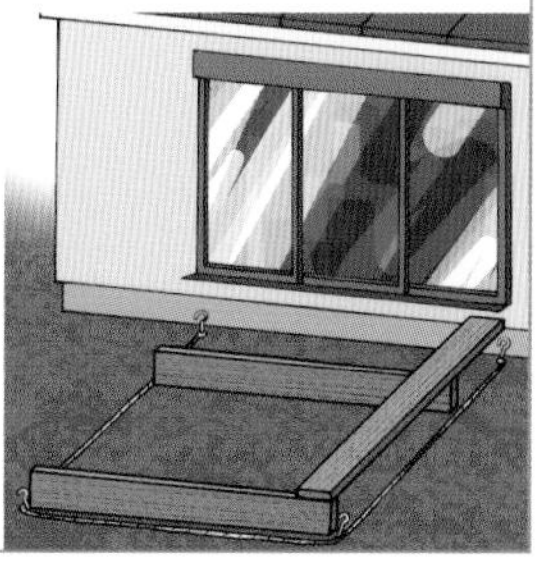

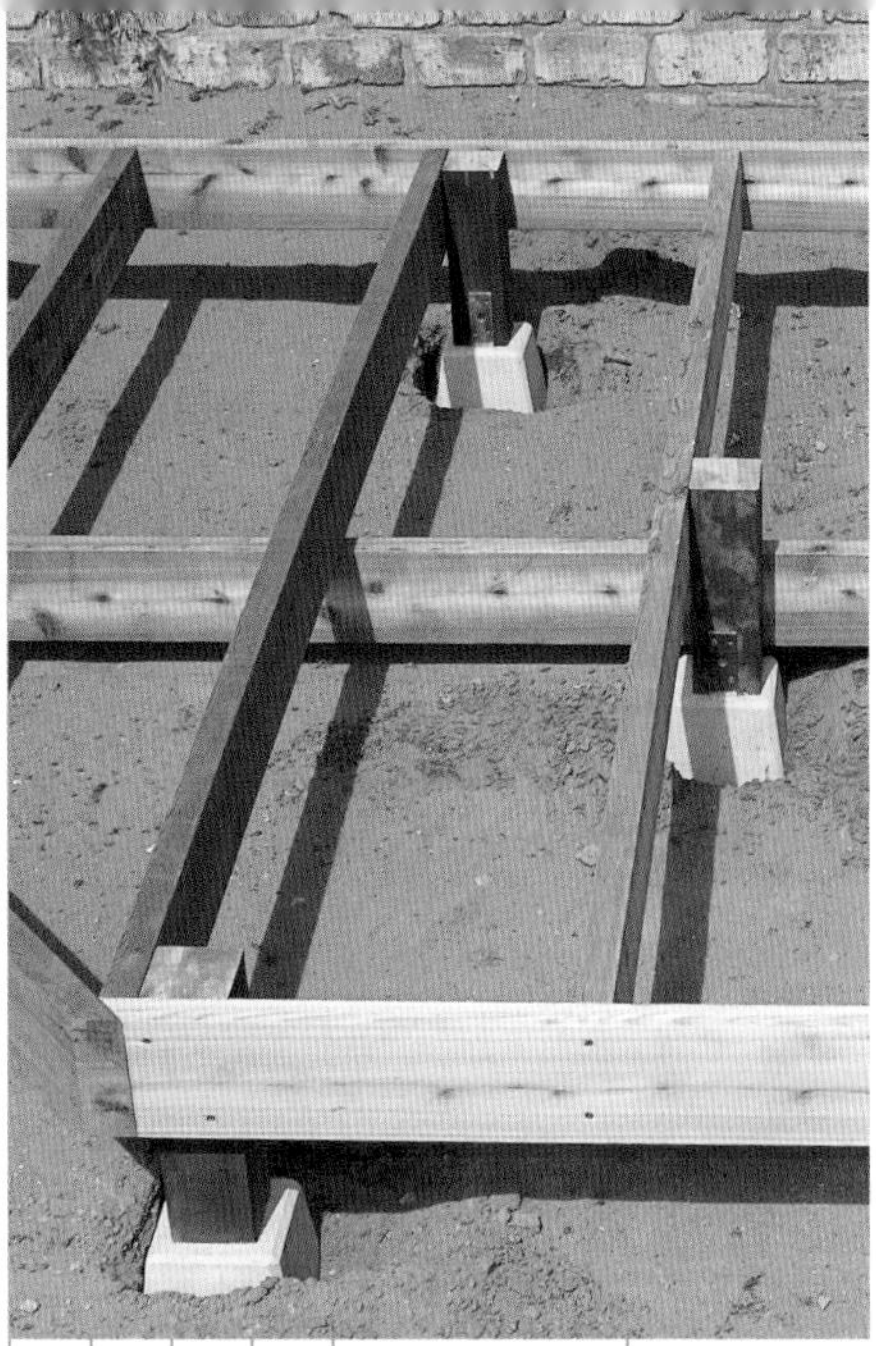

製作❶ 基礎・土台・床

いよいよ実作業にかかる。基礎や土台は、完成時にはほとんど見えないところだが、とにかく重要な部分だから、時間がかかっても慎重に作っていきたい。その苦労のぶんだけ、床張りは進みが早く、楽しい作業になるだろう。

Step 1 基礎

デッキの荷重をしっかり受けとめるために

地盤によって内容はさまざま

基礎とは、デッキ全体の荷重を受ける、基礎石以下の部分のこと。建物では、各壁を受ける形でつらなっているが、デッキでは束柱（つかばしら）ごとを個別に支える独立基礎が一般的。

基礎は、地盤によって柔軟に考えなければならないが、それなりの固さがある普通の土ならば、掘ってよくつき固めてから砂利（あるいは砕石）をいれ、基礎石を据えるというのが通常のスタイルだ。

しかし畑地など、やわらかい地盤の場合はしっかりした足場固めに生コンを使う必要がある。この場合は150～200㎜程度穴を掘ってつき固め、砂利、生コンの順で穴にいれ、やや固まったところではじめて基礎石を置く。砂利とコンクリートの厚みは、それぞれ50～100㎜を目安にするといいだろう。基礎石はもちろん水平でなければならないので、設置の際に小さな水平器を使い、カナヅチの柄でコンコンたたいて傾きを調整する。

基礎石については93頁で紹介するように数種類ある。どれを使う場合でも、すべて埋めてしまうことは避けよう。束柱が直接土にふれると湿気を吸ってしまい、傷みをはやめることになるからだ。さらに徹底した湿気対策として、束柱と基礎石の間に硬質ゴムをかませて通気をよくする手もある。

さて、予定地が土ではなく舗装されているところ（タイル、レンガ、アスファルト、コンクリートなど）に作る場合はどうだろう。

基礎はデッキの荷重を受けるためにしっかりした地盤を作る作業だから、下がしっかりしているなら、直接束柱を置いてかまわない。そこで気になるのは、たとえば窓下にあるコンクリートたたきなど、やや勾配がついている場合の処置だ。これは程度問題になるが、少々勾配のある箇所が全体の中の数個なら、あまり大きな問題にならないだろう。つまり、束柱が土台に垂直に接合されていれば、底辺の一辺がわずかに浮いている程度は許容範囲ということ。

もちろん、それが数カ所ですまなかったり、勾配がきつければ、やはり基礎石できちんと作る必要がある。

コンクリートの上に生コンを盛って基礎石の水平を出そう。

コンクリート基礎の構造例

やわらかい地盤のデッキにおすすめ

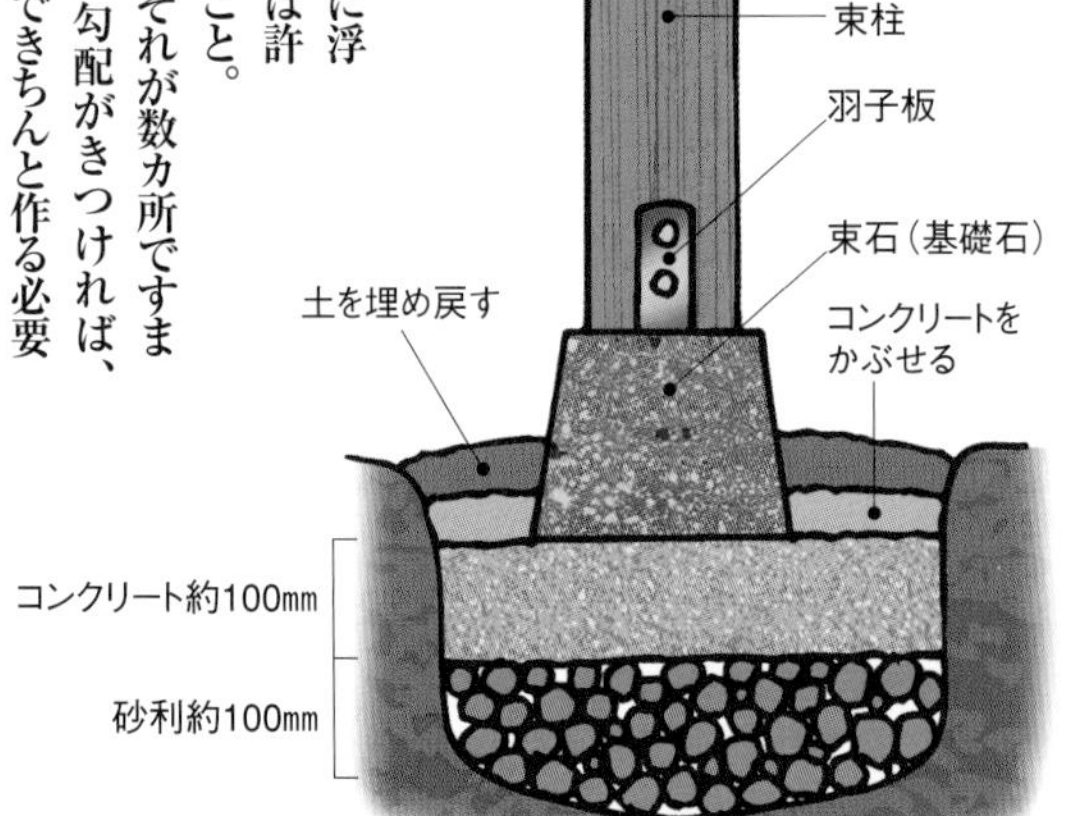

基礎のいろいろ

地盤の種類	内容				
普通の地盤	掘る	砂利	—	基礎石	
やわらかい地盤	掘る	砂利	生コン	基礎石	
傾斜地	掘る	砂利	生コン	高めの基礎石	※束柱1.2m程度まで
コンクリート床	—	—	硬質ゴムやパッキン	基礎石	※直接でも可
水勾配のついたコンクリート床	—	—	生コン	基礎石	
どうにもならない岩場	—	—	生コンで束柱を固める	—	

基礎をしっかり作れば斜面にだってデッキは立てられる。写真は、自然木を土台に使ったデッキで、基礎石もコンクリートで自作した例。基礎に川原石で化粧してあるところがおもしろい

基礎石に縦置きのブロックを使った例。空洞の部分にもコンクリートを充てんしてある

同じデッキでも基礎石を使い分けてある。左は羽子板つき、右は4×4に合う穴のあいたタイプのもの

200㎜角の基礎石を使った例。一見したところは平板のようだが、実は掘り下げて砂利もしいてあり、基礎石そのものの高さもある

Step 2

土台

むずかしそうだけど本当はシンプル

デッキを支える根太と束柱

土台とは、床下の部分、目立たないけど大切な「骨組み」のことだ。土台作りは材木選びからはじまると思っていい。通信販売などでまとめて買ったときには、なるべくまっすぐで狂いのない材を先に選び出して、土台用としよう。ホームセンターで買うときも、土台用だけは妥協なく選びたい。

土台のパターンはいろいろあるが、下のイラストのような形が一般的。そんなに複雑なものではないことがおわかりいただけると思う。束柱は4×4、根太には2×6が多く使われる。

これらの束柱や根太を、どの程度の密度で配ればいいのか、つまり根太の間隔に迷うところだ。目安は、根太間が600㎜内外、束柱間は1200㎜あたりを上限としよう。もっともこれは根太が2×6のときの話で、2×4ならもう少しつめる必要がある。

土台には、できるだけ狂いのない材を選ぶ。見た目が悪くてもまっすぐな材を選抜する

土台の構造例

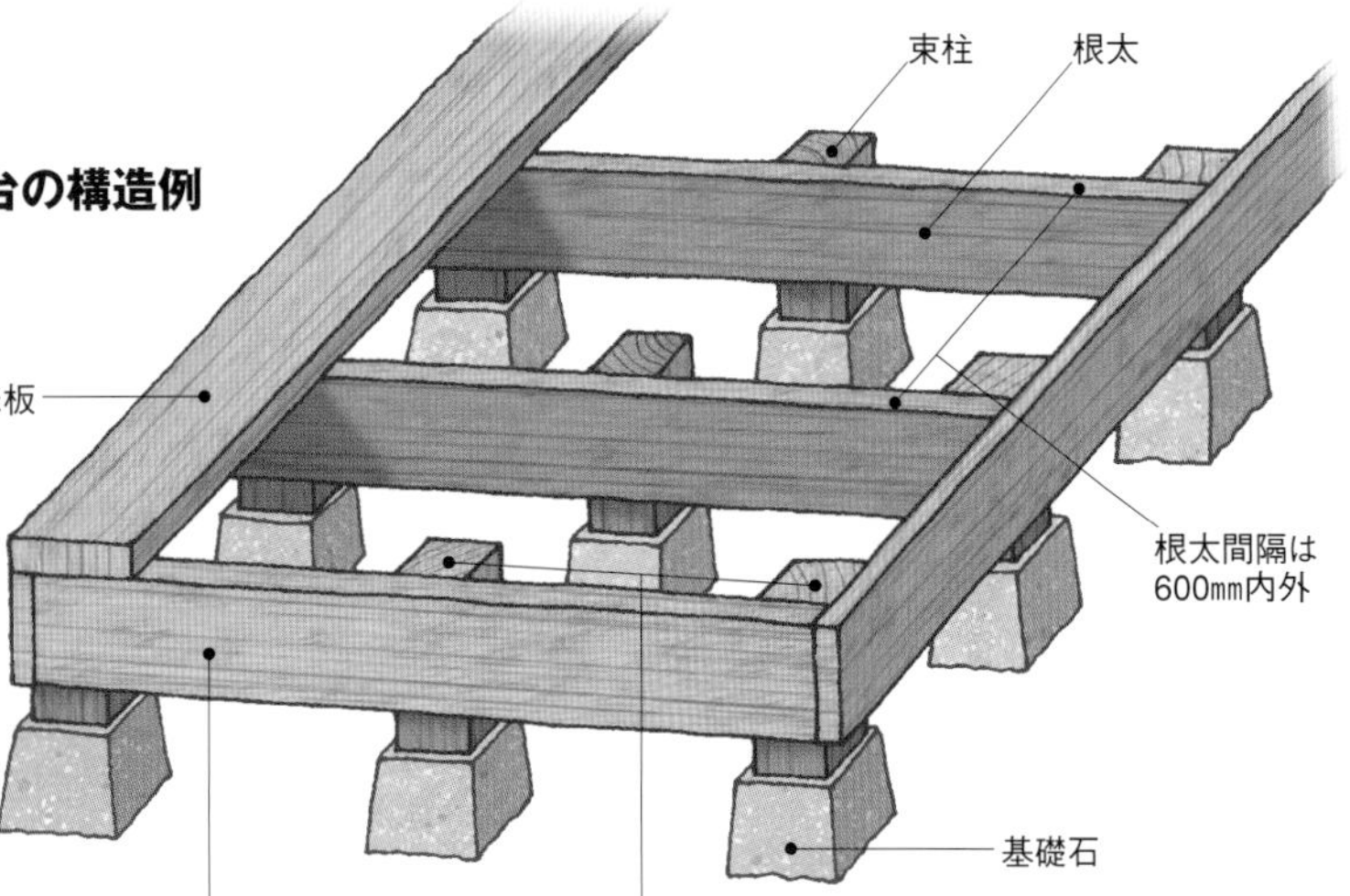

土台のいろいろ

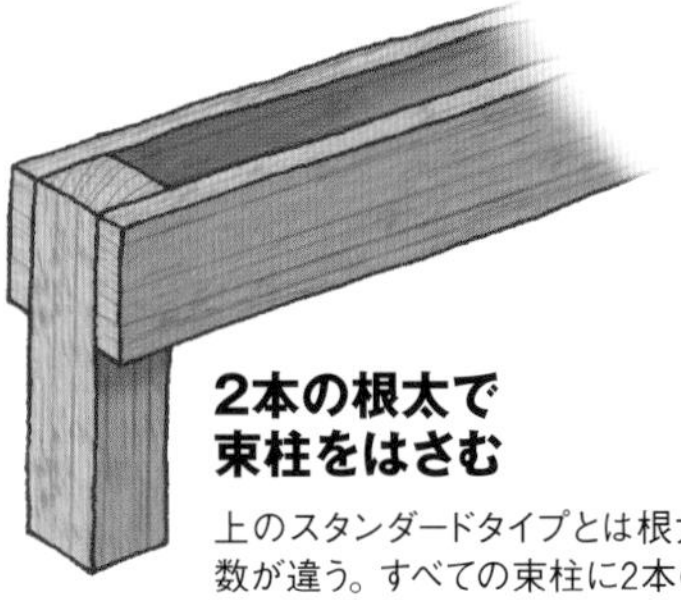

2本の根太で束柱をはさむ

上のスタンダードタイプとは根太の数が違う。すべての束柱に2本の根太を抱かせるとするとそうとう頑丈な土台になるだろう。そこはお好みだが、たとえば重量物のくるところだけに取りいれるなど、使い分けるのもいい。

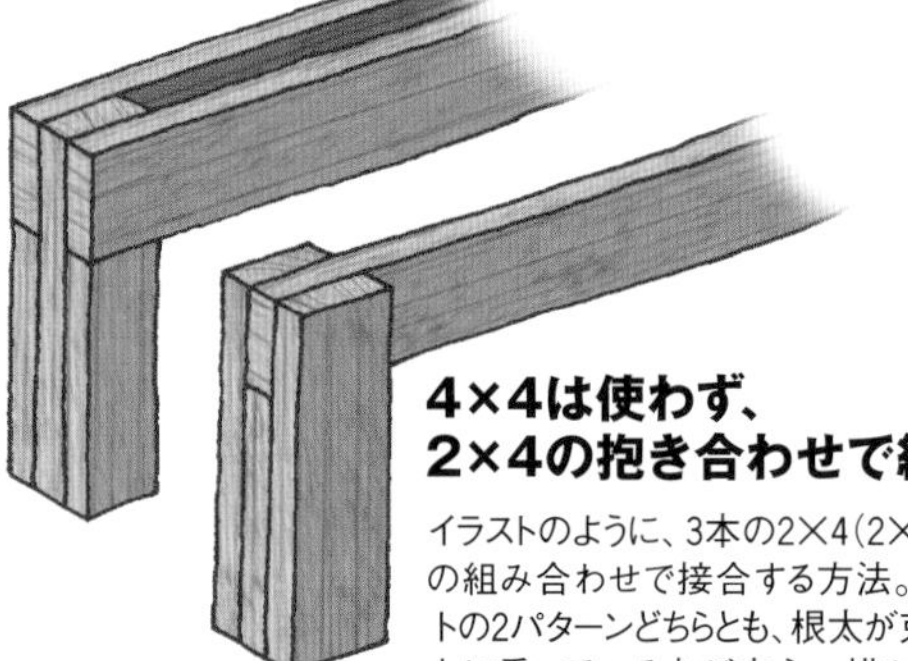

4×4は使わず、2×4の抱き合わせで組む

イラストのように、3本の2×4（2×6でも）の組み合わせで接合する方法。イラストの2パターンどちらとも、根太が束柱の上に乗っている点が安心。横から打ちとめる方法とは明らかに違う点はそこだ。ホゾ組みに似た強度が期待できる。

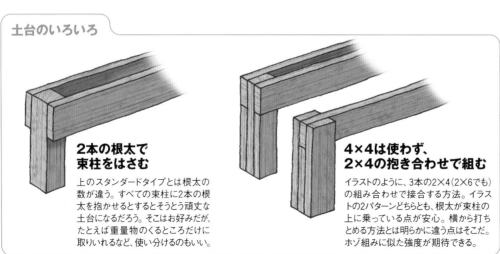

床高から根太の高さを導き出す

土台の構造を把握できたら、作りたいデッキの高さを決めよう。もっともスタンダードな、掃き出し窓に作るデッキでは、その窓のラインが目安になるだろう。窓と高さをそろえてもいいし、1段下げてもいい。

下のイラストは窓の水切りにぴったり高さを合わせたスタイル。出入りが楽なので、リビングの延長としてのデッキライフを楽しめるはずだ。

このような「高さ」は、まだデッキができる前に何もない段階では把握できない。

そこで掃き出し窓の縁とか、ブロックの目地とか、ある基準点を決めて、そこから水平ラインを測り出していく作業が必要になる。これをレベル出しという。土台の高さ（根太の高さ）は、このできあがり高さから床板の厚みを引いたものになる。

参考

透明ホースを使った水盛りの方法

たとえ掃き出し窓の高さが下から50㎝だったとしても、地面はでこぼこなのが当たり前だから計測地点によって「高さ50㎝」は違ってしまう。

そこでイラストのような「水盛り」と呼ばれる方法が使われることがあるのだ。これは透明ホースの片方の口を固定して任意の高さまで水をいれると、他方に現れる水位と常に同じであることを利用したレベル出し。

導き出された水平ラインに水糸を張って、施工の助けにしたりする。

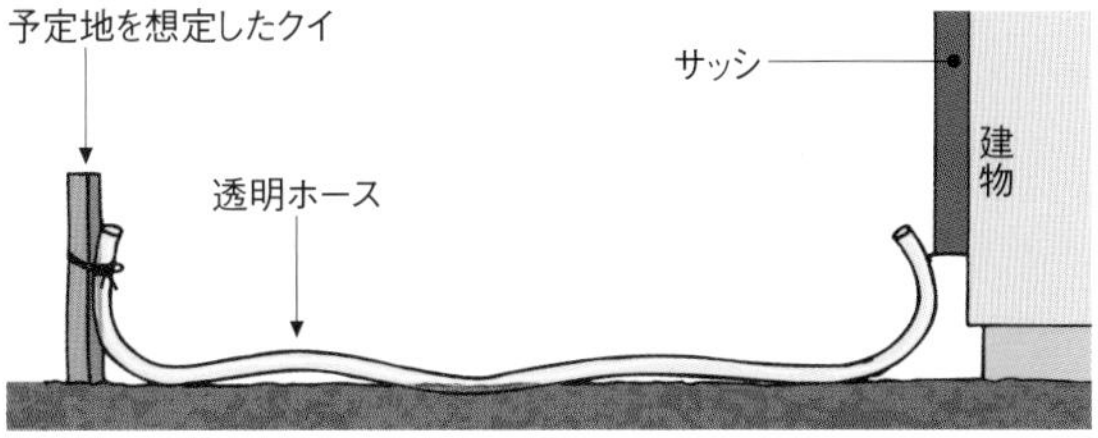

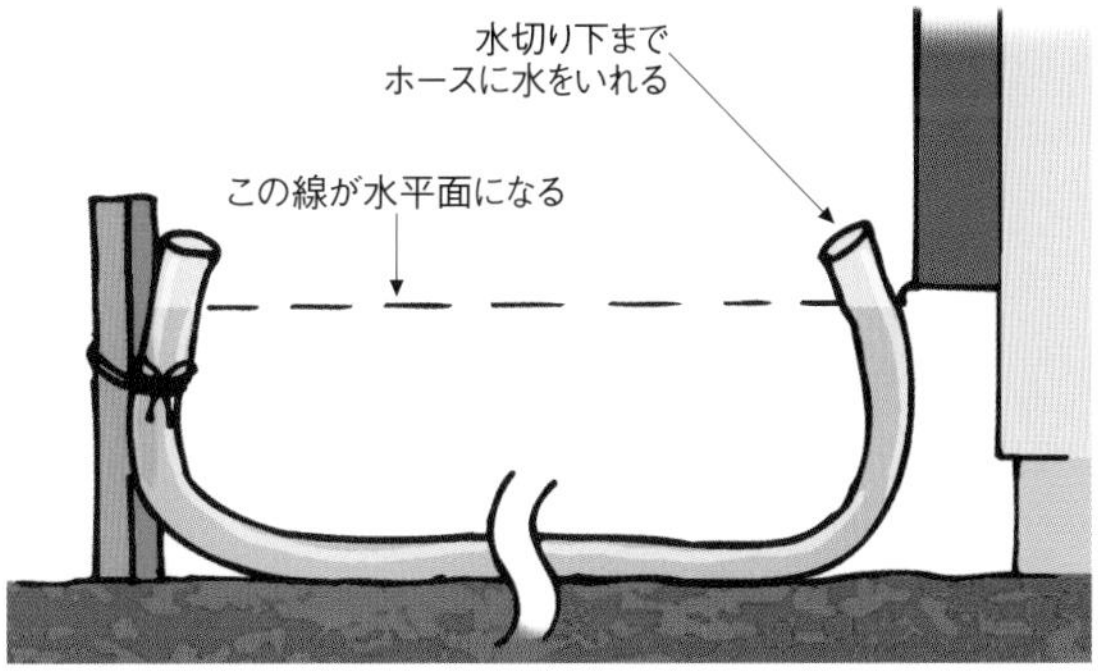

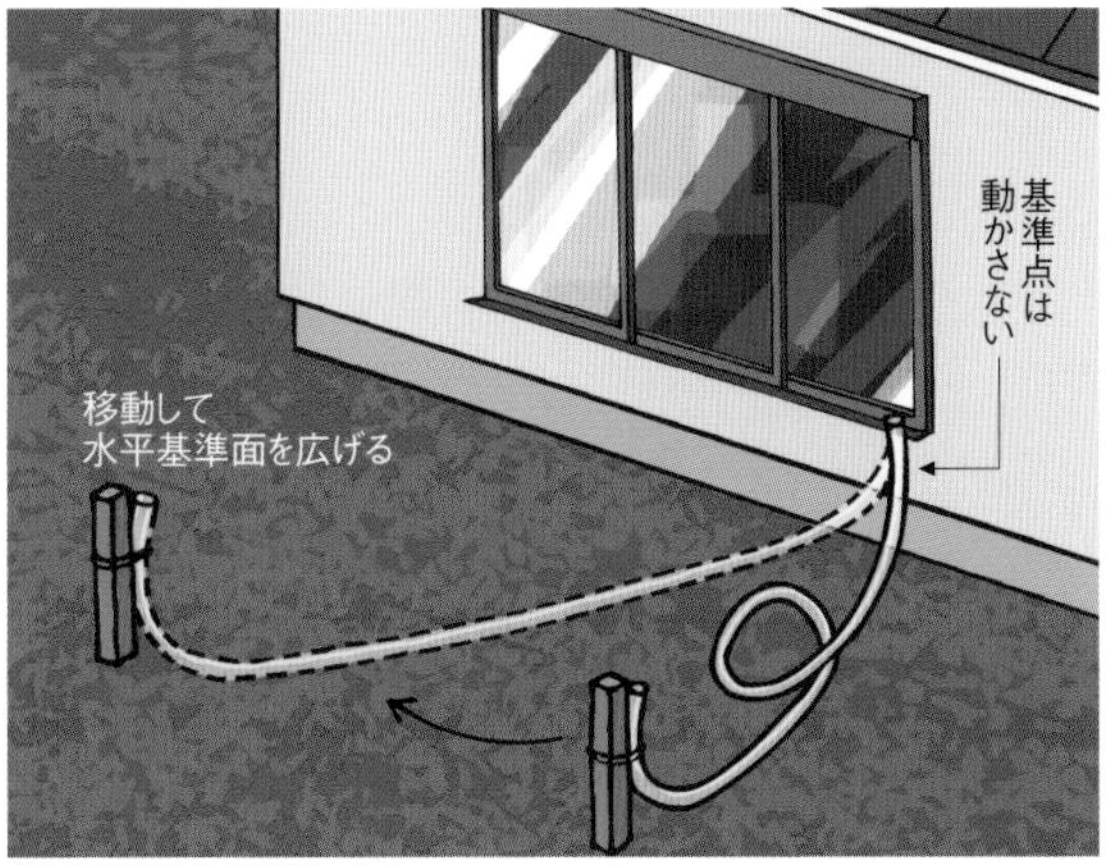

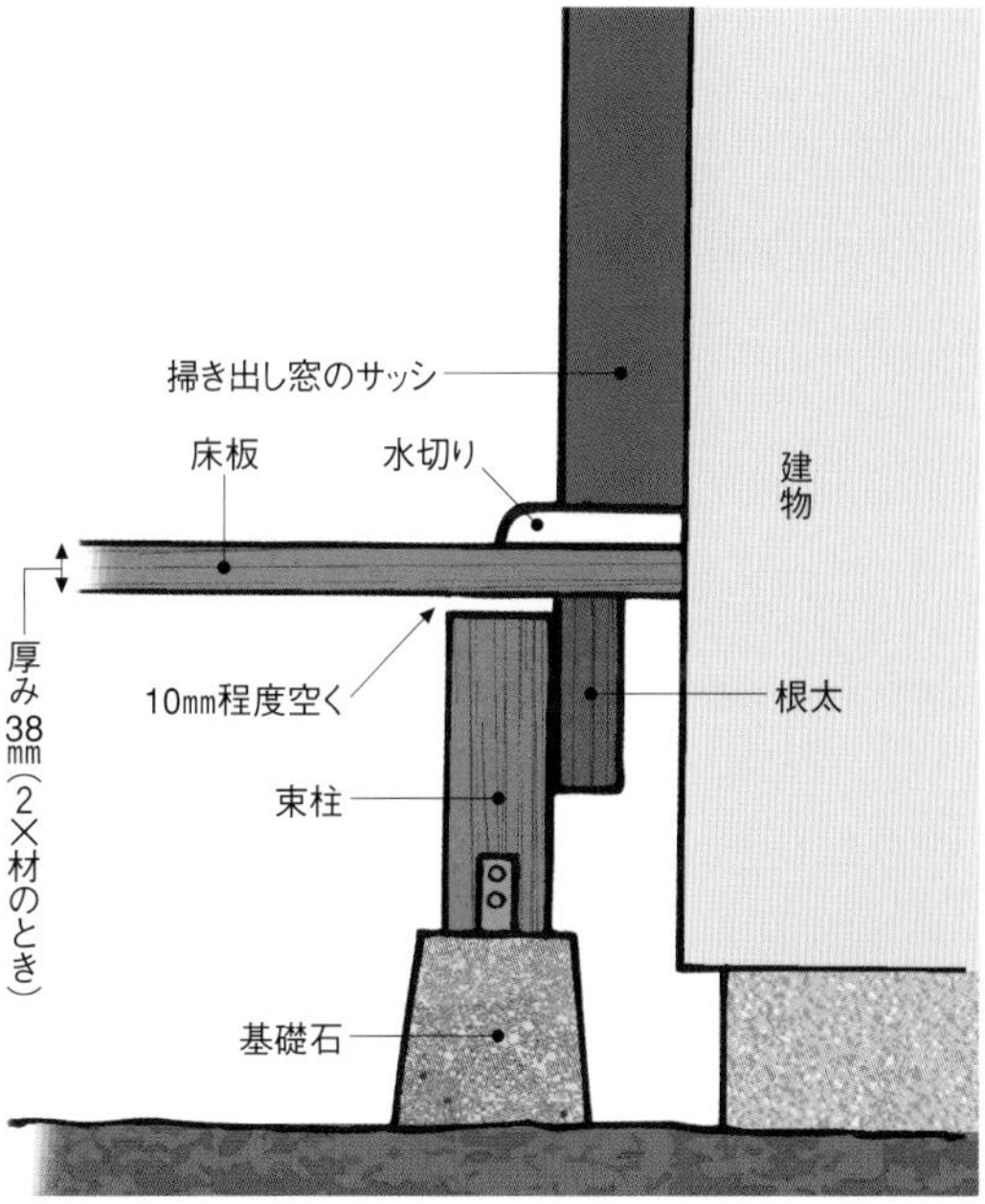

できあがり高さを、掃き出し窓の水切りに合わせた例。大事な枠作りの最中に束柱がぐらつかないよう、外壁の間に2×6をかませてある

土台作りの流れ

枠を優先して高さの基準を早めに決める

手順1 家側の束柱を立てる

前述のように、既存の建物から基準点を拾うのは効率的な方法だ。住宅の基礎とデッキの束石(基礎石)との間隔を決め、まずは1列目の束石を並べる。

次に束柱。掃き出し窓のラインから高さが出るので、1列目の束柱は切り出せる。まずは、左右の2本だけを束石に固定。ただしこの段階ではまだ仮止めだ。

束石と壁面との距離は、サシガネで正確に測る

1列目の束柱を仮に並べてみた状態

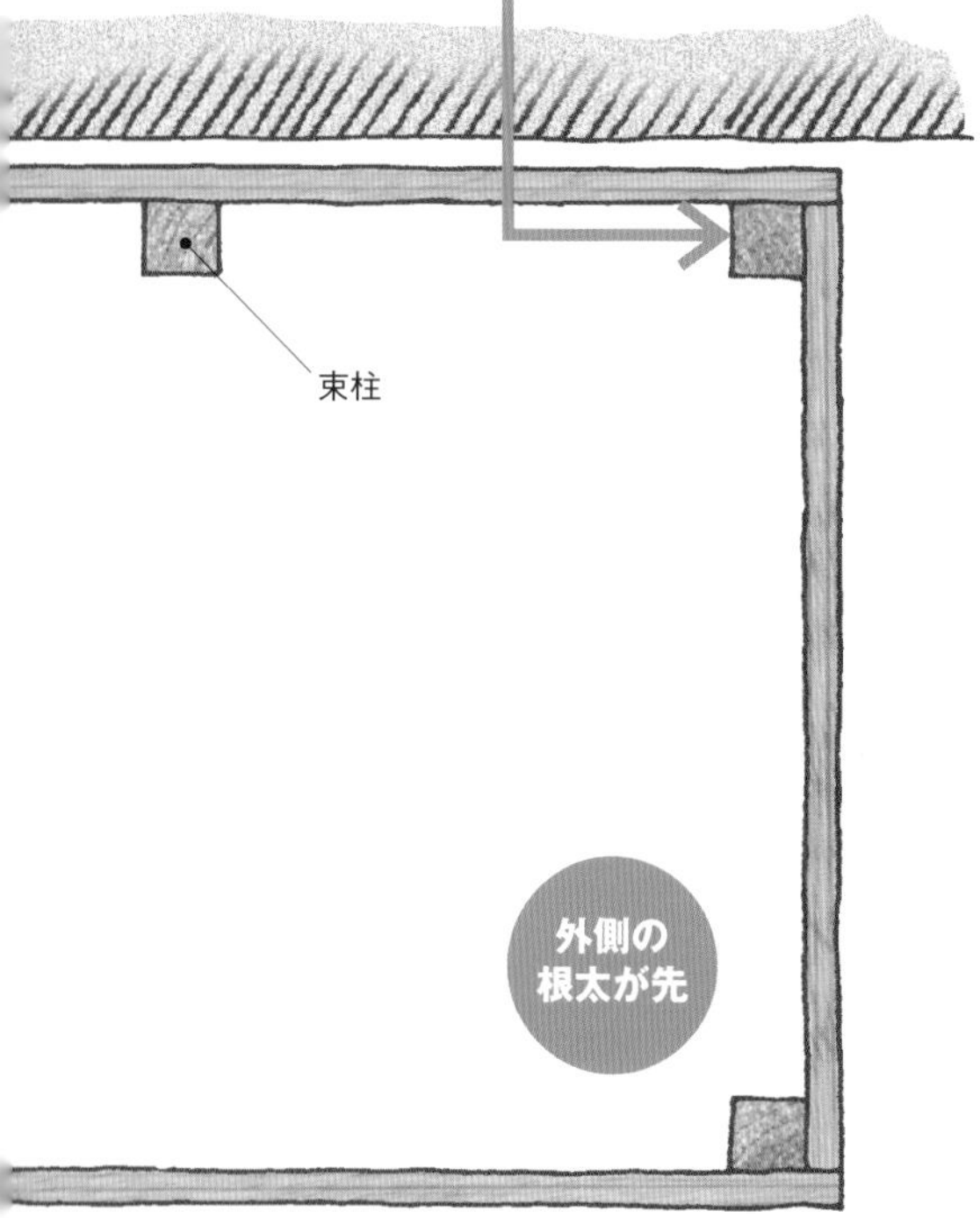

着々とできあがっていく土台。複雑な形のデッキでも手順は同じ

枠を先に作る

デッキの土台作りにはいろいろな進め方があって、施工会社によっても違うもの。ここでは、なるべくテクニックを要求されない、比較的簡単な手順を紹介してみよう。

ポイントは順番。デッキ作りを単純に想像すると、基礎石を並べて、束柱を切り出して基礎石にとめ、それをよりどころに根太を接合して、と下から作っていく流れを想定しがちだが、たくさん並ぶ束柱を、みな同じ高さにしようというのは、実はかなりの労力。そこで、外側の束柱だけを先に立てて、あとはそれに合わせてしまおうというのが、ここで紹介する手順だ。

4本の束柱と4本の根太で、先に大枠を作る。内側の根太は、束柱に依らずに枠に接合することになり、束柱はあとづけだ。するとすでに水平が出ているからかなり楽ができること請け合い。

掃き出し窓から続く、オーソドックスな長方形デッキを作るときの、土台作りの流れを見てみよう。

手順2 1本目の根太をわたす

左右2本の束柱にわたす形で、いちばん内側（家側）の根太を接合できることになる。しかし根太は束柱の向こう側にあるのでちょうど家と束柱にはさまれる位置になり、木ネジを打てない。だからひとまず横から仮固定しておいて、すべての束柱に根太のラインを墨ツケ（印をつける）。墨がつけば束石からはずし、写真のように寝かせて根太側から打ちとめることが可能になるわけだ。このようにして根太と束柱を接合したら、束石の上に戻し、羽子板に固定する。

下／立てた状態では根太側から木ネジを打てないため、寝かせて打ちとめる。右／束石への固定の際、傾かないようチェックしながら打つ

手順3 四隅を立てれば大枠ができあがる

一辺の根太と束柱が立ったわけだから、その高さを基準に、水平・直角に根太を足していけば大枠ができあがることになる。

左側の根太を考えてみよう。まずこの新根太は、2で立てた基準根太ときちんと高さを合わせ、木ネジ1本で仮どめしておく。

次に角度を決めていこう。直角を出すのに生きるのは、イラストAのような、3：4：5の法則。これは、90：120：150cmと同じだから、内寸で90cmの地点とそこからななめに150cmの地点が、新根太の120cmの地点であれば、新根太は直角になる。こうして角度を直角に決めたら、同時に水平器で水平をチェックし、決まったところで垂木などで仮どめ。

あとは、いちばん端の束柱位置に束石を据え、サシガネで束柱の長さを出して接合。これで2本目の根太を固定できる。さきほど仮どめしていた家側の根太も本固定。

同じことを右側も行なうと、最後の1本はただわたすだけで水平・垂直に決まるはずだ。これで大枠ができあがった。

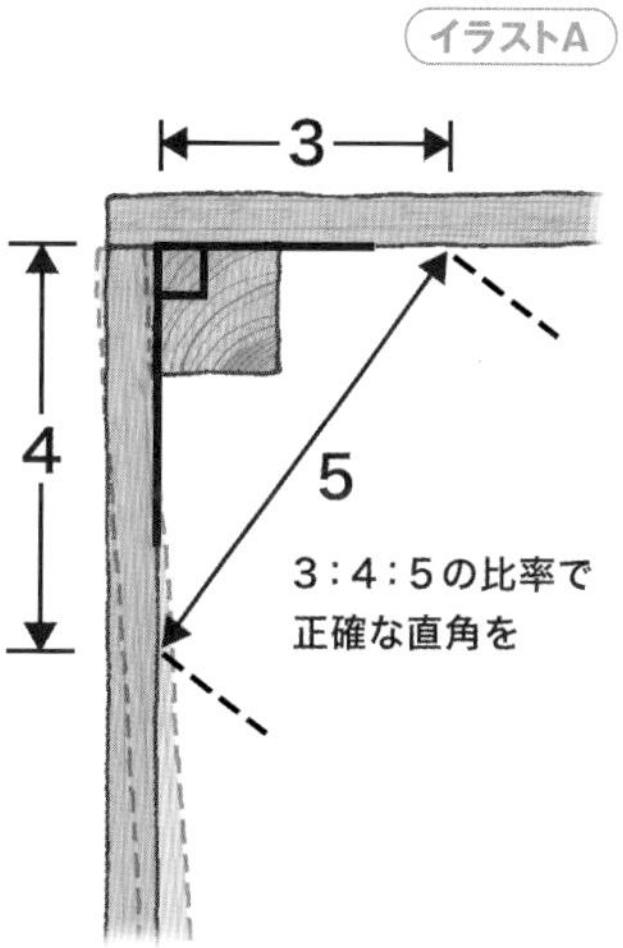

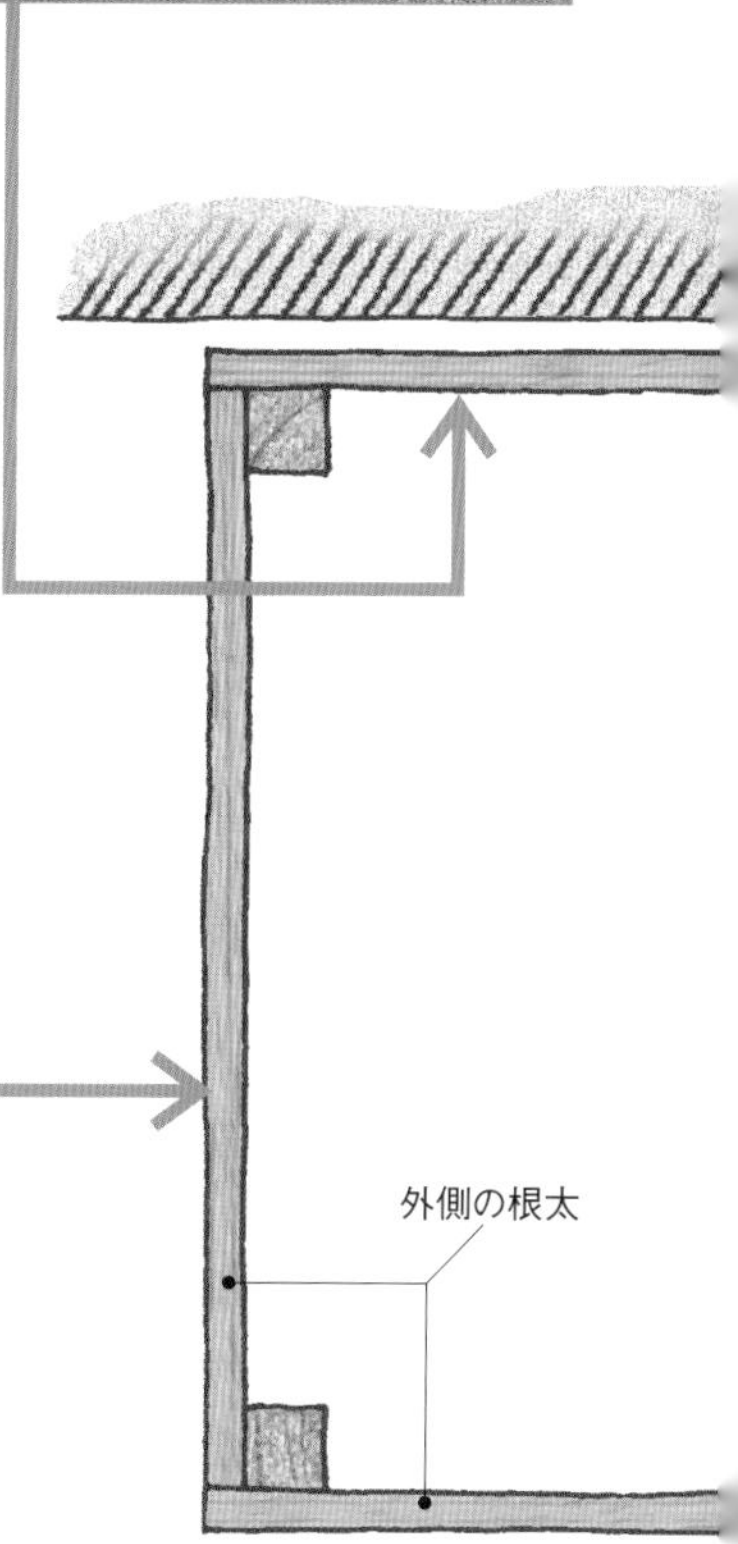

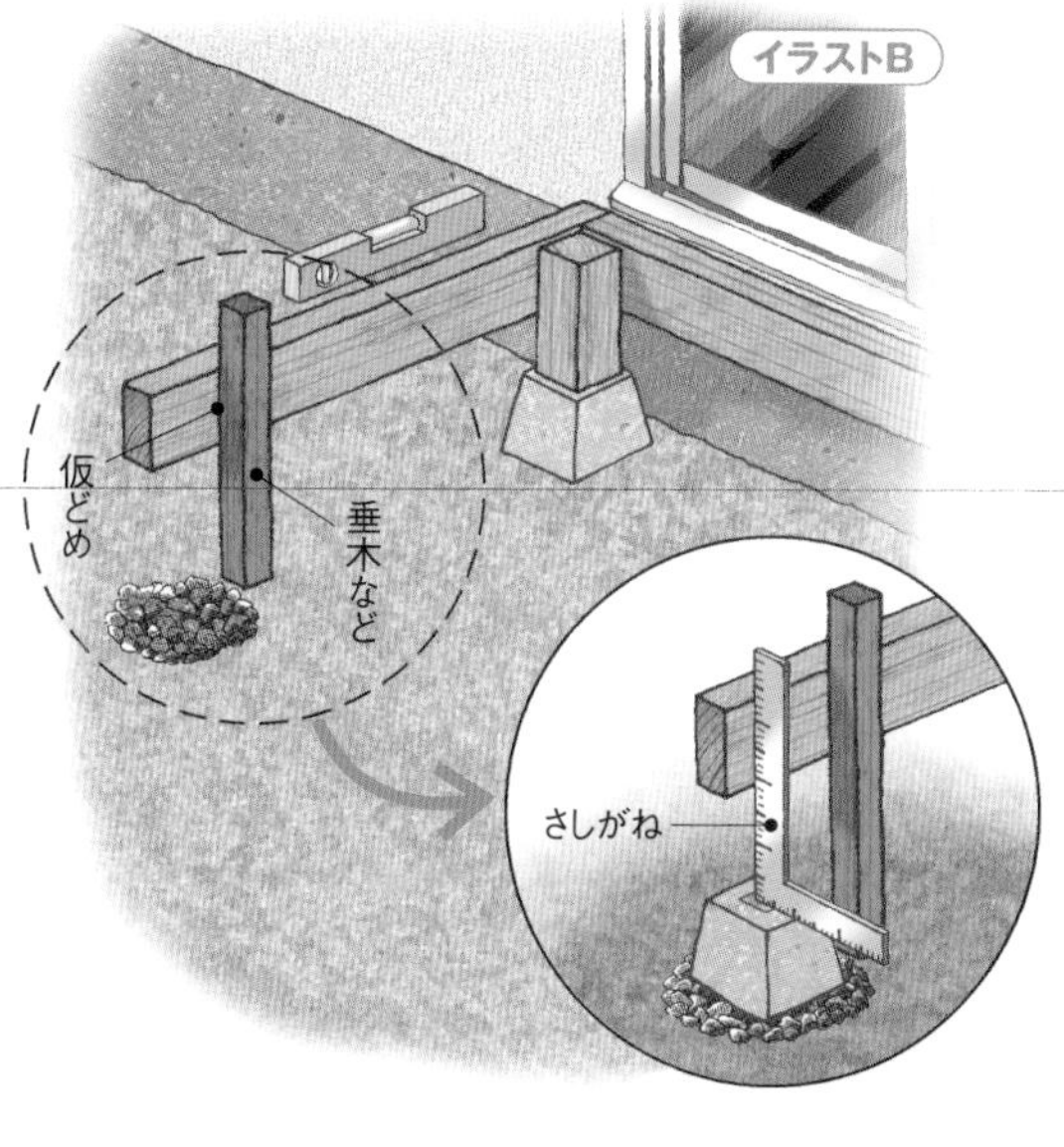

写真のデッキは異形だが、手前の根太をつけている最中だ。束柱が立つまで、中央に見える灰色の荒材によって仮どめされていた

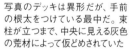

手順4 残りの根太と束柱をつける

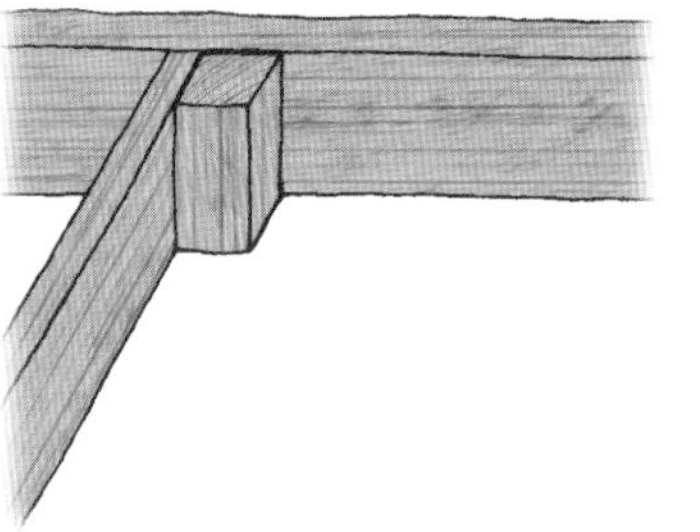

外側の根太、つまり枠が組みあがれば完成のサイズが見えるのであとはぐっと楽になる。まずは残った根太をすべて、枠に合わせて打ちとめる。家側の、外から木ネジを打てない箇所は、先に受け材となる端材を打ちとめて接合すればよい。

根太がすべて並んだら、基礎石を配置し、高さを出して他の束柱を立てていく。これで土台はできあがりだ。

土台までできあがった異形デッキ。大引きが入ったタイプだ

内側の根太も入って完成

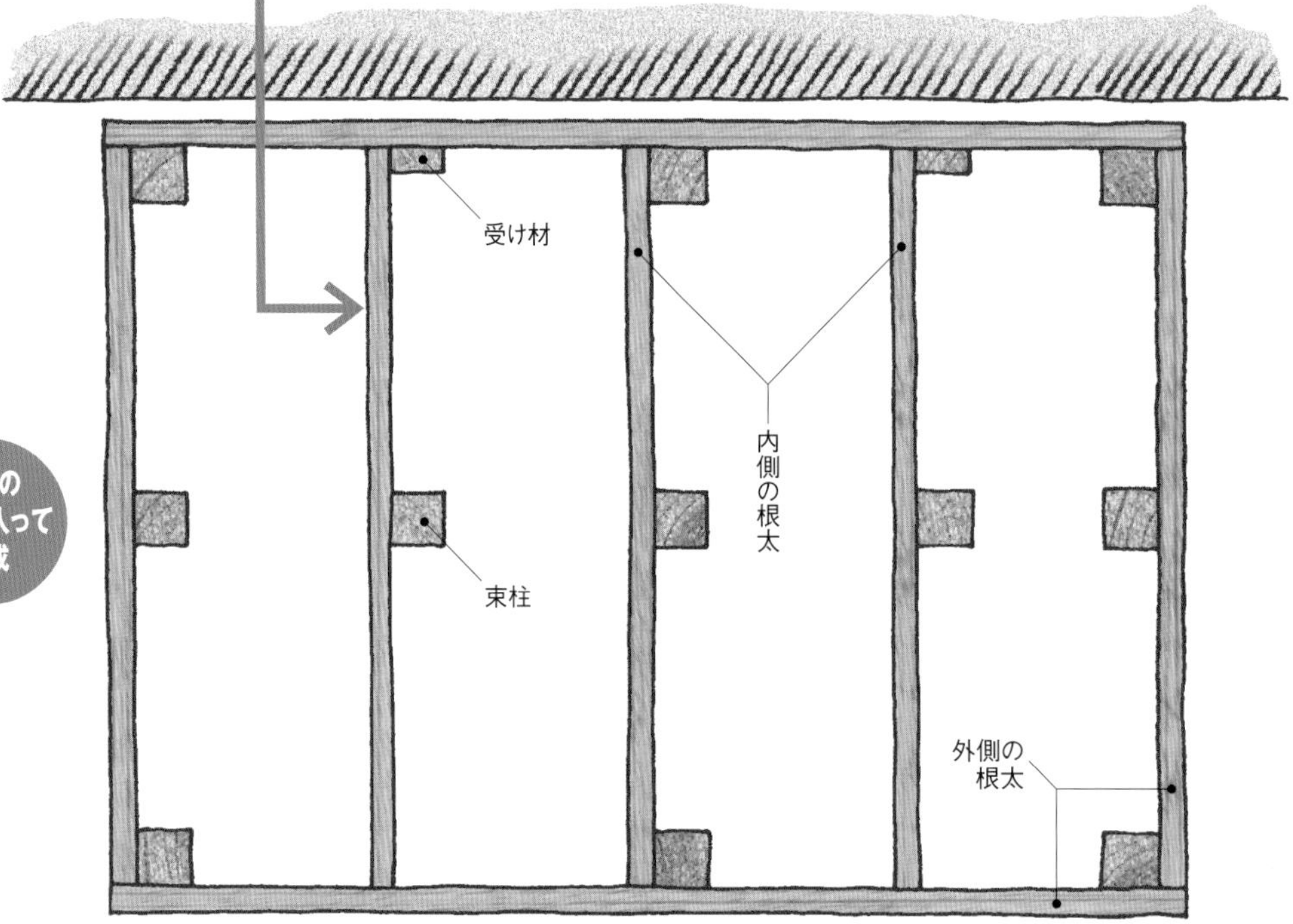

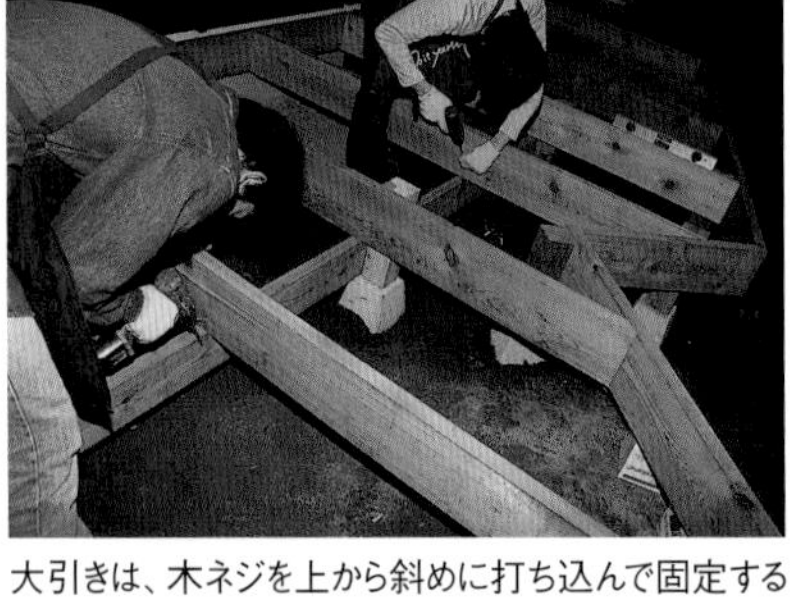

大引きは、木ネジを上から斜めに打ち込んで固定する

大引きについて

根太を二重にする選択肢もある。イラストのように、根太を受ける形で長い通し材を下にかませるパターンだ。このような大引き（根がらみ）が入ることで、より頑丈な土台となり、そのぶん束柱を減らすこともできる。

ただ、高さに注意が必要だ。2×6の場合、幅が140㎜だから2枚で280㎜、これに適度な床下空間を加えて考えるとざっと高さ400㎜はほしいところ。

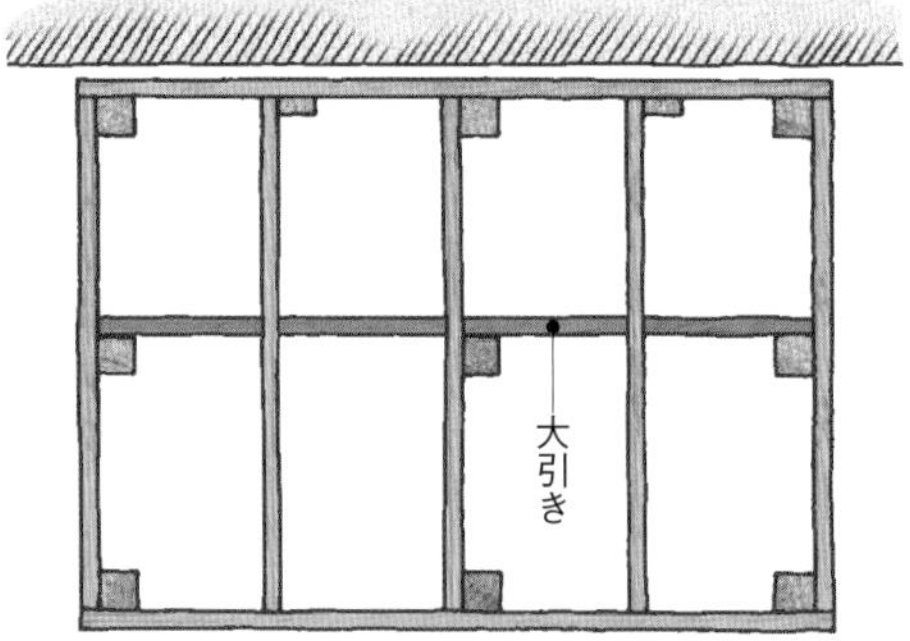

参考

束柱をあとからつける方法

土台作りの手順をもうひとつ紹介しよう。前頁までに解説したのは、基準となる枠の根太・束柱を1本ずつ増やしていく流れだが、先に枠だけ組んで、束柱はすべてあとからつけるという方法もある。

つまりはひとまず枠を、できあがり高さに浮かせておいて、それに合わせて束柱を接合していくという順番になる。

あるデッキの土台作りを追ってみよう。基礎石には羽子板つきの束石、束柱に4×4、根太は2×6を使っている。

微妙な高さ調整にはコレ!

とくに少人数で作業する場合には、物言わぬ助手となってくれるはず

クサビ

端材を三角に切り出しただけのクサビ。これがいろいろな場面で役立つ。三角である点がキモで、深く差し込むか浅くはさむかで高さの微調整ができるのだ。枠の組みつけで材をほんの少し上げて保持したいとき、できあがった枠の高さ調整、とにかくよく使うので、あらかじめたくさん作っておくといい。

外側の根太を組んで枠を作る。枠がゆがんでいては基準にならないので、材もまっすぐなものを選び、慎重に

接合の際は、とくに、上端をぴったりにそろえることに集中しよう。写真のようなトメ型スコヤや、サシガネを使うと確実だ。上端をそろえる理由はもちろん、上に床板が並ぶからだ

別項に紹介した三角の「クサビ」が、微妙な高さ合わせに重宝する。上端をそろえようとすると、接合相手をやや上げ気味にする必要もあったりするからだ。平らなところで作業ができればいちばんいいだろう

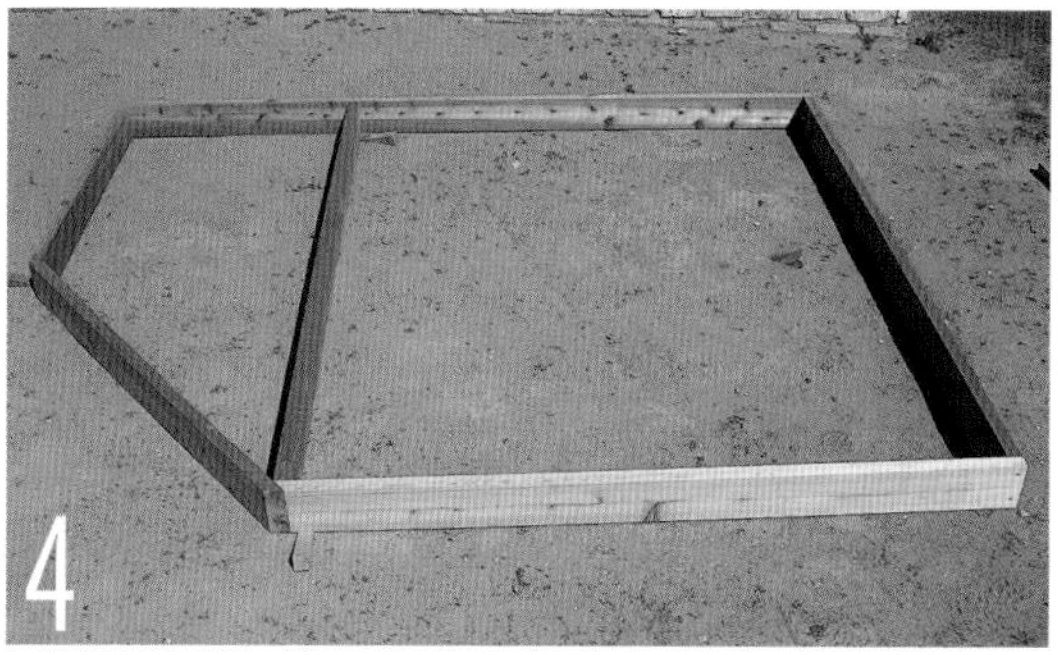

外枠の根太を先に組み上げる

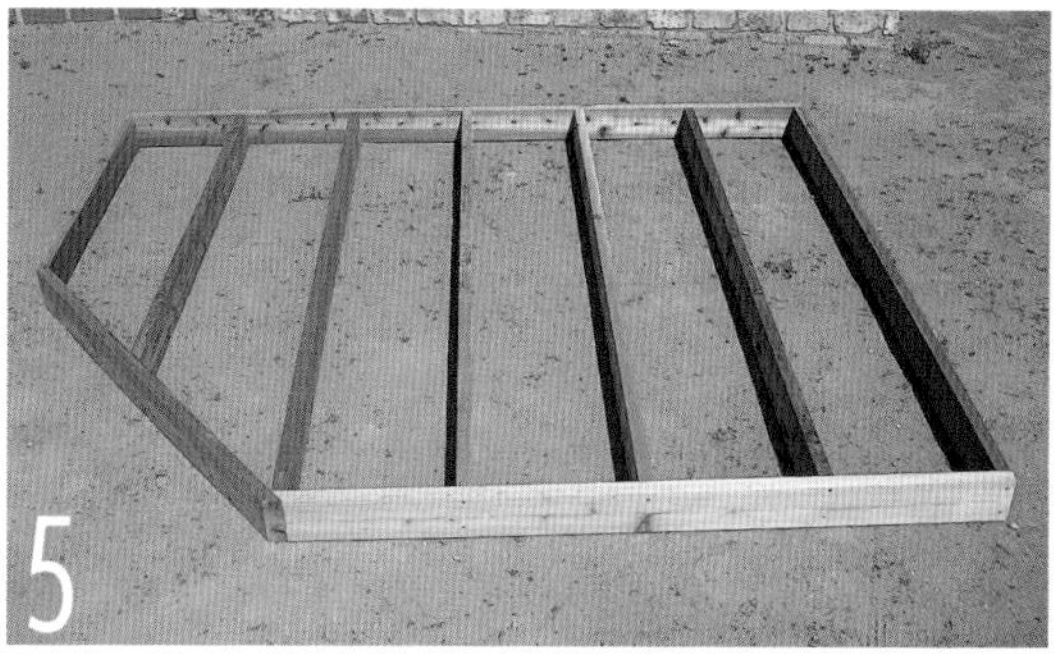

中の根太を加えていき、根太はすべて組み終えてしまう

基礎石やブロック、端材などなんでもいいから台になるものを使って、ある程度まで全体を上にあげる。水平などはまだこだわらなくていい

参考

デッキのできあがり高さを決め、基準とする束柱位置を決める。そこから隣、その隣と水平をとりながら、すべての束柱位置の高さを基準に合わせていく。ここでも微調整にクサビが役立つ

束柱地点を掘り下げる。基礎の内容によって深さは変わってくる

束石を据える。小さな水平器を使い、束石そのものの傾きをチェック。また、予定された束柱をあてながら置くと位置がずれなくてよい

束石が座ったら根太との間隔を測って、束柱の長さを出す。これはすべて同じ長さにはならないから、束柱ごとにすべて測る

束柱を切り出す。4×4は165㎜刃径の丸ノコでは1回でカットできないので、まわして切り離すことになる。切断面のがたつきに注意

切り出した束柱を、まずは束石の羽子板に打ちとめる

根太に接合する前に、水平器で束柱の傾きをチェック

最後に根太を通して木ネジを打ち、束柱を固定。このようにしてすべての束柱を立てていく。常に水平器を置きながら進めよう

根太の位置を確かめながら床を打ちとめていく

Step 3

床張り

床板を土台の根太へ打ちとめていく

床板のすき間は通気と微調整のため

床張りは、2×4や2×6などの床板を、根太へ固定していく作業。水平だ垂直だで苦労した土台作りにくらべれば、平面的な作業である床張りは単純でいい。目に見えて進む、楽しい作業になるだろう。

床板は、デザインとしてすき間なく敷きつめる場合もあるが、床板の間に雨水がたまってしまう難点があり、やはりある程度すき間を作ったほうがよい。物の落下やつまずきを考え合わせると、3～5㎜程度がいいだろう。

また、すき間には通気の他、施工上の微調整に使えるという利点がある。

床板は数があるので、わずかな誤差がつもりつもって、最後の1枚が入らないとか足りないとかが必ず出てくる。そんなときにすき間があれば、最後の数枚でわずかずつ調整し、誤差を飲み込む方法をとれるというわけ。

一定のすき間をあけながら張るには、端材をスペーサーにしてはさみながら打ちとめていくと簡単だ。スペーサーは、合板の切れ端や、厚みのある金具などが便利。

さて、床板は最初の1枚が肝心。まっすぐな材を選び、根太との直角をきちんとチェックできる位置を選ぼう。サシガネが必須になる。

そうして1枚をゆがみなく配置できれば、あとはスペーサーで間隔をとりながら張っていけばよく、ときどきサシガネで直角を見るだけでどんどん進められる。終わりが近くなったら、一度最後まで並べてみて、前述のように狂いを調整。木ネジ（クギでも）は、1カ所に2本ずつが基本。

端は、すべて張り終わってから丸ノコで切り落とすときれい。

身近なものを使ったスペーサー

床板の間隔を一定に保つためのスペーサーは、既製品もあるが、とにかく間にかませて床板を打てればいいのだから、端材で十分。任意の厚みに切り出した2×材や、厚みの決まった合板などを利用しよう。

2×材を切り出したスペーサー。薄く切るのはたいへんだがなかなか便利だ

厚手の接合金具があったのでスペーサーにしてみた。すぐ引き抜けるところがいい

木ネジ1本という方法もある。ただ、横から強く押し付けないこと（ネジ山に食い込む）

床張りに役立つ4つのコツ

より完成度の高いデッキのために知っておきたい

その1 他は木ネジでも床だけはクギ？

床張りには、木ネジではなくクギが使われることが多い。ここまで電動工具でバリバリ木ネジを打ってきたのに、よりによっていちばん使うときにカナヅチとは解せない。しかしよくよく思い起こしてみると、電動工具による木ネジの打ち込みは、どうしてもめり込んでしまうもの。するとプラスに切られたネジ頭とともに、そこは絶好の水たまりポイントとなってしまうのだ。水たまりはデッキの寿命を縮める。

その点クギとカナヅチなら、クギシメでも使わない限りめり込む心配はない。頭もフラット。これが床板にクギが使われる所以だ。抜けにくい「スクリュークギ」がおすすめだ。

床板には、頭に格子模様のついた昔ながらのクギより、頭がフラットなタイプのほうがすっきりする

その2 クギ位置をきれいにそろえる

床板はもちろん、いちばん目につく場所だから、とまっていればいいというわけにもいかない。より美しいデッキをめざすなら、打ち込む木ネジやクギのラインはぜひまっすぐにそろえよう。床板が直線であるだけに、ふらふらとゆがんだラインは目立つ。逆にクギ頭がぴしっと一直線であれば、少々の難は隠してくれるというものだ。

根太に打ちとめるわけだから、センターを狙って打つ限りそう極端に曲がることはないが、チョーク（88頁参照）で墨をつけておく手もある。基準にする1枚目を固定後、他を並べて一度に墨つけ。

しかしどちらかというと、2本のクギの「間隔」のほうがばらつきがち。写真のようなジグを作って合わせるときれいにそろう。

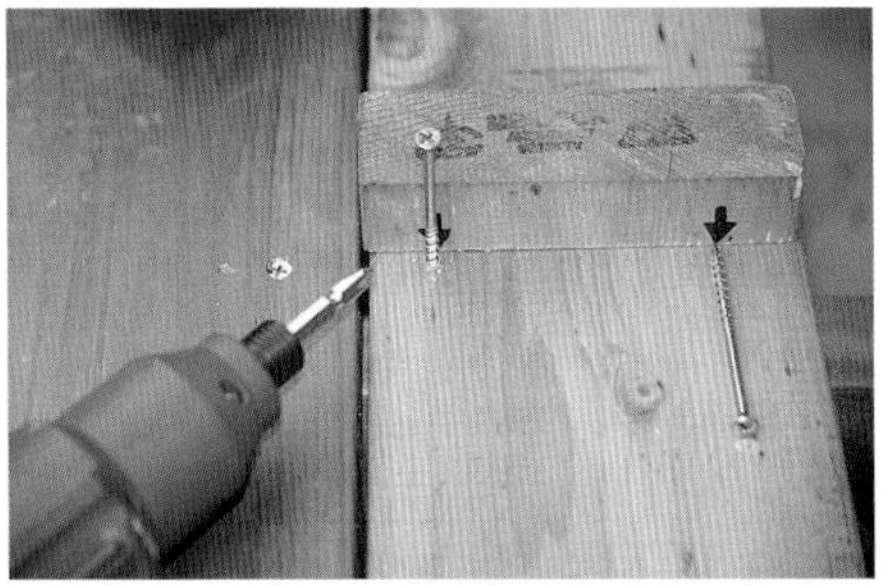

端材のジグひとつで仕上がりが格段に違う。とくに数人態勢で作業するときはクセを防ぐためにもジグが有効

その3 暴れ板矯正法

集成材とちがって、無垢の2×材に狂い（暴れ）はつきもの。たとえ店頭に並んでいるものでも、反ったりねじれたりしている材は珍しくない。製作の前に材の選別をするのは「土台作り」で述べたとおりだが、床板であれば、少々狂っていても使える。

まず何はともあれ端を1カ所とめてしまう。片方の端がアサッテの方向を向いていようが気にしない。そして端から順々に、狂いを直すようにして打ちとめていく。隣の板から離れるときは押し、逆にくっついてしまうときは、写真のようにクサビを打ち込んですき間をとるようにすれば、どのような材もだいたい押さえられるはずだ。上下に反ったものは、山側が表面になる向きにして打ちとめる。

今度のクサビは、スペーサーと違ってかなり力がかかるので、割れないように大きめに切り出すようにしよう

その4 幕板でがっちりかためる

幕板というのは、床板の外周を覆う板のこと。必ずしも必要なものではないが、幕板があれば、写真のように、床板の断面を隠してすっきり見せる働きがあるほか、全体をしっかりと固める効果も期待できる。

さて床板は、土台よりややせり出しているほうが見映えがいい。幕板のないタイプなら、床板は、張り終わったところで端を切り落とすことになる。土台より50㎜程度出るあたりがバランスがいいだろう。

しかし幕板をつけるとなると勝手が違う。床板が土台より少しでも飛び出していると幕板は浮いてしまうから、すれすれか、あるいは気持ち引っ込んでいないとまずいわけだ。

したがって幕板なしの場合は、先に床板を寸法どおりに切りそろえておいてから張り、やや飛び出したところをあとで部分的に切り落とすという手順のほうが無難。

もっとも、土台すれすれに床板を切り落とすことも不可能ではない。切る箇所が短かければ手ノコでゆっくり落としてもいい。やはり丸ノコでなければ、という場合は、あらかじめ床板を出幅30㎜程度に切っておいて、それから慎重に、土台の位置を見ながら切断しよう。

幕板の幅は、下が土台とそろうか、あるいはやや長い（幅広）ほうがいい。基礎石ぎりぎりにして、足元をカバーしてしまってもいいだろう。

床板と幕板の構成

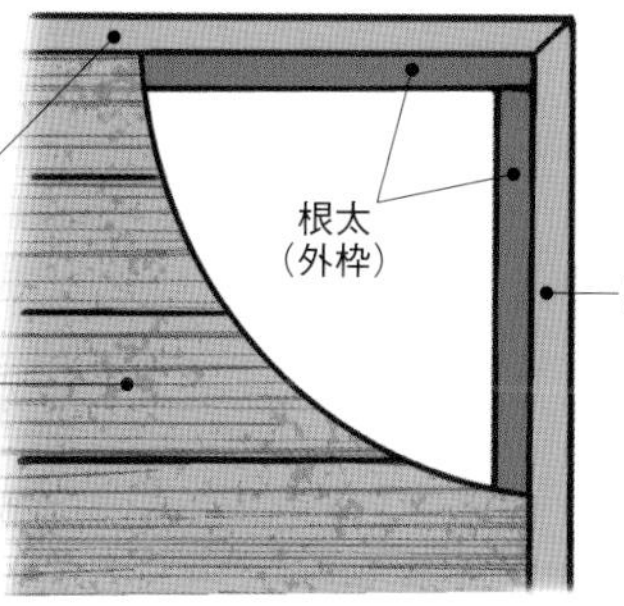

上から見た図

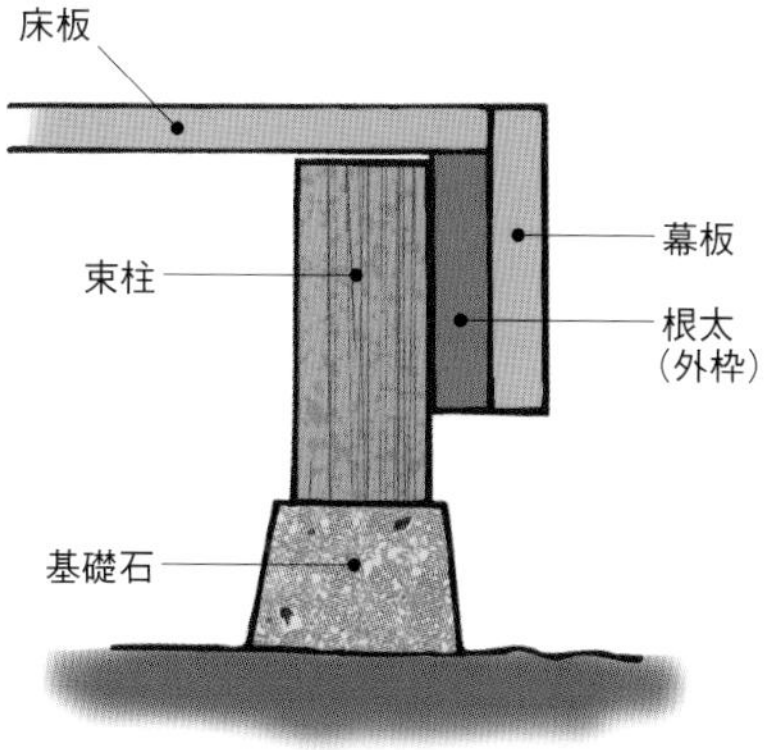

横から見た図

幕板のあるタイプ

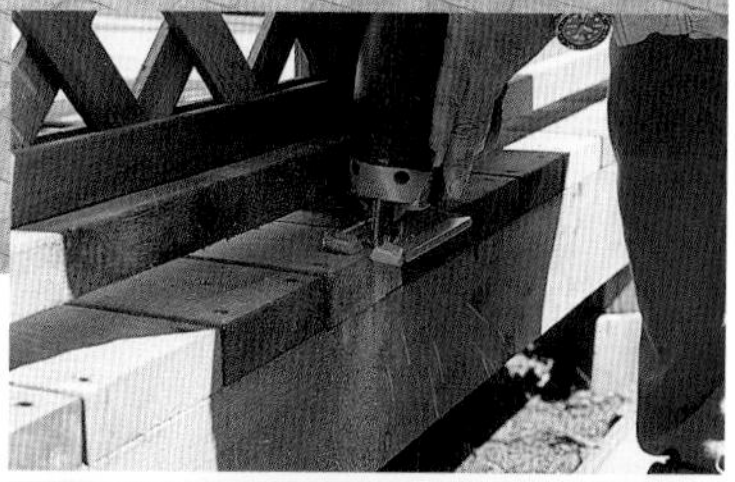

上／幕板があると側面がすっきりする。中／幕板を張るために、飛び出した床板を土台すれすれにカットしている。上の写真の右手にあたる、木口が並ぶ面だ。下／幕板は、木口の見えないとめ接ぎがおすすめ

幕板なしのタイプ

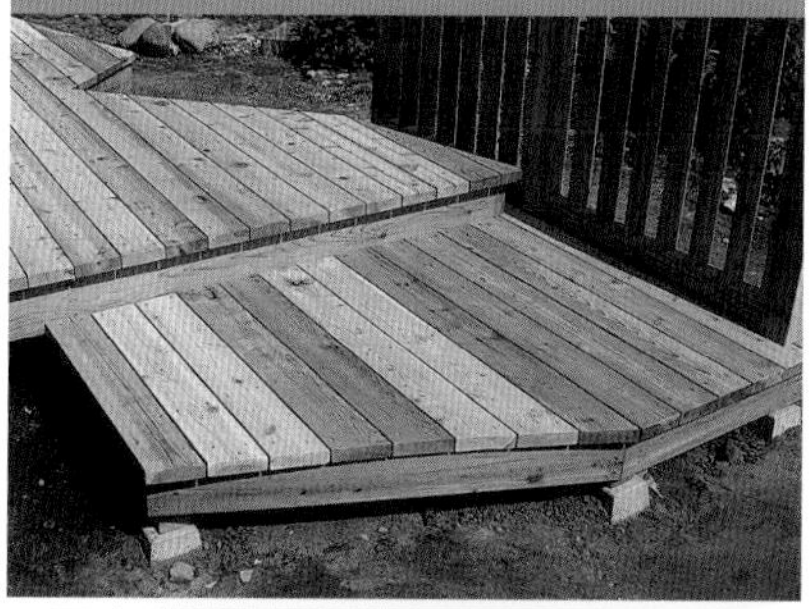

上／幕板がなくてもとくに大きな不都合はない。下／床板は張り終わったあとでこのように切りそろえる

床板のパターンと土台

木ネジの打てない箇所がないように

床板の張り方を工夫すれば、広い床面を利用した、デザイン的なデッキを楽しむことができる。しかしそれをきちんと受けられる根太の配置も、同時に考えておかなければならない。ここに挙げたのは、床板のパターンに合わせた根太組み例。想定サイズは、1200×1800㎜（後半は1200㎜四方）、床板は2×6だ。床板を2×4にするときは根太もやや密に組むようにしよう。

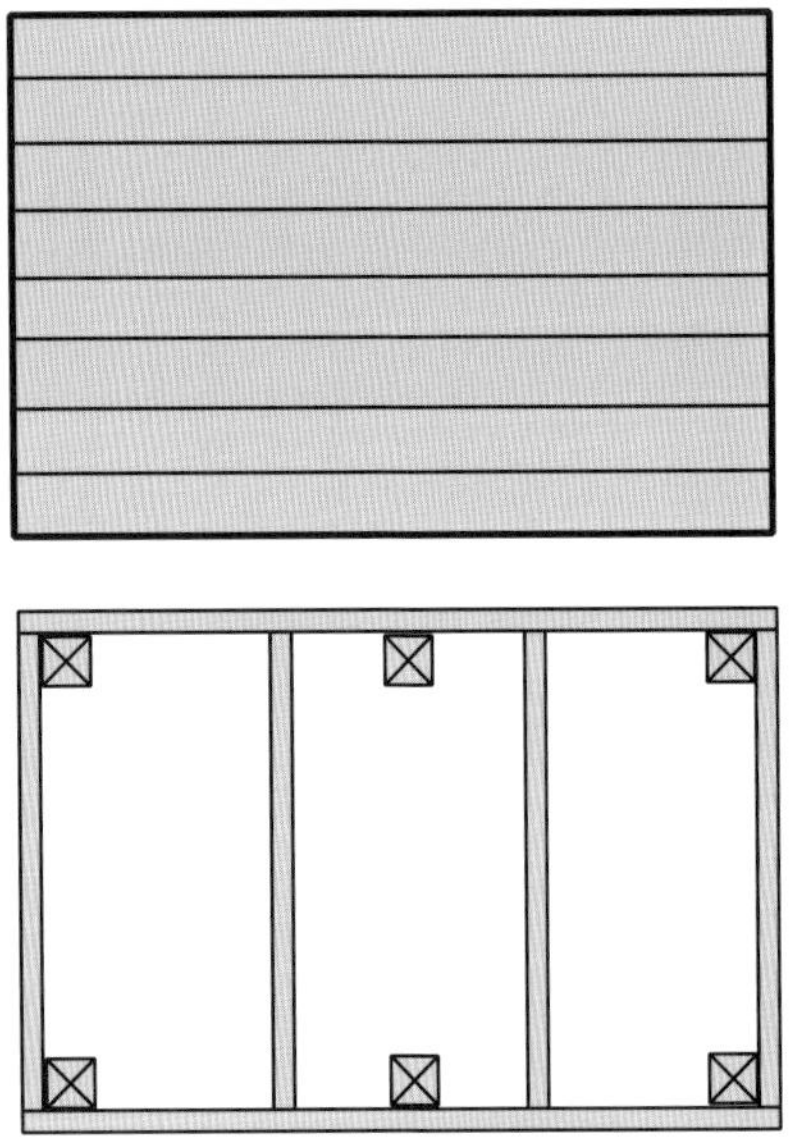

ベーシックな横張り

シンプルな横張りは、見た目に飽きないし、長いまま木材を使える点でも効率的だ。これを基本として、だんだん複雑になるパターンと根太組みを見ていこう。

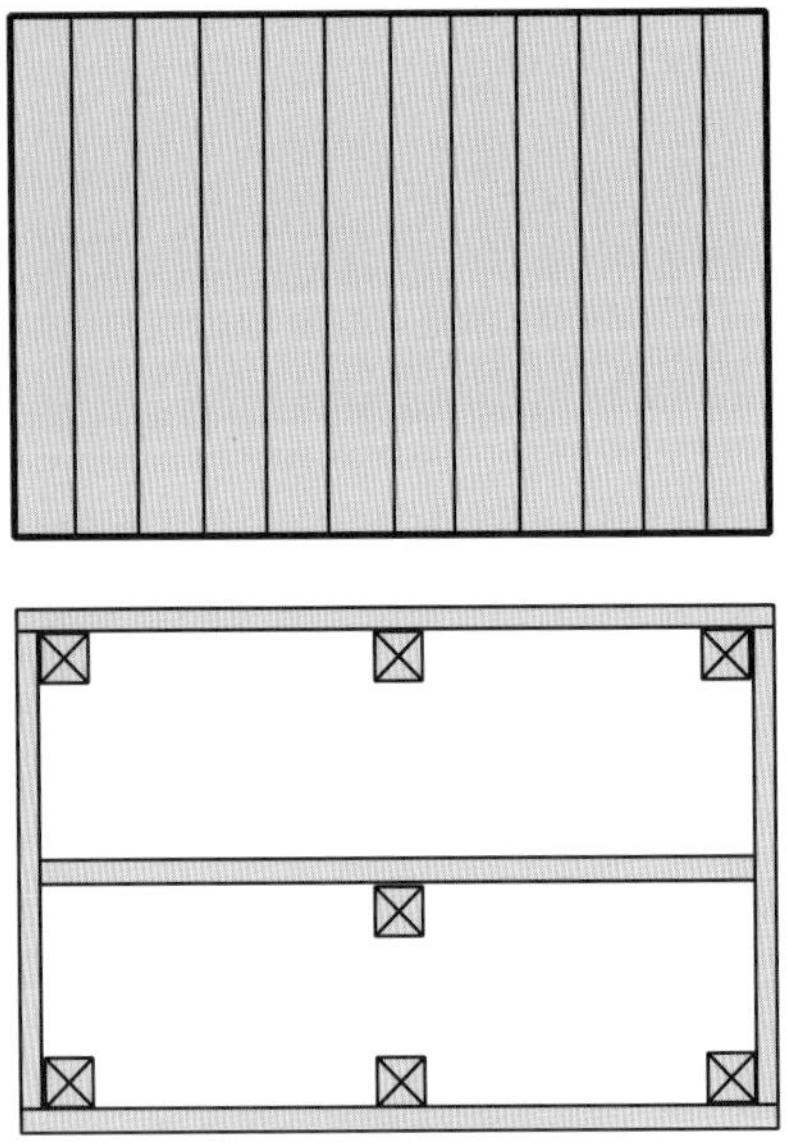

シャープな縦張り

こちらも横張りと同じぐらいポピュラー。今度は根太のほうが横に並ぶかっこうになる。いつも、床板と根太の関係は直角が基本。

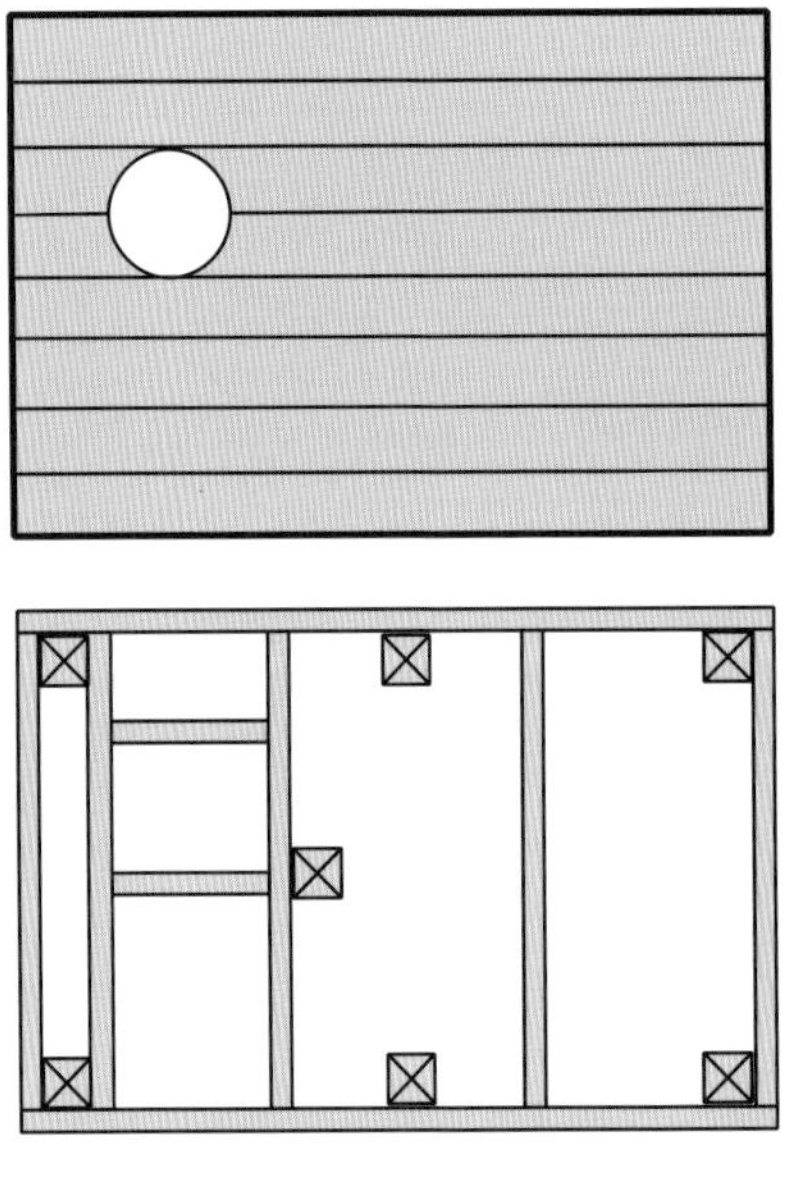

植栽用の穴あけをしたら

穴をあけて庭木を逃がすスタイルは多いが、穴の周囲は支えを失う。先に外周付近を補強しておき、それに合わせた根太組みを考えよう。

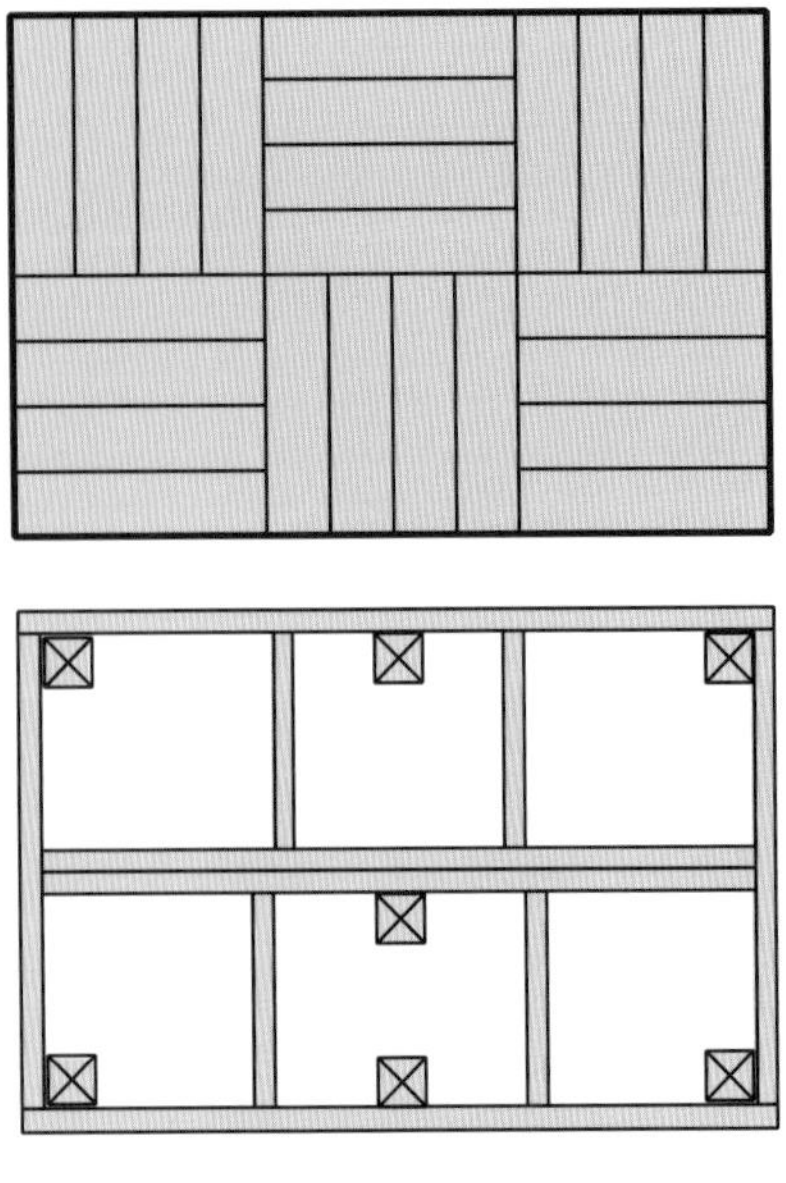

縦・横の組み合わせ

2×6を並べてミニ正方形にするところがミソ。正方形なら縦でも横でも同じスペースだからだ。根太組みは格子の変則型になる。

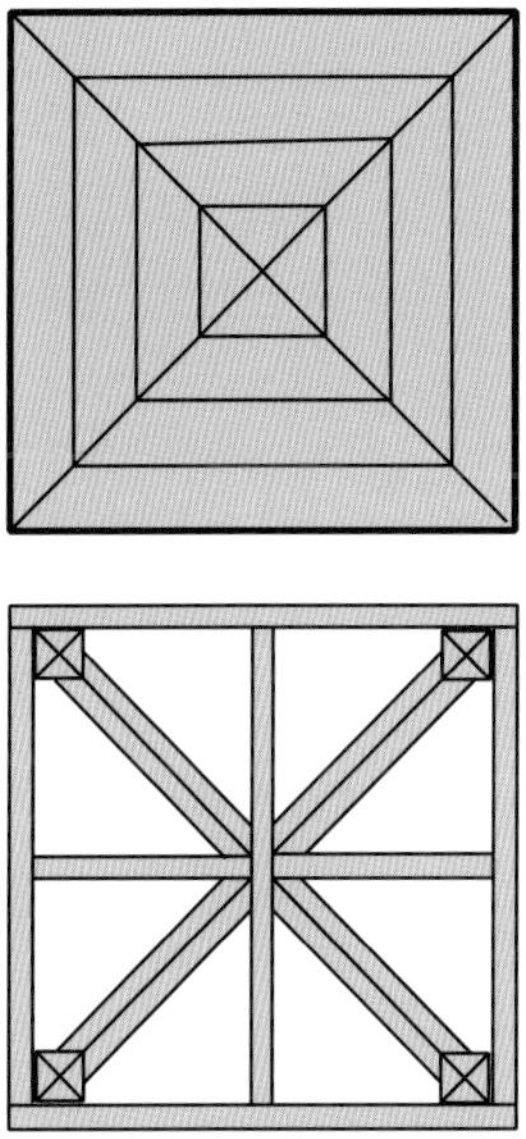

クロスに切り返しをいれる

切れ目が斜めなだけで、
床板そのものはまっすぐ。
しかし木ネジが2列並ぶために、
下の根太を2本合わせにするなど、
なかなか面倒。

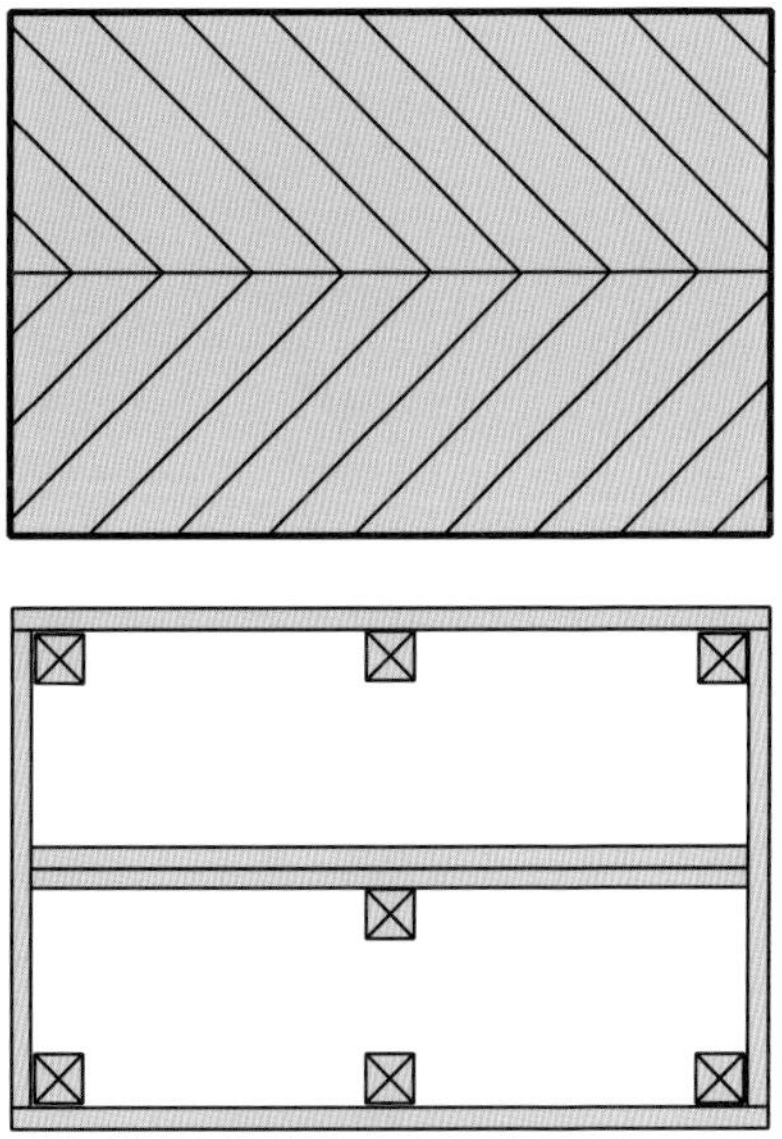

斜め張りを2面に

中央ラインのおかげで
45度ラインが強調されて、シャープな印象。
2×4のほうが合いそうだ。
根太は案外単純だが、床板2×4なら増やそう。

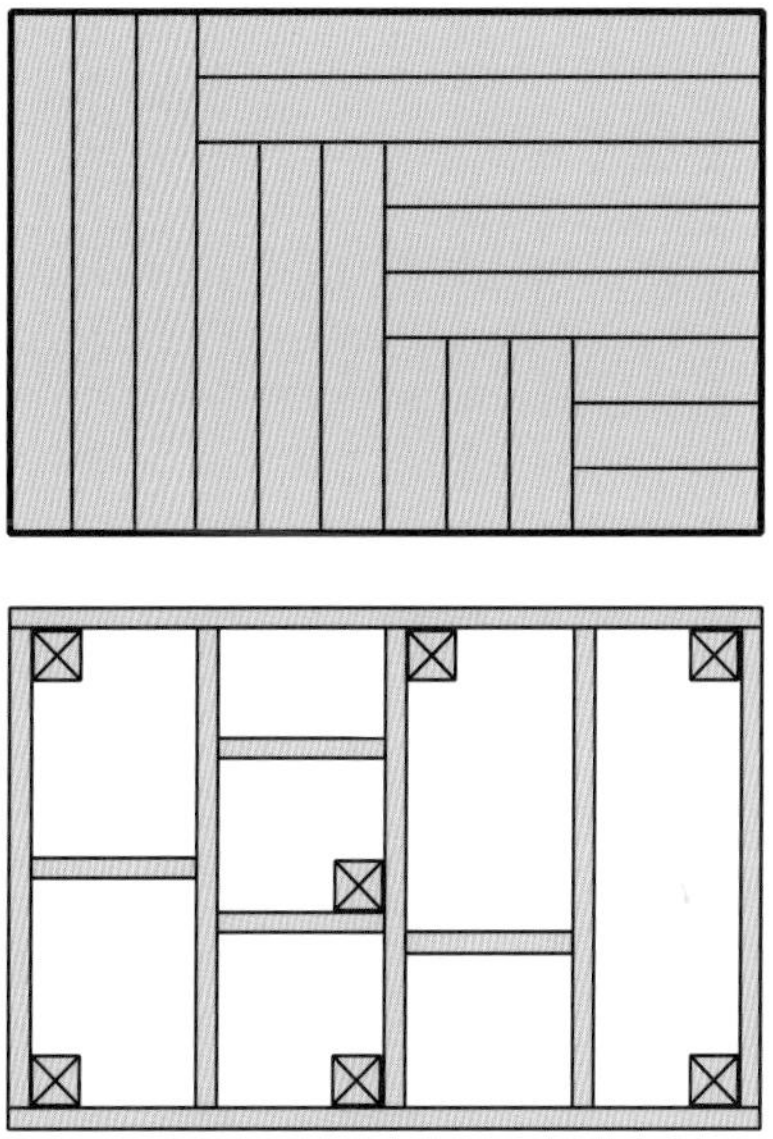

縦・横の組み合わせ

数枚ずつの切り返しをいれるデザインで変化をつけた。
根太は、接合のポイントを拾って
増やしていく感じになり、
やや複雑になる。

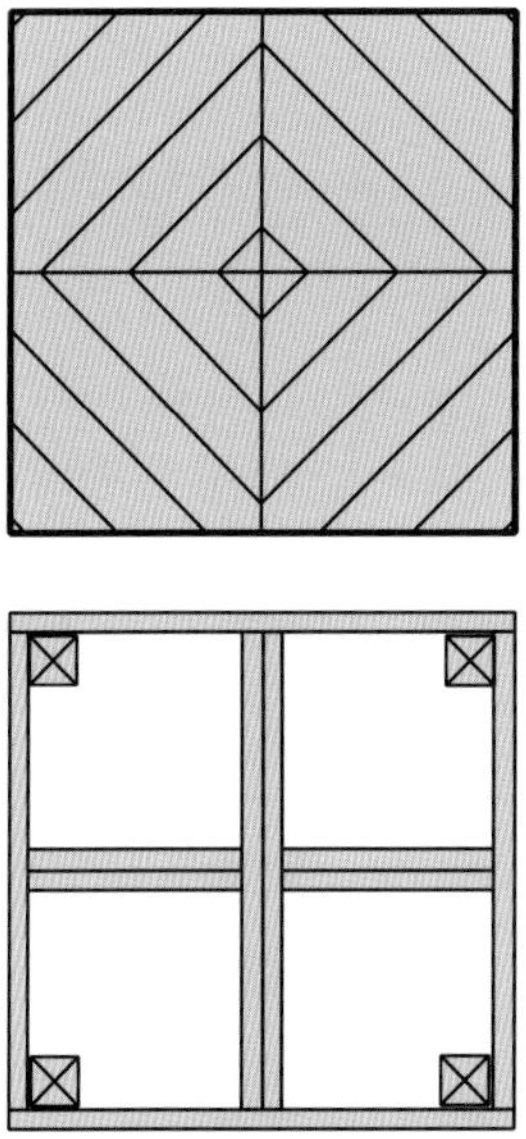

斜め張りを4面合わせ

ミニ正方形を4枚合わせて
また正方形にするパターン。
これも2×4のほうが合う感じ。
床板2×4のときの根太は、
ミニ正方形の下に
斜めに1本ずつ追加を。

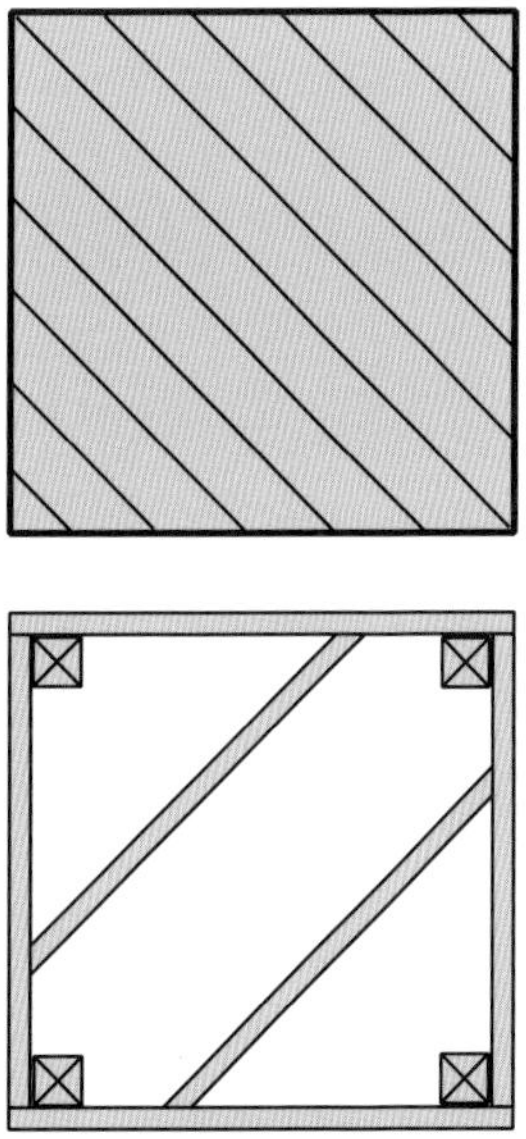

斜め張り

45度の角度をつけた斜め張りも、
洗練された雰囲気。
根太は、単純に床板に対して直角であれば大丈夫。
しかし傾斜切断が必要になった。

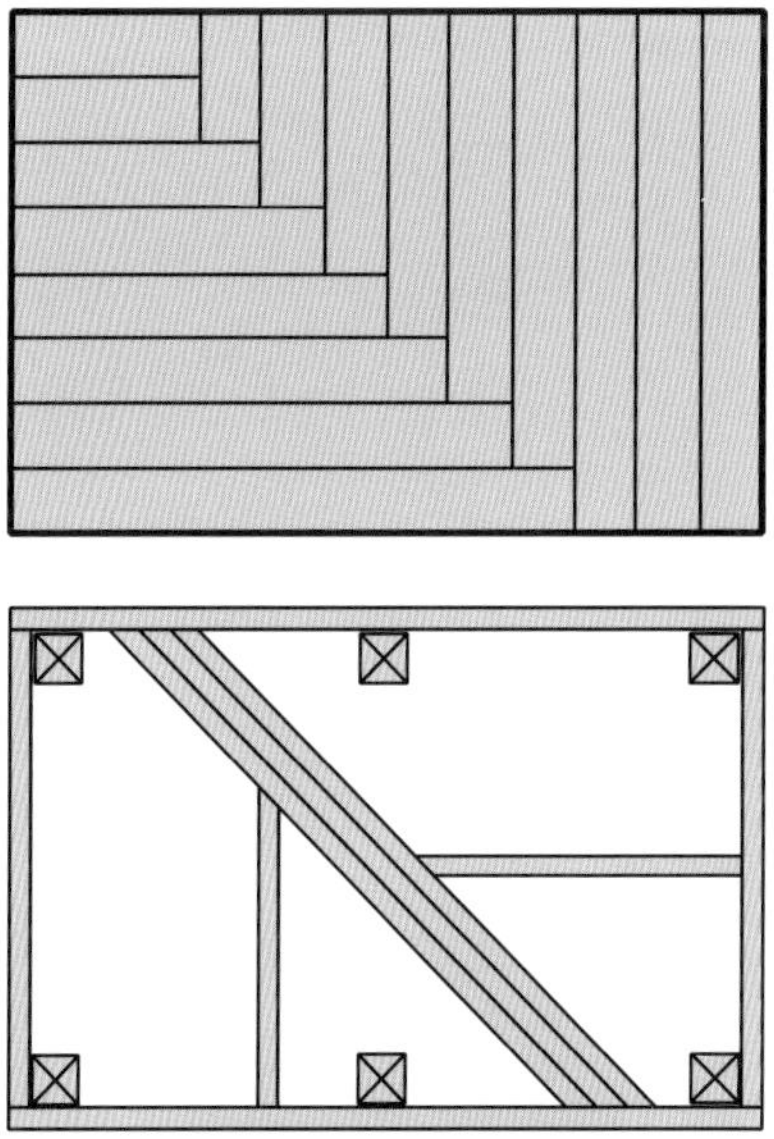

規則的に交差させる

和風のデッキに合いそうだが、
斜めにのびる接合ラインを追って、根太も斜め。
難しそうだ。なお、3本合わせたのは
幅がほしかったから。
3本根太の下に束柱をいれよう。

製作❷ フェンス・パーゴラ

外からも目について、全体の雰囲気を左右するフェンスやパーゴラ。
デッキの使い勝手にもかかわってくる大事なところだ。
人の動きをさまたげないフェンスの取りまわし、安全なパーゴラをめざそう。
最後にステップをつければ、ウッドデッキは完成だ。

Step 4 フェンス

安全面からもデザイン的にも、フェンスはポイント

フェンス支柱は土台とつながっている

デッキのフェンスにはいろいろなものがある。思い切って高くしてプライバシーを確保したり、低く幅広にしてベンチを兼ねたりと自由自在。ここではごく一般的な、床上800㎜程度のタイプについて進めよう。

フェンスつきのデッキを計画するときは、土台から考えていかなければならない。フェンスの支柱を、土台から立ち上げておくほうが強度を保てるからだ。一般的には、床下にもぐるはずの束柱を、長く伸ばして支柱とする。この場合、束柱を「ショートポスト」、フェンス（あるいはパーゴラ）支柱を「ロングポスト」と呼び分けることも多い。

フェンスに関する土台作りの注意はもうひとつ。束柱を支柱にして床上へ伸ばすとなると、その部分は床板を切らなければならない。位置によっては、床板を受けられない箇所も出るはずだ。床板の配置をよく見て、新たな受けを柱まわりに設けておくようにしよう。

こういった下ごしらえがすんだらいよいよフェンス作りだ。

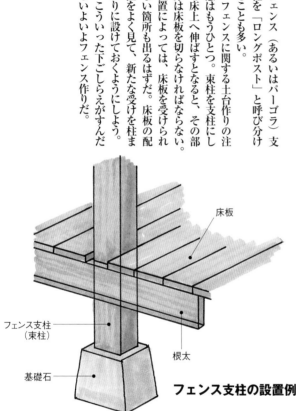

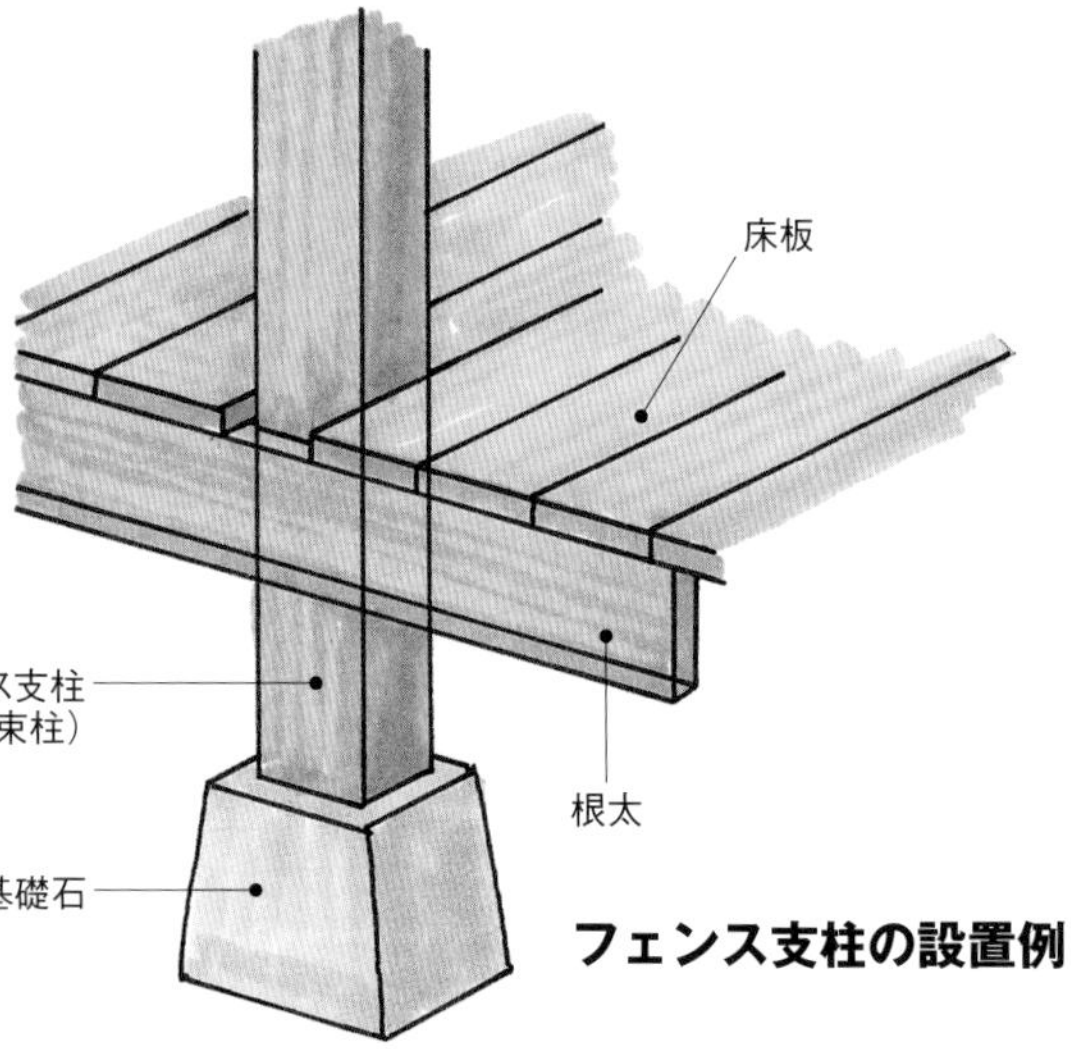

フェンス支柱の設置例

右／支柱のまわりに、床板の受けとして根太を増やしたところ。内側の2本が追加ぶんだ。左／支柱を逃がすために床板を切り欠く。フェンスなしとちがって、このような手間はたびたび必要

参考

縦格子フェンス作りの流れ

フェンスデザインはいろいろだが、構造そのものは支柱と横木、そして面だけのシンプルなもの。支柱間隔に合うサイズの面を作って支柱に取りつけ、支柱同士を横木でしっかり連結すれば、寄りかかってもびくともしないフェンスができあがる。

ここでは、2×材を使ったシンプルな縦格子のフェンス製作手順を追ってみよう。

支柱間の距離がフェンスの長さになる。計測して上桟・下桟を切り出す。実際に置いてバランスを見よう。ここが決まればおのずと面のサイズが出る

バランスを見て桟の高さを決めたら支柱に墨つけ。このフェンスは、1の写真からわかるように、上桟が支柱のトップより低く、下桟が床より50mm程度高いタイプだが、別バージョンとして、上桟を支柱の上にかぶせ、下桟はなくして面を直接床板に固定するという手もある。そのぶん面が広くなる

面のサイズが出たところで切り出しにかかる。まずは上下の枠。2×4を縦に割いている

3で切り出した2本の枠をそろえて、縦格子の位置を一度に墨つけ。間隔などもここで割り出してしまう

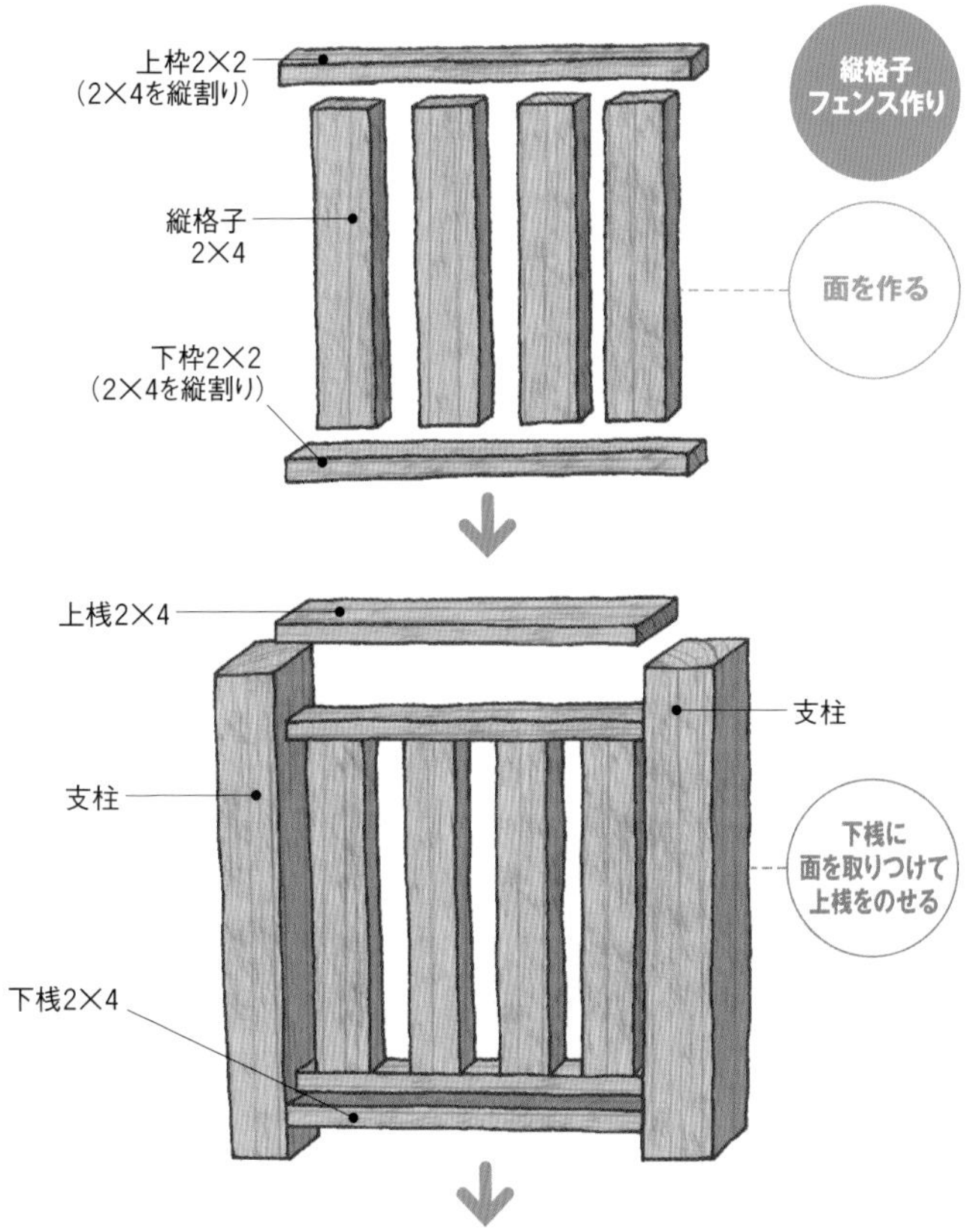

ポストヘッドをつけて完成。1色ではなく、面と桟を色違いにしたデザインもおもしろい

参考

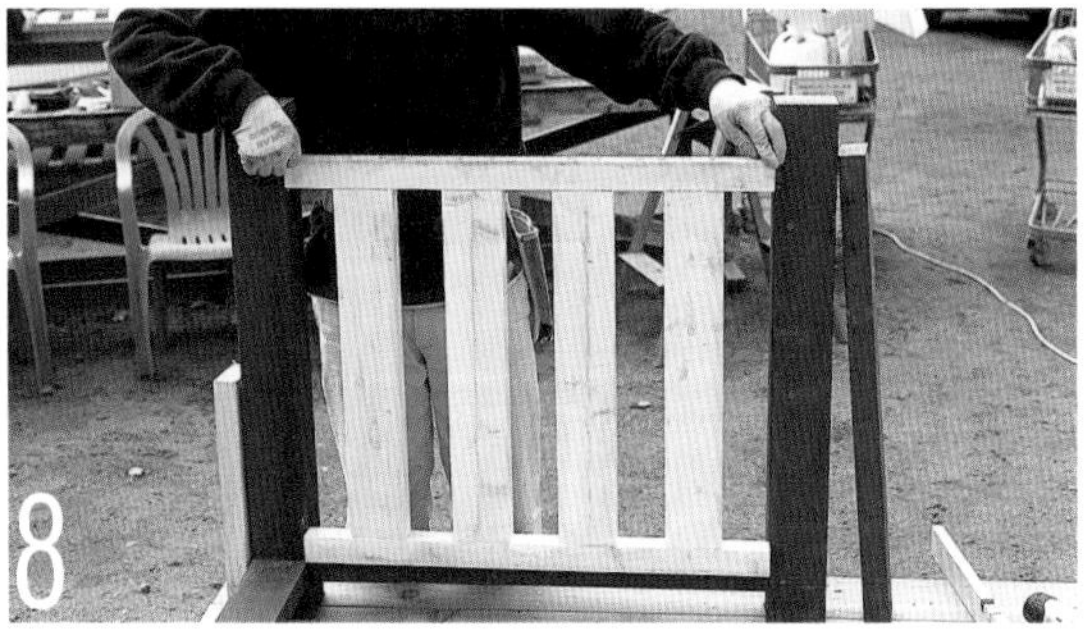

下桟がついたところで、5で作った縦格子の面を、支柱間に差し込んでみる。サイズがきちんと合っているだろうか

枠に、2×4の縦格子を打ちとめる。1カ所に1本ではくるくるまわってしまうので必ず2本ずつ

無事ついたところで、面の枠を下桟に打ちとめる

桟は、まず下から先に取りつける。木ネジの打ち場がないような感じだが、金具で接合してもいいし、下のようなやり方も

上桟をかぶせ、9と同じように打ちとめてから、写真のように支柱から斜め打ちして固定する

桟は支柱を通して斜め打ちで接合。コースをそれないよう、長い下穴をあけてから打つようにする

ポストヘッドを取りつける。台座は板から切り出して丸みをつけたもの。この台座をまずトップに取りつけて穴あけのうえ、ネジつきのヘッドをねじこめば完成。ポストヘッドはホームセンターで700円程度で手に入るだろう

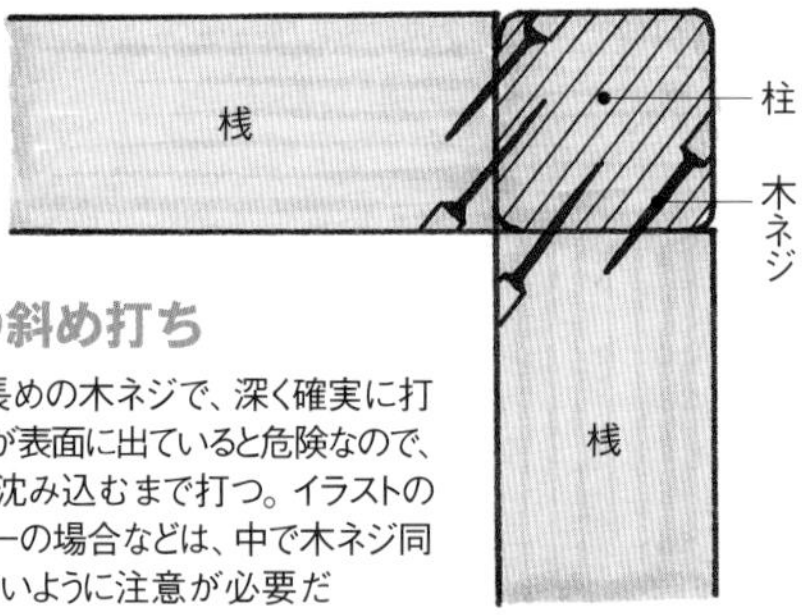

木ネジの斜め打ち

斜め打ちは長めの木ネジで、深く確実に打ち込もう。頭が表面に出ていると危険なので、すっかり木に沈み込むまで打つ。イラストのようにコーナーの場合などは、中で木ネジ同士が干渉しないように注意が必要だ

いろいろなフェンスデザイン

フェンスの面部分は、デザイン的に「遊べる」ところだ。単純な縦格子から、手間をかけた自作ラティスまで、さまざまに個性をアピールすることができる。強度に気をつけながらオリジナルのフェンスデザインに挑戦してみよう。

小扉をつけた2×4枠のフェンス

デッキをフェンスでかこってしまうと、通りが悪くなるという欠点はある。しかしフェンスを途切れさせたくはないという場合は、フェンス一体型の扉がおすすめ。デザインを合わせれば違和感なく利便性を確保できる。写真はラティスそのものも自作している。

ジグソーでデザイン的なカットを

枠は2×4、面には合板が使われている。ともすれば貧弱に見えてしまう合板だが、デザインカットをほどこすことで、むしろ高級感がそなわった。もちろん1枚1枚カットする手間は相当なもの。覚悟して挑戦したい。面材の固定は、上下とも細い角材ではさみ込む方法。

メッシュを使ったオリジナルデザイン

メッシュとは、コンクリートを打つ際の補強材となる格子のこと。いろいろなサイズがあるが、写真のようにピッチが100mm程度のものを使って、フェンスの面材にした。それだけではなく、メッシュをはさんで別材をあしらうことで、多角形が宙に浮いたように見えるユニークなデザインだ。レンガをあしらってみるのもいいのでは。

1×4アーチのおしゃれなフェンス

これは意外と簡単にできるデザインだ。面部分は2×4の縦格子で、手すりがなめらかなRになるよう高さに段階をつける。左右の支柱に切れ込みをいれておいて、手で曲げた1×4をそこへひっかけ、木ネジで固定すれば完成だ。

デザインカットした 2×4の縦格子

2×4は厚みがあるので、ずらりと並ぶと見た目に重いときもある。そこでひと手間、上下に曲線カットをほどこしてみる。ご覧のように、かなり印象が違う。また立体的になったので、見る角度によって変化が出るようになった。2×4のジグソーカットは楽ではないが、チャレンジする価値がある。

密な格子で 和風のフェンスに

これも自作ラティスのようなもの。細い面材をすべて切り出し、格子を組んで固定した。自作であれば、このように格子のピッチを思い切って密にすることも可能なのだ。上品で落ち着きのある雰囲気にまとまっている。

Step 5

パーゴラ

庭の景色を彩る デッキのアクセントとして人気

パーゴラの構造例

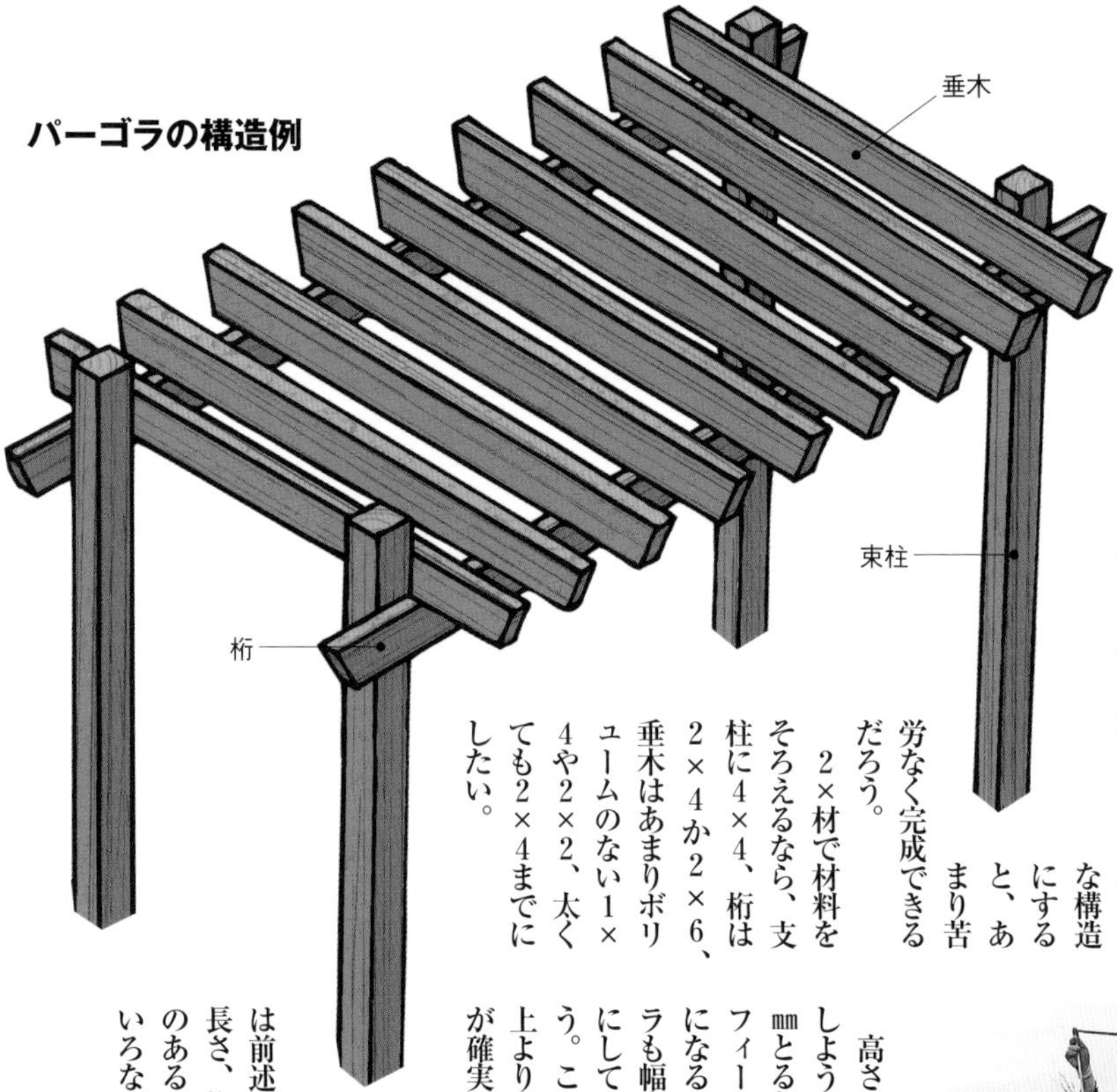

デッキとのバランスを考えてサイズ決定を

パーゴラは、イタリア語のぶどう棚が語源で、日本では藤棚などが近い存在だ。屋根というより、ツタ類を這わせて緑を楽しむためのものだが、デッキに組み込むと、照明をつけたり日除けに利用したりできるので、人気の定番アイテムだ。基本的には、柱の間に桁をわたし、垂木を並べて打ちとめるというもの。上のイラストのような構造にすると、あまり苦労なく完成できるだろう。

2×材で材料をそろえるなら、支柱に4×4、桁は2×4か2×6、垂木はあまりボリュームのない1×4や2×2、太くても2×4までにしたい。

高さは床上2000㎜以上確保しよう。床から桁までが2000㎜とると、支柱にする4×4は10フィート（3048㎜）以上必要になる。デッキが大きくてパーゴラも幅広ならば、もっと高いものにしてバランスをとるようにしよう。この手のプランニングは紙の上より現場であたりをつけるほうが確実。ベランダの床など近くにある場合はそこに高さをそろえるほうがすっきりする。

パーゴラの基本構造は前述のとおりだが、垂木の密度・長さ、桁の接合方法と位置、方杖のあるなしで表情が変わる。いろいろなデザインを楽しもう。

こうして実際にメジャーを立てたところを、ひとりが離れたところから見るようにすれば、全体のバランスをチェックできる

デッキの上にあとづけするなら

支柱は、デッキ土台と一体化（束柱を使う）させるのがいちばんだが、フェンスと違って4本脚で自立するものだから、思い切ってあとづけしてしまっても大丈夫。そのための支柱金具もある。

右／こちらは4×4支柱。端いっぱいの位置は無理だが、平面ならどこでも立てることができる。ボルトでしめつけてぐらつきを防ぐ。左／こちらはシンプソン金具のDPT6。支柱を、デッキの端にそろえて立てたいときにはこれだ

パーゴラのいろいろ

もっともシンプルで作りやすい例としては右頁のイラストが挙げられるが、バリエーションはたくさんある。垂木は双方を切り欠いて組むバージョンと片方だけ欠くバージョン（右頁の例だとどちらも欠く必要がない）。桁は支柱にのせるか側面に打ちとめるかで違ってくる。またここでは側面の桁も想定しているが、右頁のイラストは側面桁をつけない例だ。

垂木と桁の組み合わせ例

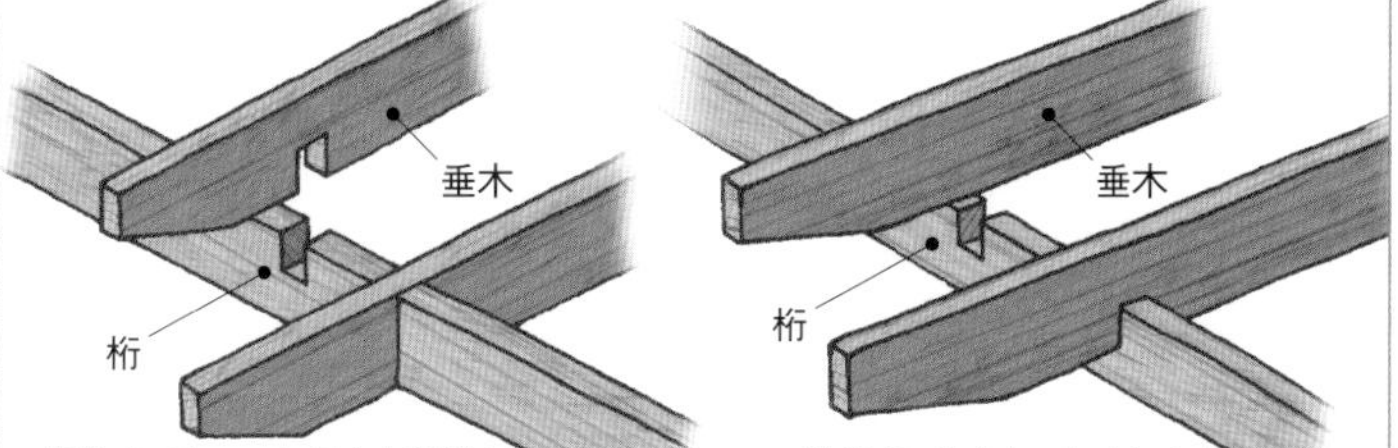

相欠きでクロスに組むと段差がなくなってすっきり

桁だけに欠きをいれるタイプは手間を省ける

桁と支柱の組み合わせ例

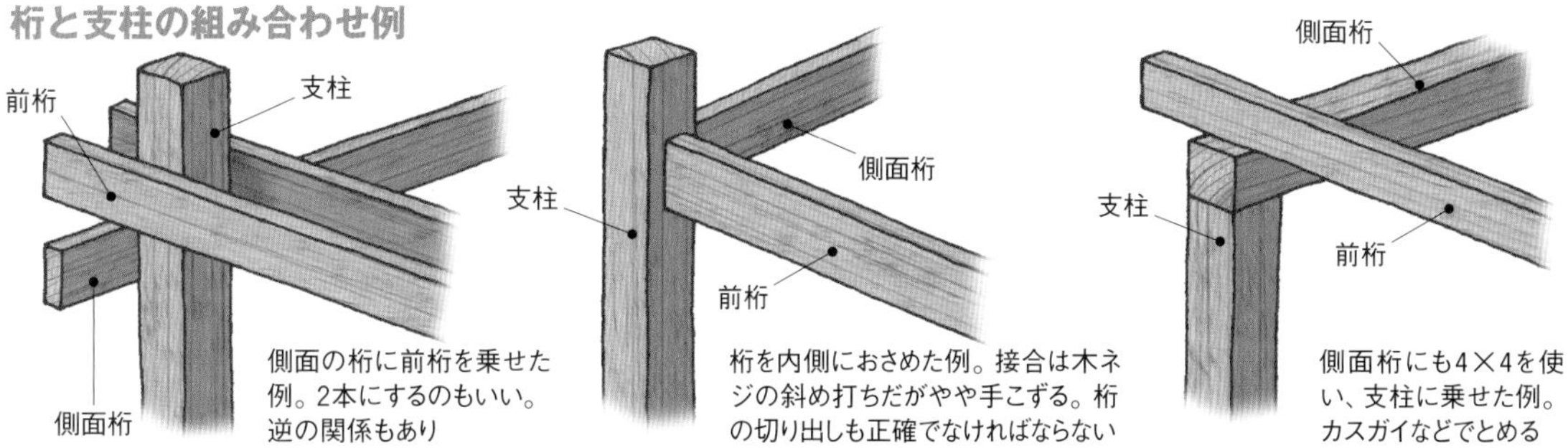

側面の桁に前桁を乗せた例。2本にするのもいい。逆の関係もあり

桁を内側におさめた例。接合は木ネジの斜め打ちだがやや手こずる。桁の切り出しも正確でなければならない

側面桁にも4×4を使い、支柱に乗せた例。カスガイなどでとめる

右上／隅の束柱が高い支柱になり、パーゴラができる。これは方杖やポストヘッドなどつけたタイプ（次頁に製作手順）。右下／シンプソン金具（95頁参照）を多用して作ることも。これは桁を二重にしたところが特徴。左／三角パーゴラだってアリ。コーナーのアクセントにぴったりだ。足元は支柱金具を使用

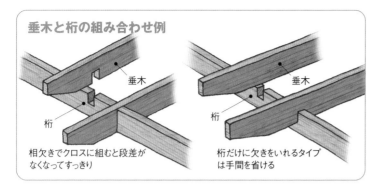

参考

すっきりデザインの中級パーゴラ作り

ここでは、桁が支柱間におさまったタイプ（前頁の下に写真あり）の製作手順を追ってみた。桁の接合がやや難しくなるが、デザイン的には非常にすっきりまとまる。垂木に使われたのは2×4だが、そのまま使うと見た目にも重いので端を斜めにカットしてある。

パーゴラは支柱が長いので、ちょっとした傾きが大きな狂いにつながる。桁をいれる前には、支柱にまんべんなく水平器をあてて、最終チェックをしよう。桁が入るまでが勝負だ。またこれまでと違って高所作業になるので、脚立が必要。2台用意しよう。

支柱間の内寸を測り、桁を切り出す。斜め打ちによる接合なので、写真のような下ごしらえが必要（下のイラストも参照）

まず側面から取りつけ。保持しにくいので難しいところだが、木ネジを少しずつ進めながら打ちとめよう

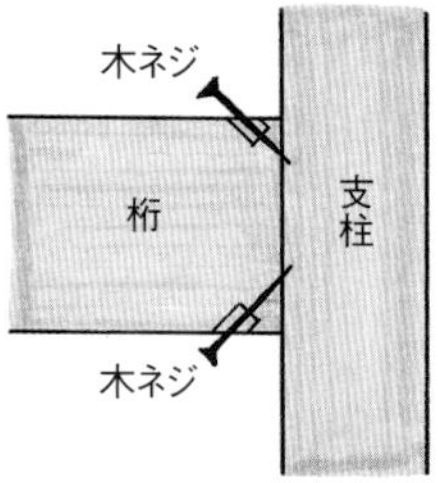

木ネジを打ち込むポイントを、あらかじめ1のようにドリルでやや掘り下げておいて、きちんと支柱まで結合できるようにする。木ネジが支柱に届いてからが問題で、ネジの引き寄せによって、最後の最後でずれてしまうことが多い。いっきに打とうとせず、上下から少しずつ木ネジを進めることがコツ。

前後の桁は、垂木が乗るので、切り欠きをする。墨つけは2本いっぺんに行なうとずれない

切り欠きは丸ノコが便利。欠く深さに合わせて正確に刃を出しておき、写真のように使えば、一定の深さの切り欠きができる。あとは欠きの部分を叩き落とし、ノミで整える

切り出した垂木に桁位置の墨つけ。これも一度に行なう

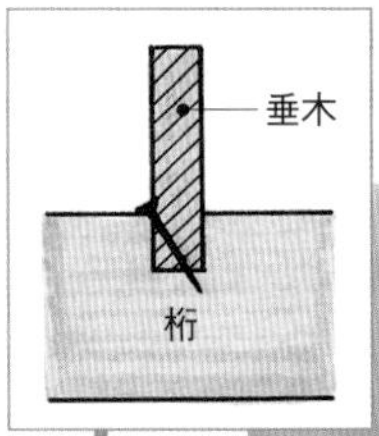

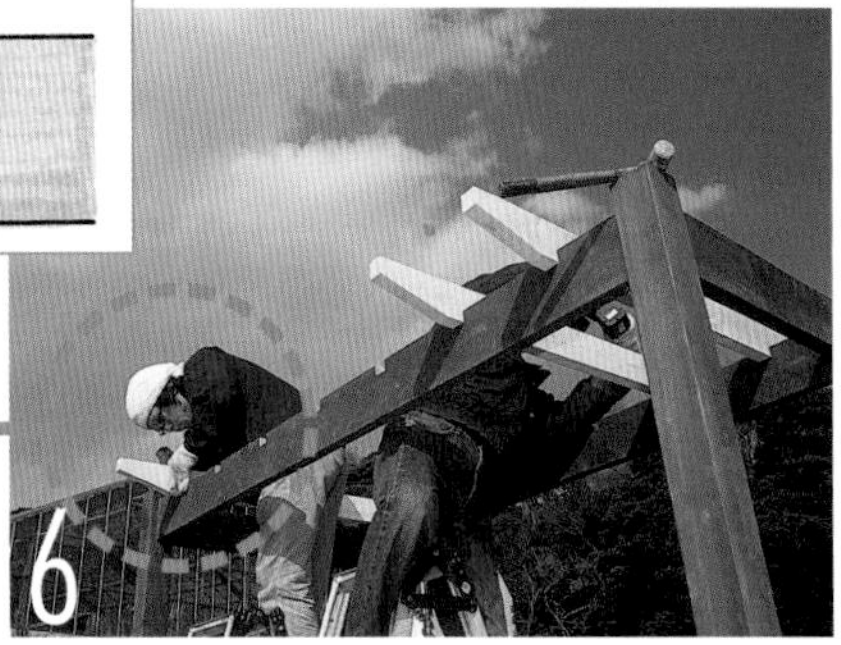

4の処理がすんだ桁を2の要領で支柱に取りつけ、垂木を切り欠きにはめこんでいく。斜め打ちで固定

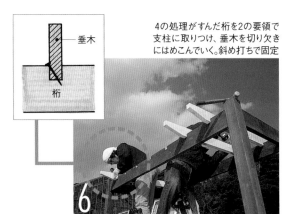

Step 6

ステップ

1、2段のステップにもいろいろなスタイルがある

踏み面を広くとるのがコツ

ステップは、デッキ製作の総仕上げだ。ステップの作りひとつで使いやすさが大きく左右される。床高40～60㎜程度の通常のデッキならせいぜい1、2段だが、スペースに余裕をもって、踏み面（足をのせる面）をゆったりとるよう心がけよう。2×10（238㎜幅）ぐらいはほしいところだ。

デッキの一部に組み込む

むずかしく考えず、土台を作る段階で、床板の低い部分を想定して根太の配置をすればすむ。デッキとの一体感も増すポピュラーなやり方。デッキ作りのノウハウをいかしていろいろな形のステップを作れそうだ。

いちばん上の写真はデッキを三角に切り取ってステップにした形。左右どちらからも上がりやすいのが特徴。その下の写真はデッキの端を使った。

とっても簡単、枕木を積むだけ

枕木のサイズは階段にちょうどいい。下に2本、上に1本積むだけでけっこう味のあるステップになる。ただ、転がり防止にカスガイをしっかり打っておくことが大切だ。

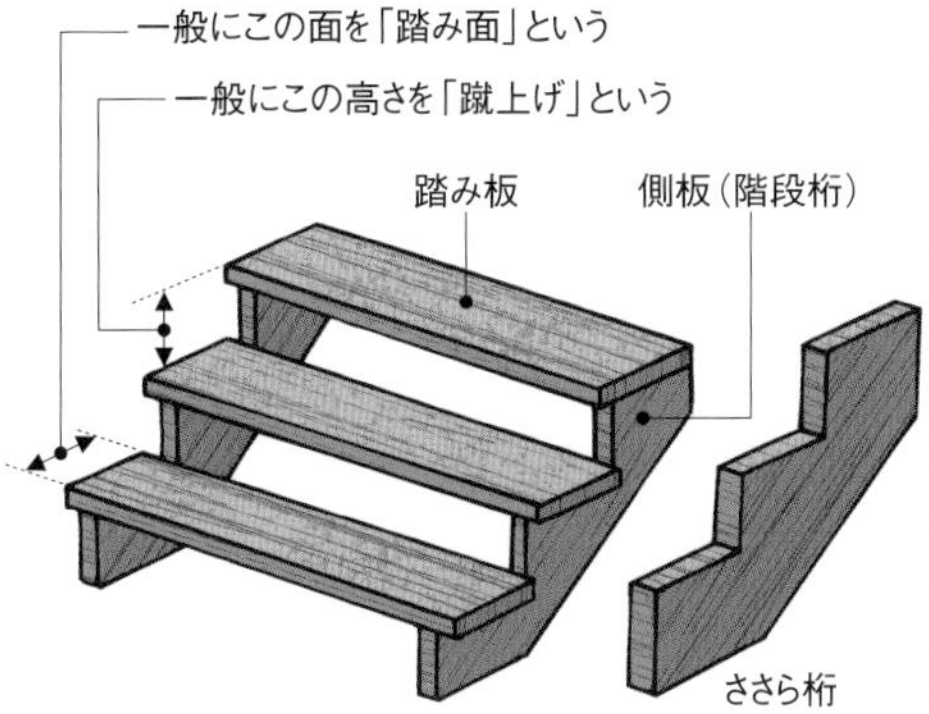

一般にこの面を「踏み面」という
一般にこの高さを「蹴上げ」という

ささら桁を使った階段

2枚の側板で構成されるステップのひとつだが、側板に踏み板をのせる点が特徴的。この構造に欠かせない、イラストのような形の側板を「ささら桁」という。複雑なカットのようだがサシガネさえあれば誰にでもできるものだ。

まず、大きな段ボールなどに、実際の落差を描いてみよう。等分に割れば踏み面の位置が出る。あとは側板の傾斜を、段ボールにあてがってみて決める。あとは各段にサシガネをあてて、余分な三角形を出してしまえばささら桁のできあがり。

側板のあるステップ

2枚の側板（階段桁）で踏み板をはさんだ構造。踏み板の接合には金具を使ったり、あるいは端材で受けを作ってもいい。また足元は、直接土に触れさせず、レンガやブロックなどの上に置くほうが良い。水平出しと、腐れ防止のため。いちばん上の写真はデッキとの連結、踏み板の接合、両方に金具を使っている。その下の写真は、幅があるのでたわみ防止に、中に補強をいれた例。900㎜以上になるときは必要だ。

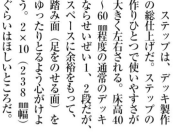

さて、デッキの基本構造や製作手順をおさえたところで、ちょっとしたアレンジモデルにも目を向けてみよう。変わったスタイルでも、中味がどうなっているかがわかればアプローチできるはず。ぜひ製作のヒントにしていただきたい。

どーなってるの？
中味が知りたいあのデッキ

どーなってるの？ 住宅の外壁に固定されたデッキ

39頁のイラスト（断面図）のような構造だと、根太を住宅に直接打ちとめることができればかなり楽ができそうな印象がある。事実、プロの中にはもっぱら直付け（もちろん施主の了承を得る）という方もいるほどだ。

　しかしただ外壁に木ネジを打っても、ネジの効くところばかりではないのだからやっかいだ。外壁を通して間柱か土台などの木部へ打ち込まなければ保持できない。正しい位置の見極めが必要。

　デッキ根太の場合、イラストのように、住宅基礎の上にだいたいまわしてある土台を狙う。基礎の10㎝程度上に打てば大丈夫だろう。また、サッシなどの建具のまわりには枠をまわしてあるものだからこれも目安になる。

　取りつけの際は、基礎の上端に合わせて根太を固定すれば水平も出て一石二鳥。

　というわけだが、見えない土台の位置の見極めという点で、あまりアマチュア向けではない方法だ。できるだけ、新築時の設計図などで確認して着手したい。

外壁に直接打ちとめられた根太。基礎のすぐ上を狙っている。木ネジは75㎜を使用

根太と外壁のすき間は、ていねいにシーリングして防水。ここから雨水が入り込んでしまうと住宅まで傷めてしまう

外壁に接合されているので住宅側は束柱を省略できた

木ネジの打ち込みポイント

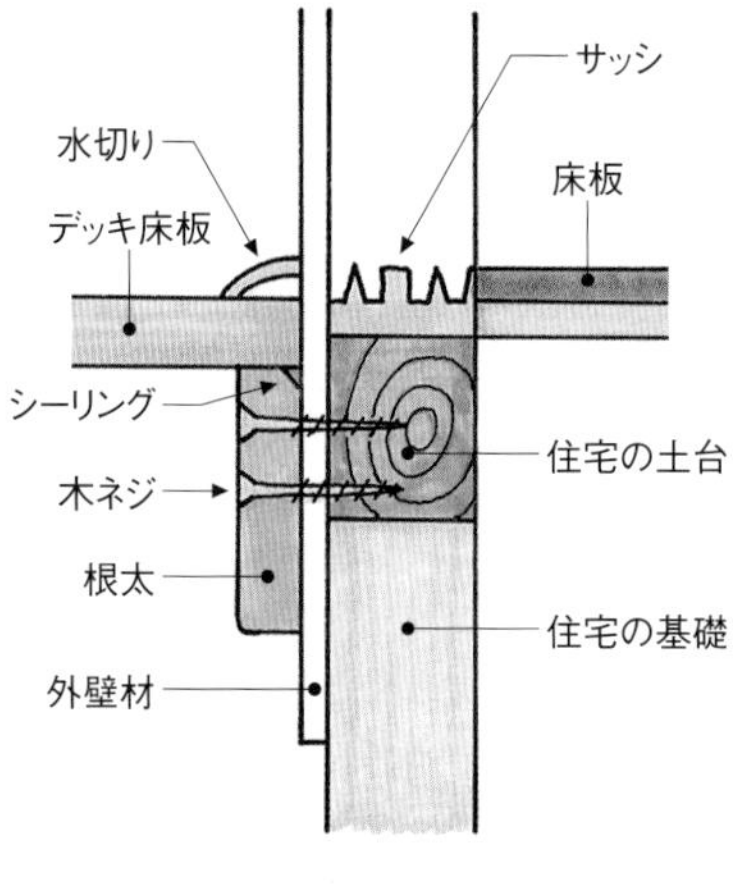

どーなってるの？ 囲炉裏のあるウッドデッキ

洋風のデッキに和風の囲炉裏と聞くと違和感がありそうな気がするが、板の間で囲炉裏を囲む雰囲気をアウトドアにもってきたというだけで、決して似合わないものではない。

デッキに囲炉裏を作るときは、下地から別物にしてしまうと楽。ブロックなどで嵩上げし、任意の高さにもってくる。火床の周囲はレンガや石などの不燃材で立ち上げ。

デッキのほうは、囲炉裏まわりの床に注意し、弱いところができないようしっかりと根太を行き渡らせること。あとは、囲炉裏の外周を、いわゆる炉端のように仕上げたりして一体感をもたせる。

どうしても、銅板の本格囲炉裏にしたいときは、銅板の加工そのものは板金業者に発注して作ってもらうほうが現実的だろう。

１５４頁から実践編があるので参考にしてほしい。

囲炉裏まわりにはローテーブル風にやや立ち上がった炉を切っている

デッキ囲炉裏の構造例

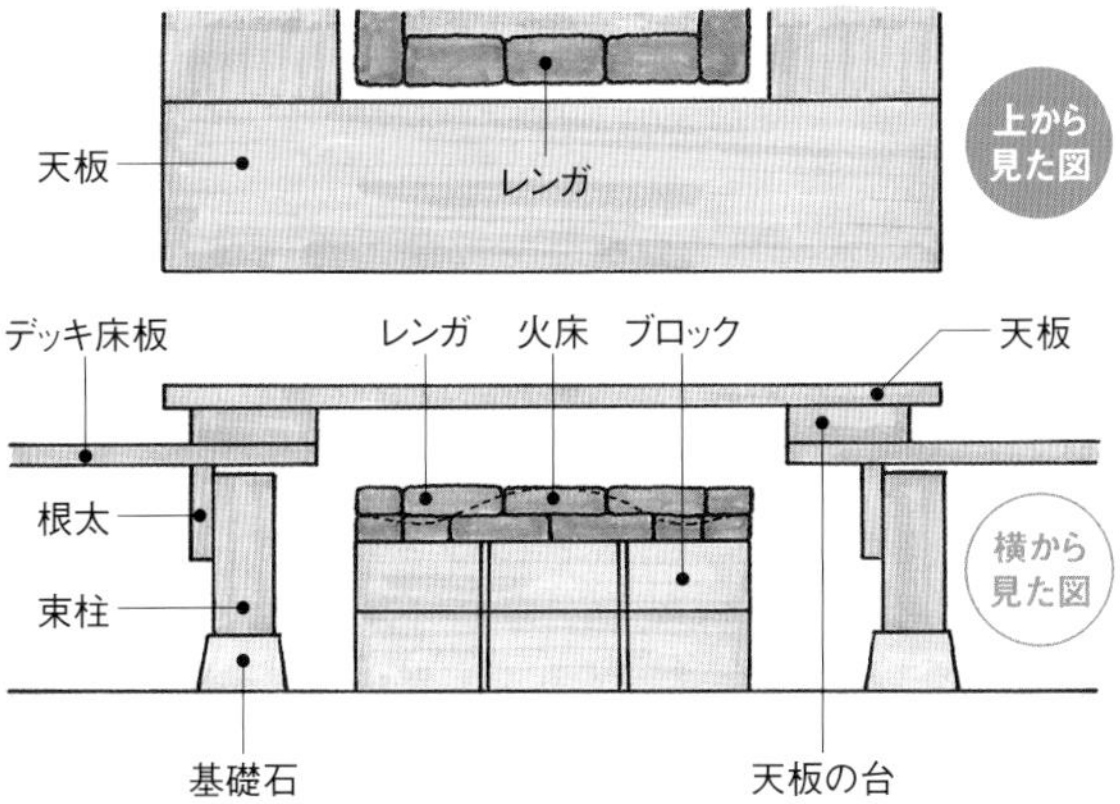

どーなってるの？ バリアフリーのスロープデッキ

ウッドデッキは、リビングの掃き出し窓から続くケースが多いので、車椅子でデッキから庭へ下りられたら非常に便利だ。これからますます求められるスタイルとなりそう。

車椅子の通行に適した勾配は、イラストのような、高さ1に対して距離が15という割合。あまりきついと押すときにたいへん、ゆるいと距離が長くなるという具合になる。

この勾配でデッキから地上までのスロープデッキプランを出してみた。踊り場の存在がポイントになる。また、車椅子に合わせて余裕をもった幅が必要だし、脱輪防止のガードもぜひつけておきたい。

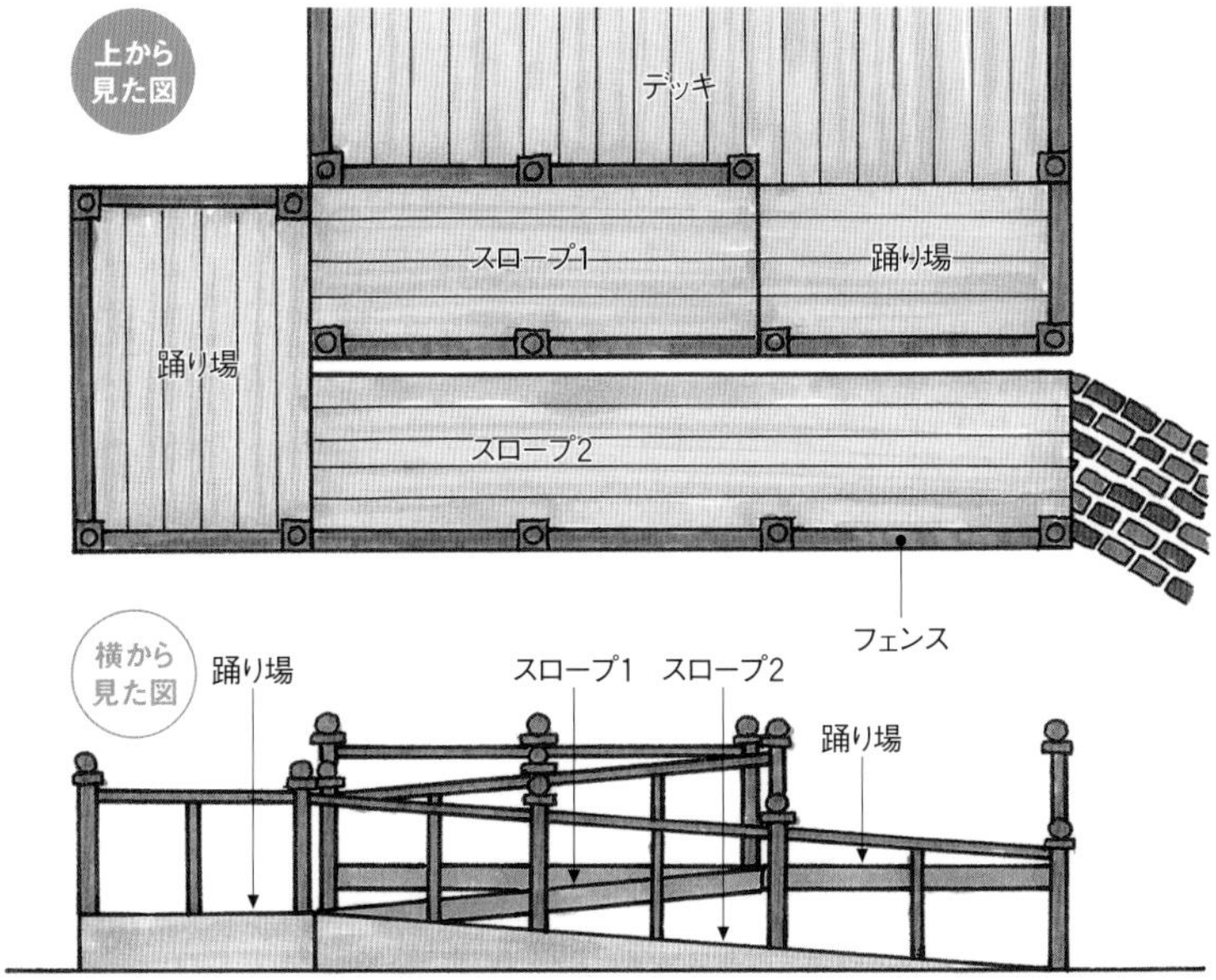

理想的な勾配

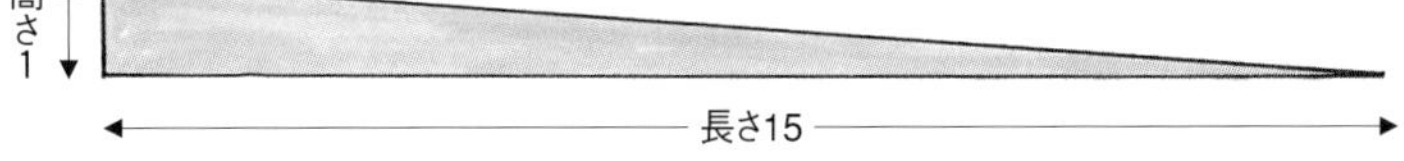

どーなってるの？
斜面に立つウッドデッキ

斜面で苦労するのはもちろん水平出し。ここでは、とにかく最初の根太を1本、水平に設置する方法をご紹介しよう。あとはこれを水平ラインの基準として、根太を広げていけばいい。

左のイラストは、40頁で紹介した方法を応用したもの。特別な測量器材などがなくても、まっすぐな根太材と水平器さえあれば大丈夫。基礎石は、高さが300㎜ほどもあるタイプもあるので使い分けるのもいいだろう。

まず、高いほうの基礎石から、上面の水平を正確に出して設置する。相手（低いほう）の基礎石も、傾きのないよう設置。

高いほうの基礎石のところで根太の高さを決め、束柱の長さを出して立てる。根太の高さは床高から床板の厚みを引いたものだ。さっそく根太を取りつけるが、まずは木ネジ1本だけ打ってそこを支点に上下に動くようにしておいて、ここで水平を見るわけだ。

水平が出た位置で、根太は支え（端材など）をかませて固定。低いほうの基礎石は、この根太との間を測れば束柱の長さ（高さ）が出る。そうして切り出した束柱を取りつければ、傾斜地に、水平な根太が渡されたことになる。

なお、傾斜が30度を超えるような斜面の基礎工事は、専門家にまかせることをおすすめする。

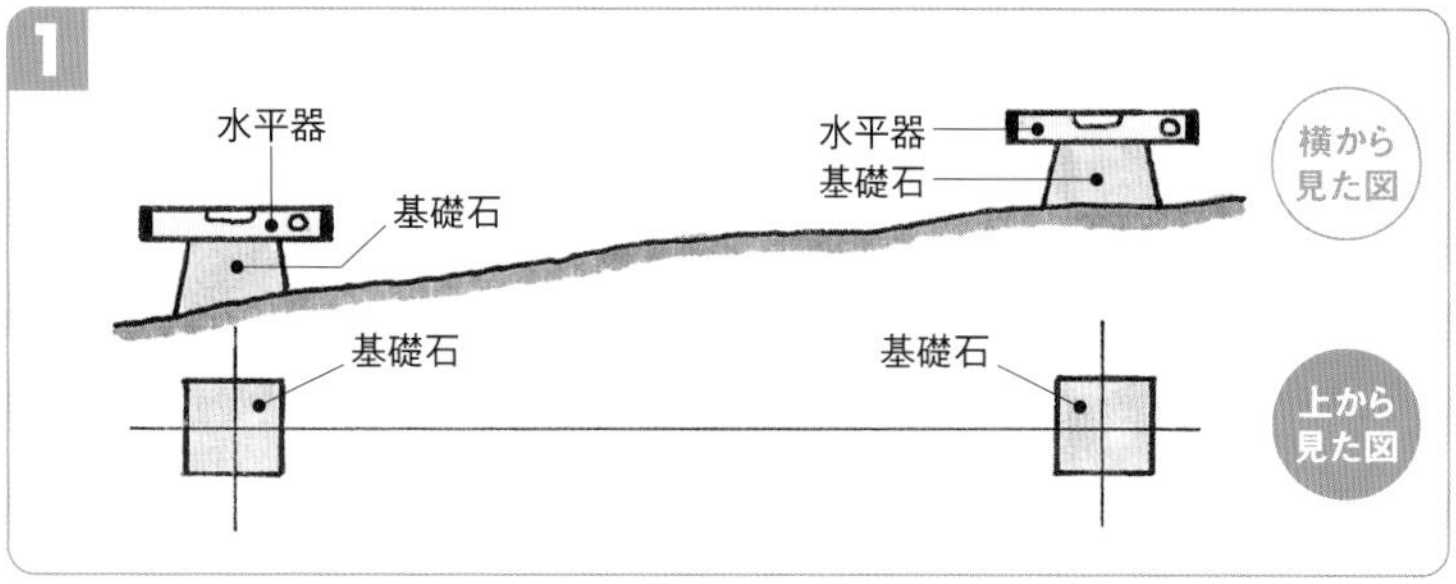

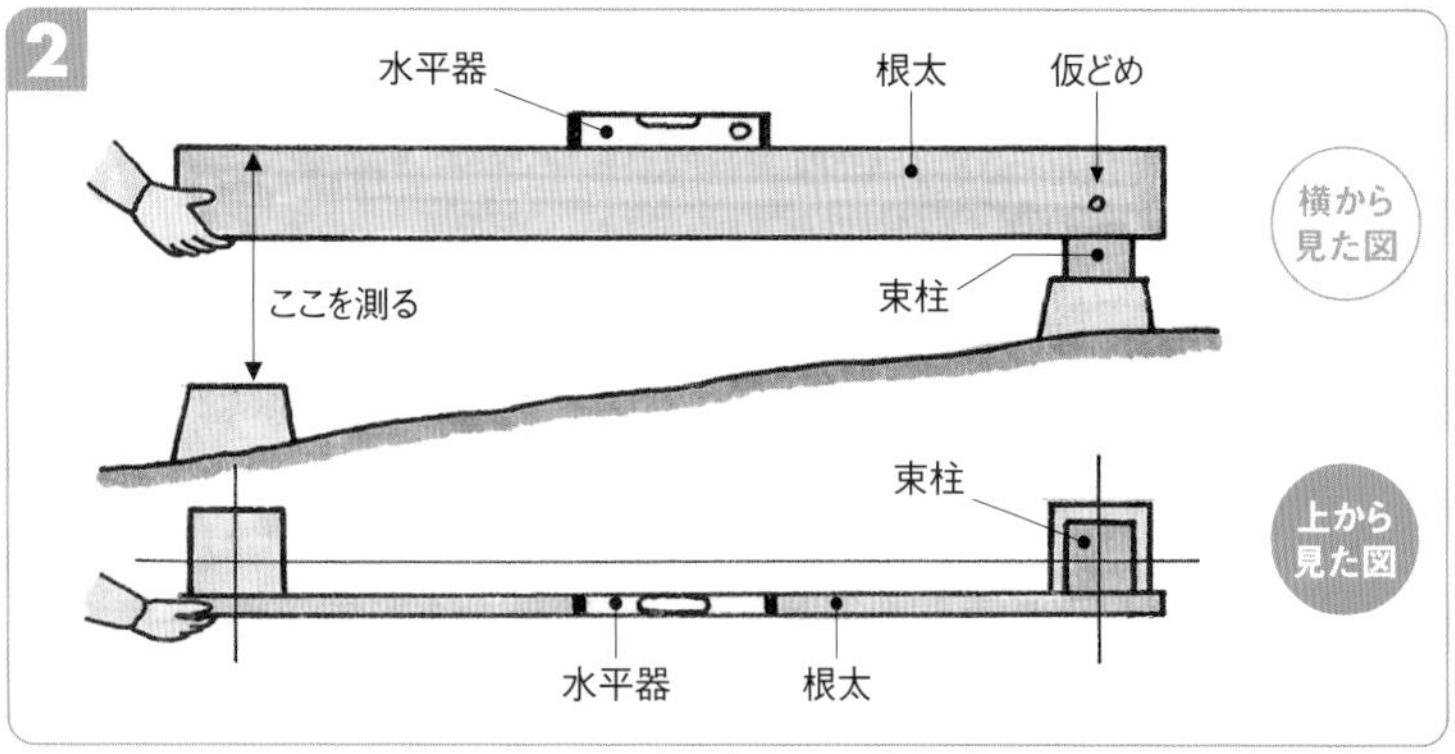

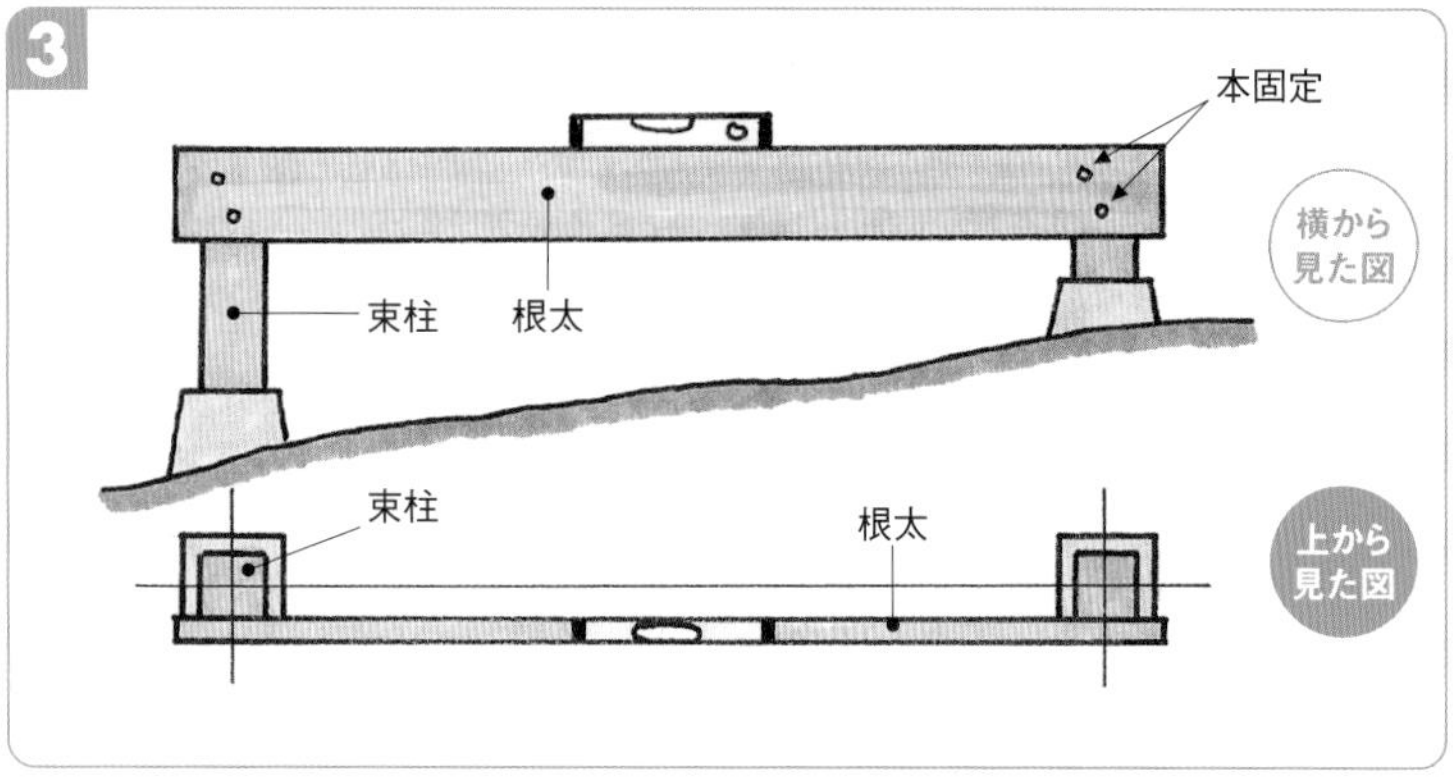

どーなってるの？
ベンチつきデッキ

作りつけベンチにもいろいろあるが、基本的に大した構造ではないのでとっつきやすい。デッキのフェンスを背もたれ代わりにした縁台と考えよう。必要な構造材は座面の枠と前脚だけ、うしろはデッキの支柱に固定されるので脚を省略。横から見てもすっきりしている。手順としては、先に枠を作る方法が早い。組んだ枠を都合のいいところで支柱に打ちとめ、つっかえ棒で仮固定しておいて脚を測り出して取りつける順番だ。

右／フェンスや支柱に支持して座面の枠を取りつける。デッキでいえば根太だ
左／あとは座面を作るだけで完成。週末にできる簡単ベンチ

Part 3

ウッドデッキ作り道具と資材

ウッドデッキを手作りするには使い勝手のいい道具と、様々な資材が必要だ。
ここでは、電動工具をはじめとするデッキ作りに活躍する道具とその使い方のほか、
木材や基礎材、塗料など、ウッドデッキの道具と資材を徹底紹介する。

Tools & Materials for Woodeck Construction

デッキ作りに欠かせない
木工切断の基本工具
丸ノコ
Circular Saw

日立工機 丸ノコC6UVY

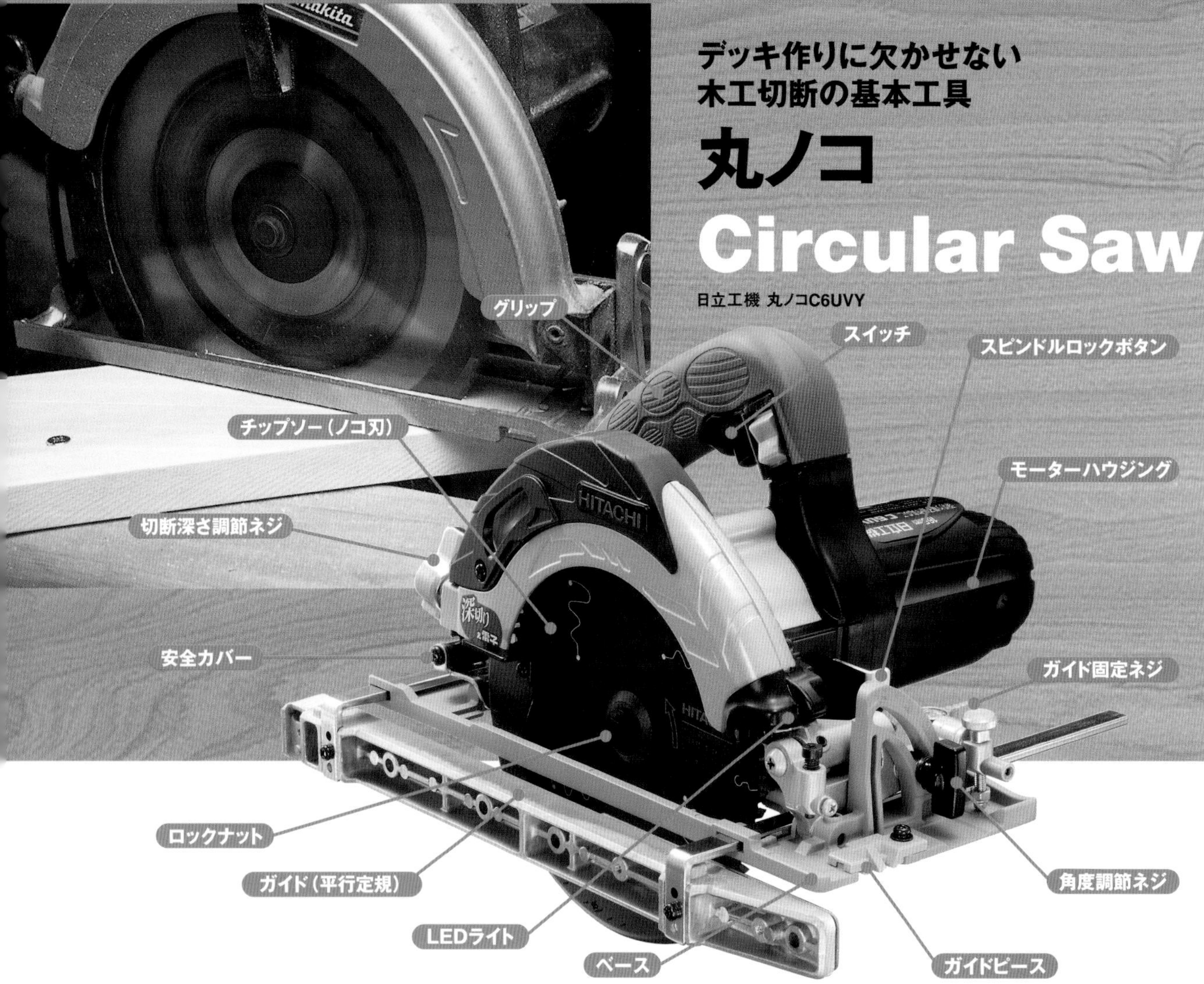

5000回転でまわる チップソーで滑らかな切断

ウッドデッキ作りで欠かせない丸ノコ。正確ですばやい直線カットができる必須道具だ。

円盤状の刃は刃先にハイス鋼やカーバイドなど、鋭い切れ味を持つチップをつけたチップソーが装備され、毎分5000回転程度の高速回転で、きれいな直線で材木を切ることができる。DIYの主力切断工具として使われるが、むき出しのチップソーが高速で回転しているので、ビギナーには少々危険な工具ともなる。使用時はいつも操作に集中して危険のないように作業したい。とくにこうした回転系の電動工具では巻き込まれの危険が高いので、軍手など手袋は着用しない、服の袖もひらひらさせないようにするなど服装にも気をつかいたい。

切断作業は、材を作業台やウマに固定して安定させたら、材の上にベースプレートの前部を材に刃先が当たらないように乗せる。こ

切れ味の決め手になるのがチップソー。写真は日立工機のテフロン加工、ダンパー装備のスーパーチップソー

DIY使用頻度▶Level 5

高い　　　　低い

主な用途

木材の直線切断、角度切断、傾斜切断、溝加工、ホゾ先加工、金属等の切断

切る

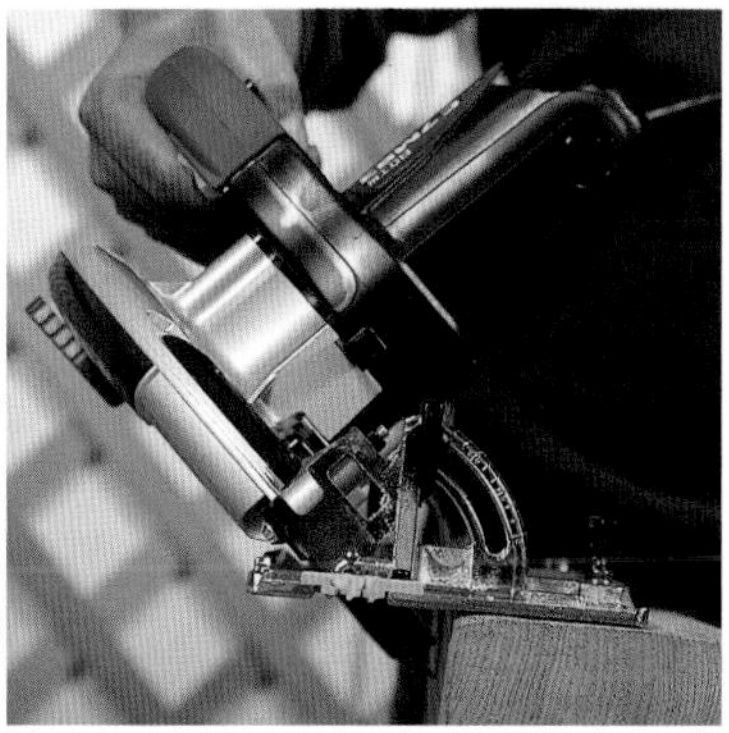

左／本体後部にあるネジを動かして刃の深さを調節する。深さは材より少し多めに写真程度が目安。切断する時以外は安全のため必ずコンセントは抜いておく。右／傾斜はベースの前後にあるネジで調節する。写真は45度に傾斜した状態。傾斜状態では切断できる深さが浅くなる

安全に作業できる基本姿勢。材はクランプで固定し片手はグリップ、片手はモーターハウジングにそえて切断する

丸ノコの刃を交換する

チップソーと呼ばれる円盤状の丸ノコの刃も交換することができる。

手順は、刃のまん中にあるロックナットにあったサイズのスパナが1本あれば、写真のような手順で簡単に交換ができる。作業中はコンセントを抜き、鋭いチップソーで怪我をしないように注意したい。

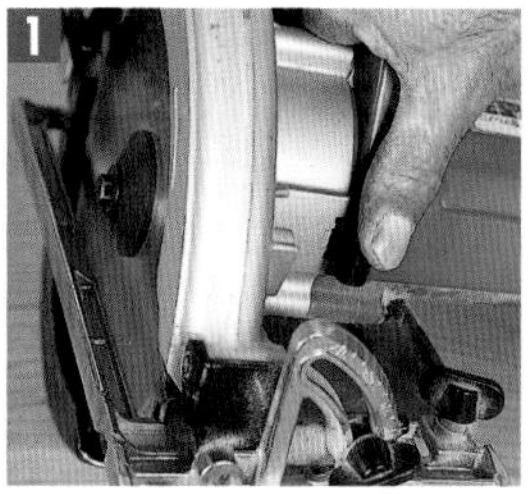

1 モーターハウジングの脇にあるスピンドルロックボタンを押してチップソーを固定する

2 スピンドルロックを固定したまま、スパナでロックナットをゆるめる

3 ロックナットをはずせばチップソーをはずせる。取りつけは逆の手順

のときベースについたトップガイドの切れ込みを墨線にあわせてスタートの用意をしておく。丸ノコのスイッチをいれチップソーの回転が安定したら墨線に当てて切りはじめる。切っているあいだは、ベースプレートは材に押しつけて前方へ丸ノコが切り進めた分だけついていく気持ちで進めばいい。

丸ノコは一方の手でハンドルを握り、空いた手でモーターカバーを押さえるようにして動かすと安定するし危険が少ない。ベテランは自分に使いやすい持ち方をするが、丸ノコの操作に慣れるまでは、両手で保持することで手がチップソーに近づかないようにでき安全だ。

フリーハンドでも墨線に沿ったまっすぐな直線を切りやすいのが丸ノコだが、今後、インテリア家具木工などで、よりきれいな直線で切る必要がある場合は、平行定規（ガイド）やフェンスのついたジグなどを使う。

平行定規は丸ノコに付属していることが多い。材にひっかける定規部分にはネジ穴があいている場合が多いので、ここに10㎜×4㎜程度の角材をつけて定規を長さ20㎝程度に延長すると、平行の精度が高まる。

フェンスは材料の上に置いて、丸ノコのベースプレート側面を沿わせて使う直線切り用のジグ。切る材料よりジグを長くすれば、切りはじめ、切りおわりともにひっかかりや段差がなく、きれいな切断ができる。

Circular Saw◎丸ノコ

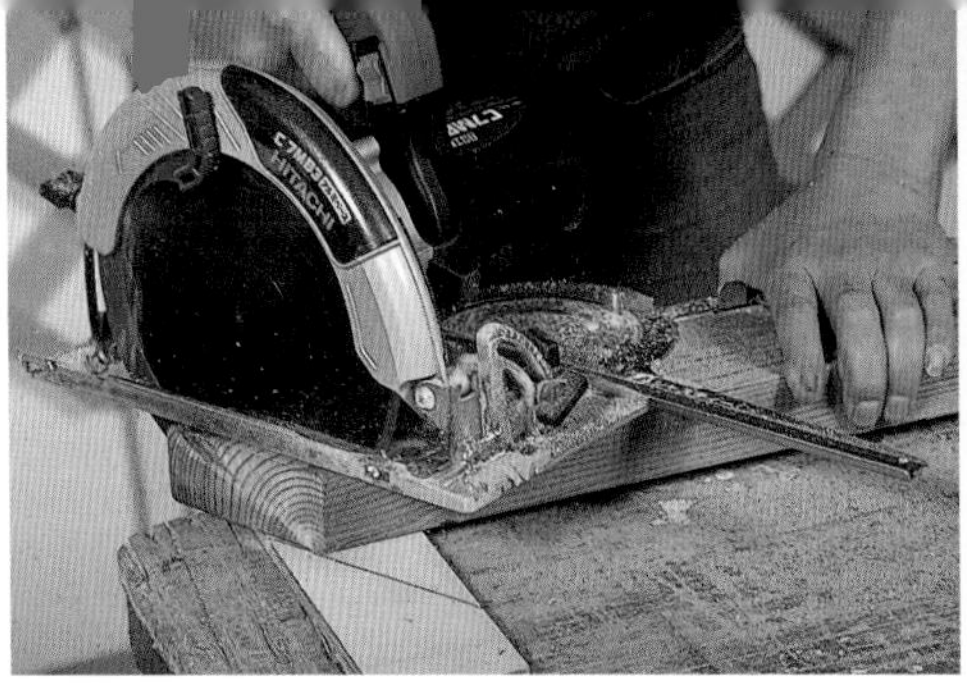

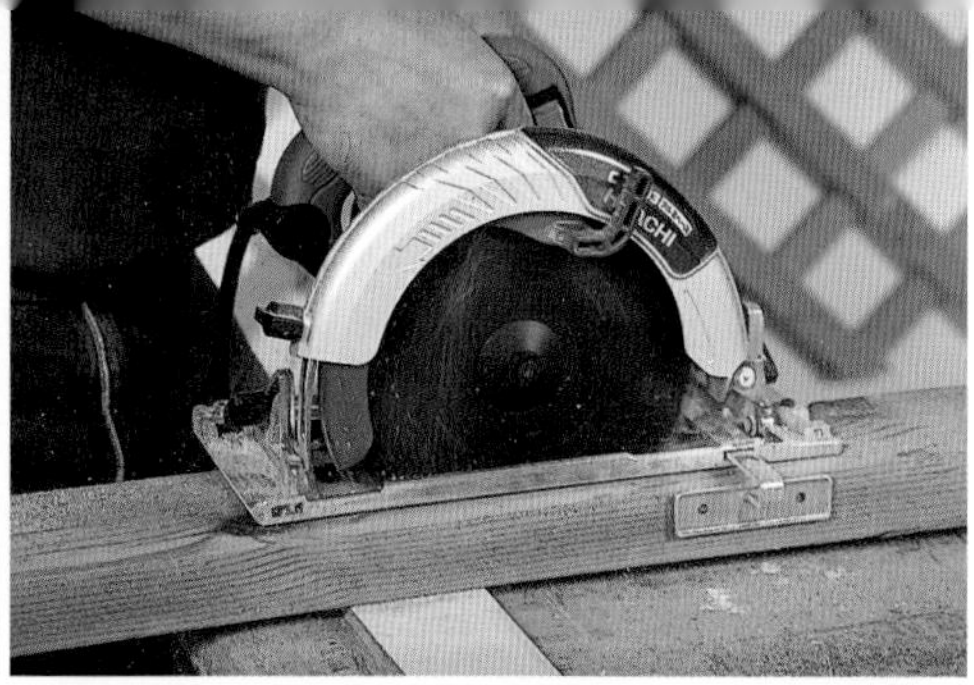

右上／丸ノコの前部から手前に出て材の端部に引っ掛かっているのが平行定規。ネジ穴を利用して角材などで定規を延長すると作業の正確さが増す。右下／丸ノコジグでの作業。手を添えているのがフェンス、丸ノコのベースが乗っているのがスペーサー。ジグは切る材より長く作ると作業が安定する。左上／細かな角度の設定ができる市販の角度切り定規も使いやすい。写真はジャスティーという製品で大工さんも使っているポピュラーな道具

操作のバリエーションで様々な切断に応用できる

丸ノコは本体の角度調節ネジをゆるめれば45度の角度までの傾斜切断もできる。この場合は刃が傾くため直角に切断する場合よりも切れる材の厚さが薄くなるので、切りはじめる前に切断深さを確認してから作業したい。

操作のバリエーションでベテランがよく使うテクニックは、丸ノコを使った溝掘り加工。刃の深さ調節ネジを調節して必要な溝の深さに刃を出して、溝の幅の内側を2〜3㎜間隔程度で何度も刃を通し、残った部分をノミで欠き落とせば溝を作ることができる。この方法で、ガラスをはめる細い溝から棚板をはめる幅まで作ることができる。同じテクニックを角材の端で両面に加工すると、ホゾ先を作ることもできる。

丸ノコのスタンドは、各メーカーからアクセサリーとして販売されている。このスタンドに丸ノコを取りつければ、手持ちでの軽快さは失われるが、テーブル丸ノコと同じような精度の高い加工をすることができる。スタンドにフェンスをつければ同じ寸法の切断を繰り返しできるし、マイターゲージ（角度定規）がついたモデルなら角度切りもより正確に加工できる。フェンスと刃の高さ調節を組み合わせれば、溝加工やホゾ先の加工などは、より高い精度で作業することができる。

丸ノコはウッドデッキ作りだけでなく、幅広いDIYで活躍するのでぜひそろえておきたい道具のひとつだ。

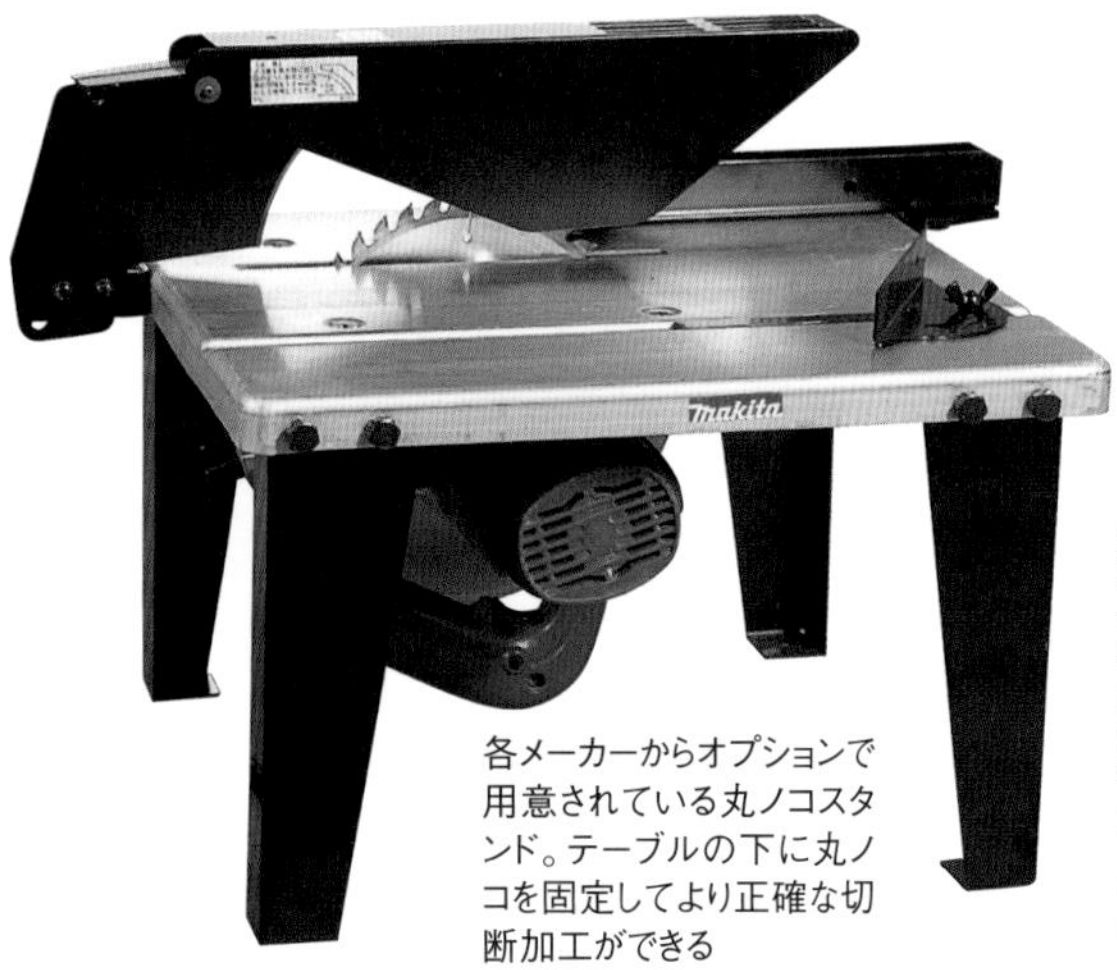

各メーカーからオプションで用意されている丸ノコスタンド。テーブルの下に丸ノコを固定してより正確な切断加工ができる

丸ノコジグの構造（断面図）

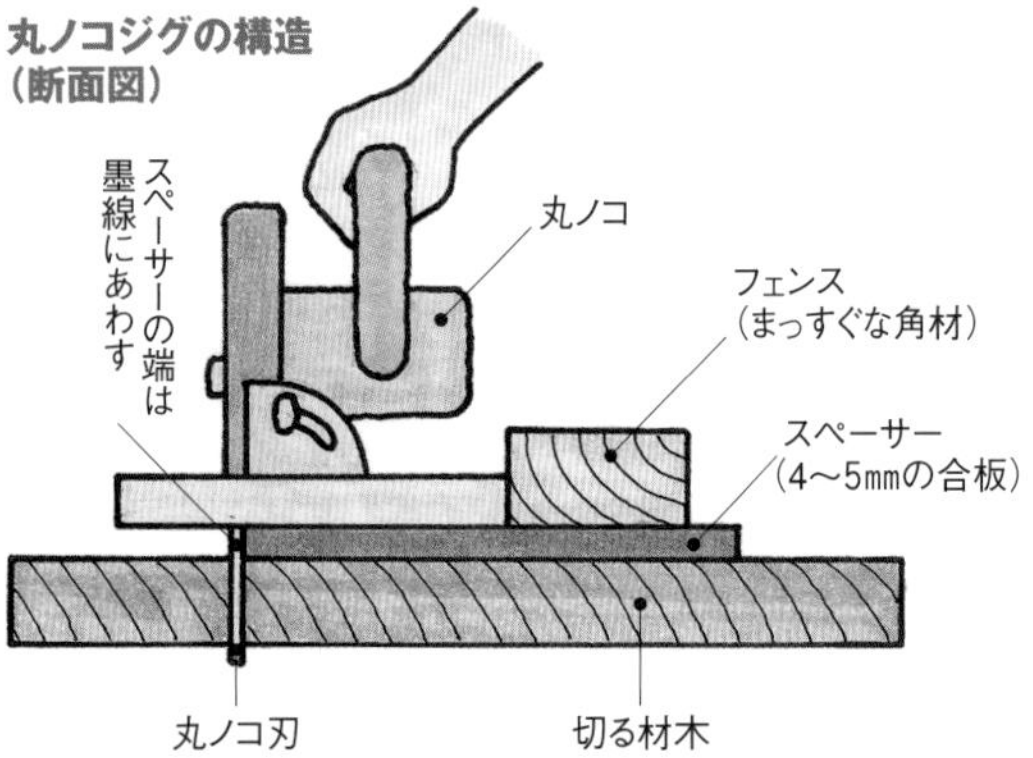

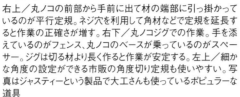

切断目的別 丸ノコ用交換刃のいろいろ

高速回転とハイパワーを誇る電動丸ノコ。切断したい素材にあわせて刃を交換すれば、木材だけでなく鉄やレンガなどDIYに登場するいろいろな素材を切ることができるマルチツールとして丸ノコを使うことができる。刃の種類は色々あるので、ホームセンターであれこれ見比べるのも楽しい。

足場用鉄パイプも簡単に切断する

アングル用チップソー

鉄のアングル材や鉄パイプ、チャンネル材などが軽快に切れるチップソー。厚さ5ミリまでの鉄に対応する

接着剤が硬化した構造用合板もきれいに切断

硬木集成材用チップソー

接着剤で固められた集成材や構造用合板、硬い南洋材などを切る専用のチップのついたチップソー

レジボンカット RC切断砥石

レンガ、ブロック、コンクリート、石、テラコッタなどを切ることができる丸ノコ用の切断砥石

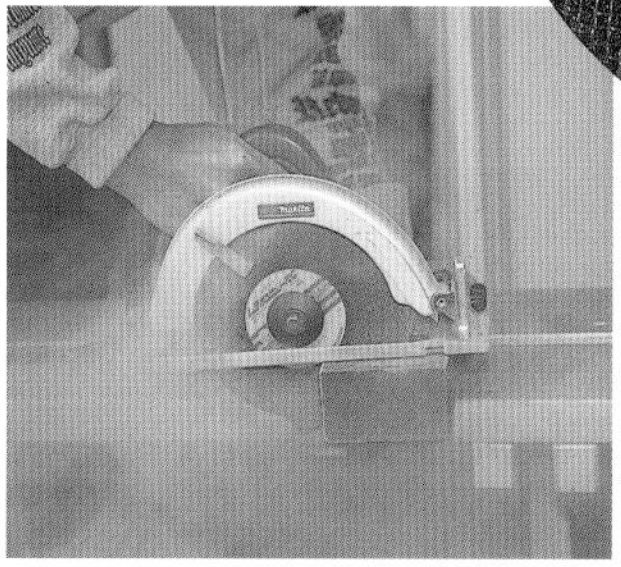

刃が大きいので、普通のレンガなら1回で切断できる

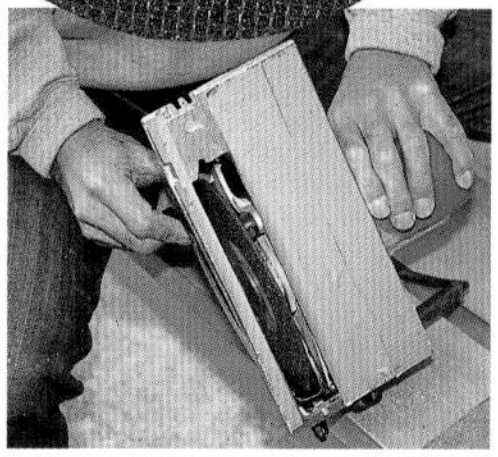

ベースにテープを張って傷つかないようにする

硬い青竹もスムーズにきれいな切り口で切れる

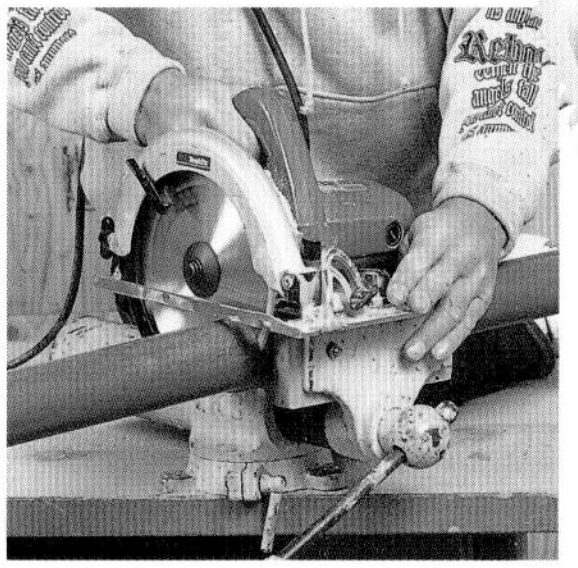

竹切り超仕上げ90 ハイパーチップソー

細かく鋭いチップがつけられた刃でばりの出やすい竹もきれいに切断。アクリル板もきれいに切れる

塩ビ管を切断する。切り口もスムーズだ

塩ビ専用丸ノコ刃

細かな刃と熱の発生を抑えるデザインで、塩ビ、プラスチック、アクリルなど樹脂製品を切ることができる

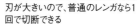

マキタ
電気マルノコ
M582
90度時の最大切り込み深さが63㎜なので、厚みのある木材もストレスなく切断できる刃径190㎜モデル。安全性の高いブレーキつき。滑りと精度の高いアルミベース

マキタ
電気マルノコ
M562
大型のガイドトップに加え、ブレードカバーにリブという目印が付いているので、それと墨線を合わせるとより正確な切断が可能。さらに、45度傾斜するので、角度切りも楽々

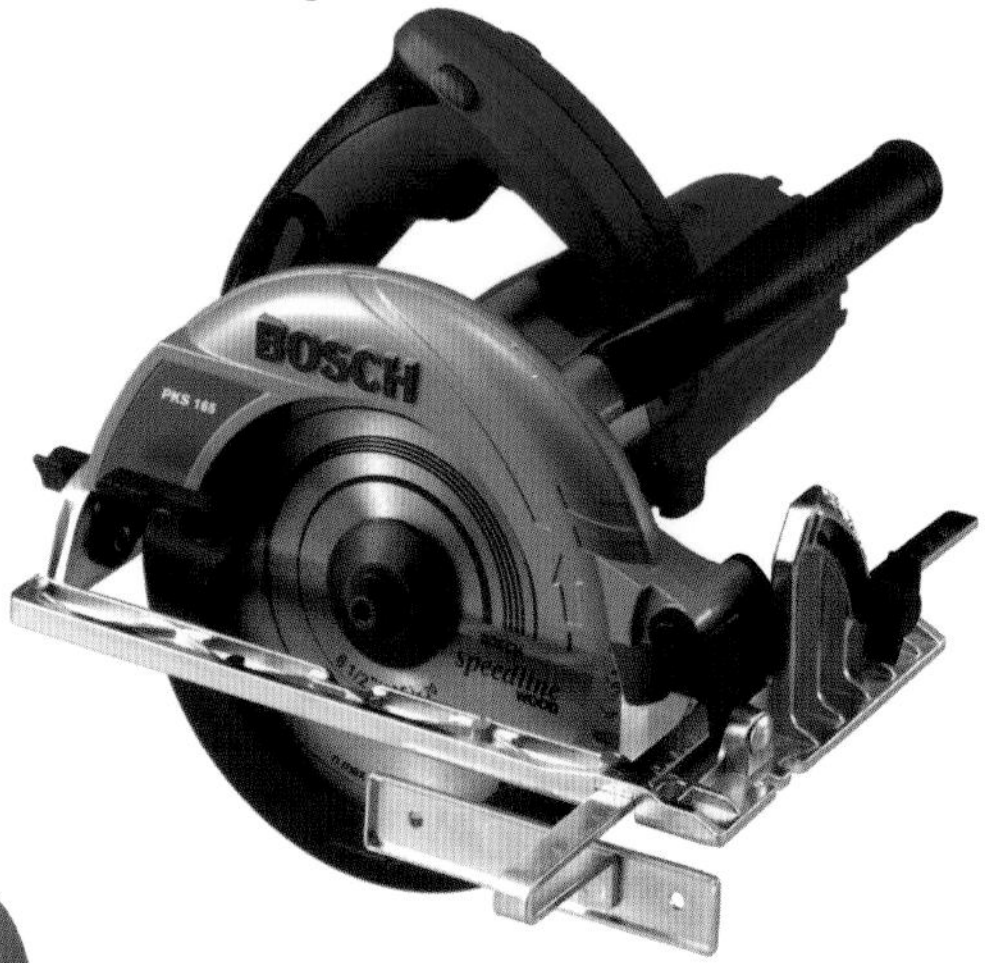

ボッシュ
丸のこPKS165
強力なハイパワーモーターと耐久性の高いアルミベースプレートが、スムーズな切断を可能に。標準装備されているサイドハンドルによって安定した両手での切断作業が可能

日立工機
丸のこC6MB4
墨線上の切粉を吹き飛ばし、墨線を見やすくするブロワ機能を搭載。ベース側面とノコ刃の平行度を、平行度調整ネジで微調整でき、精度の高い切断を実現

日立工機
丸ノコC6UVY
小型、軽量化したボディに刃径クラス最大の深切りを実現。電子制御による定速度切断により、スムーズな挽き肌が得られる。切込みの深さも調整でき、幅広い作業で活躍できる

Circular Saw Catalog

リョービ
丸ノコW-1900D
刃径190㎜の大型モデル。アルミ定盤と52Pチップソーの採用により、高い精度で切断が行なえる。オーソドックスな作りで、中級者向けのモデルといえるだろう

リョービ
丸ノコW-1700D
鋭い切れ味と美しい仕上げ面に定評のある52Pチップソーを装備。歪みが少なく、アルミダイカスト定盤と墨線指示板とでより高精度な切断が可能に

ブラック・アンド・デッカー
充電式丸ノコSX7500
最も使用頻度の高い直線カットに特化した丸ノコ。サンライトウィンドウ搭載で切断面を確認、刃先インジケーターで思い通りに正確なカットが実現できる

トリトンジャパン
トリトンパワーソーTSJ001
微妙な切り込み深さ調整が行なえるマイクロアジャスタ搭載。角度定規のオートロック機構により6段階の角度にセットできるベベルストップ機構をそなえる

メーカー名	モデル名	価格	ノコ刃径	回転数	質量	充電時間（空→フル充電）	コード長さ	最大切り込み深さ（90度時）	おもな付属品
マキタ	電気マルノコM562	14,300円	165㎜	4700回転／分	3.3kg	－	5m	51㎜	チップソー、平行定規、六角棒レンチ
マキタ	電気マルノコM582	17,200円	190㎜	4700回転／分	3.4kg	－	5m	63㎜	チップソー、平行定規、六角棒レンチ
ボッシュ	丸のこPKS165	オープン価格	165㎜	5000回転／分	3.6kg	－	－	55㎜	チップソー、平行ガイド、六角棒レンチ
日立工機	丸のこC6MB4	25,700円	165㎜	5000回転／分	2.9kg	－	5m	57㎜	チップソー、LEDライト
日立工機	丸ノコC6UVY	42,800円	165㎜	4100回転／分	2.6kg	－	5m	65㎜	ボックススパナ、六角棒スパナ、ロングガイド
リョービ	丸ノコW-1700D	16,500円	165㎜	4700回転／分	3.0kg	－	5m	38㎜	ソーガイドフェンス、スパナ、チップソー
リョービ	丸ノコW-1900D	18,000円	190㎜	4700回転／分	3.3kg	－	5m	68㎜	チップソー、ソーガイドフェンス、スパナ
トリトンジャパン	トリトンパワーソーTSJ001	49,980円（税込）	235㎜	4100回転／分	7.8kg	－	1.9m	85㎜	プレミアムチップソー
ブラック・アンド・デッカー	充電式丸ノコSX7500	21,500円	135㎜	2200回転／分	2.9kg	約40分	－	41㎜	充電池2個、チップソー2個、平行定規、ブレードレンチ

Circular Saw◎丸ノコ

＊編集部注：価格は表記のないものはすべて税別です。
ここで紹介している商品は2008年9月現在メーカーが取り扱い、流通しているものです。

モデルチェンジや仕様変更により、現行品は写真の商品と違う場合があります。

メーカー問い合わせ先は87ページ。

● 使いこなしテクニック

デッキ作りの主役 電動丸ノコ自由自在

DIYで直線切りを行なうときの主役は電動丸ノコ。ウッドデッキ作りのデッキ材の切り分けから、家具作りに使う木材の切断まで、スピーディかつ正確に作業できる、木工作業時のメインとなる工具。そんな丸ノコの使い方を紹介。

よりきれいに切断するテクニック

家具作りなど、よりきれいに切りたい場合に使われる方法が材の下に板などを置き、写真のように材と一緒に切ってしまう方法。この方法だと切断した木口にささくれや割れができずきれいに切ることができる。

下に置く板は捨て板と呼ばれ、12㎜厚さ程度の合板や、軽量で安価なスチレンボードなどを使う。これら捨て板の面で切る材の木口を下から押さえるために木口の端のささくれや割れを防いでくれる効果がある。また広い平らな面で切断するので、切断中に材が折れたり、下に落ちたりすることもない。捨て板と後で紹介する切断用のジグを併用すれば、テーブル丸ノコに近い精度で材を切ることができる。

捨て板の上に材を置いて切る。スタート時には安全カバーを押して、刃先と墨線を見やすくしている。インストラクターはベテランなので墨線ガイドの前、板の端に人差し指、中指を添えて作業の間あいをコントロールしているが、丸ノコに慣れて操作に覚悟ができるまでは刃の進行方向に指を置かないようにするべきだ

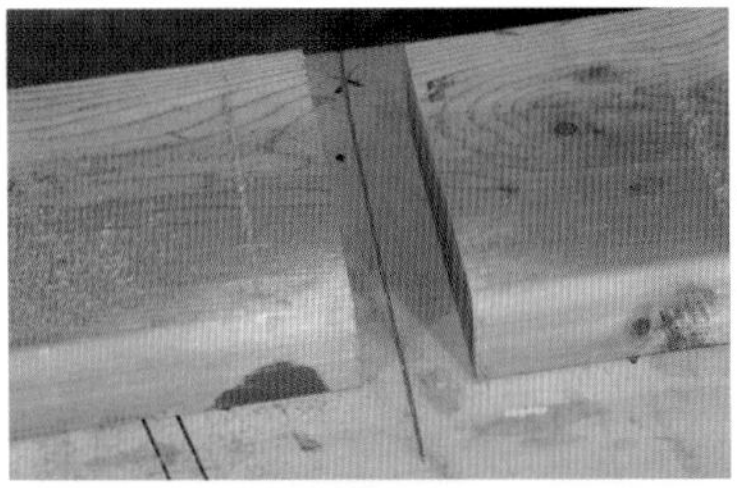
捨て板は写真のように丸ノコのチップ1枚程度の深さは材と一緒に切ってしまう。写真のように下から面で材を受けるので材をきれいに切ることができる

写真は断熱材のスタイロフォームを捨て板にして切っているところ。捨て板の効果は一緒だが、粉じん対策にマスクをする必要がある

スイッチ操作はいつも意識的に行なう

丸ノコに限らず電動工具のスイッチは、操作性のいい位置に設定されているものだが、操作性がよすぎるため誤って操作してしまう可能性もあるので、いつでも注意深く操作したい。丸ノコの引き金式スイッチはハンドルを自然に握れば、自動的に人差し指がかかるようになっているのが普通。安全カバーがあるとはいえ軽く動いてしまうので、ちょっとした手違いでむき出しの刃に身体が当たってしまう可能性もある。毎分約5000回転する刃の危険性は非常に高いので、安全のために材に向かうとき以外は絶対にトリガーを引かないように、常に意識していたい。

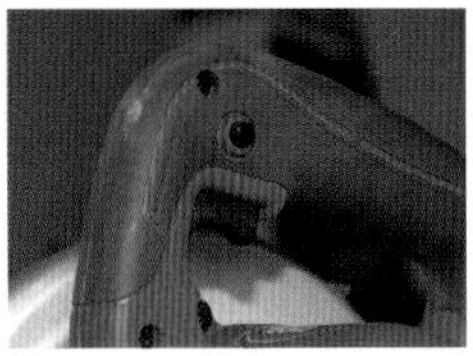
使いやすくデザインされたトリガースイッチ。サイドのボタンはスイッチオンの状態でトリガーをロックするボタン

ベース（定盤）で丸ノコを選ぶ

写真の丸ノコは編集部員の私物丸ノコのベース面。10年持っていた知人からもらって5年使っているというもの。このベースは鉄板をプレスして作られているもので、安価に製造できるので、廉価版の丸ノコには多く使われてきたタイプ。年に数回、数本の材を切るなら問題はないが、毎週末に家具を作る、友人の分までウッドデッキを作っちゃうというようなヘビーユーザーにプレス鉄板は、高度な精度に不安があったり、強度が少々もの足りないなど、使いこむほど満足できなくなるもの。これまでDIY用では工具も安かろうの気分があったが、現在はDIY用でもここで使用しているW-1700D（リョービ）のような丈夫で精度の高いアルミダイキャスト定盤の製品も出現して、DIYerにも満足できる製品が増えている。

だいぶくたびれたスチール製のベース、十数年前のモデルらしい

傾斜切断の機能を使う

丸ノコはベース（定盤）を傾けて材の面に傾斜した木口を切ることができる。

　多くの丸ノコの本体は前後にネジがついていて、45度までの範囲で傾斜させて切ることができるようになっている。

　操作は簡単で、前後の角度調整ネジをゆるめて角度を決めたらネジを締めて材を切るというものだが、刃を傾けるために切れる板の厚さが相当薄くなってしまう。傾斜を切る場合は、必ず切りたい材の厚さと傾斜した刃の切れる深さを確認して作業すること。切りたい傾斜をより正確にセットするには、写真のように、自在スコヤを使って角度を正確に刃に移してセットすることが重要だ。

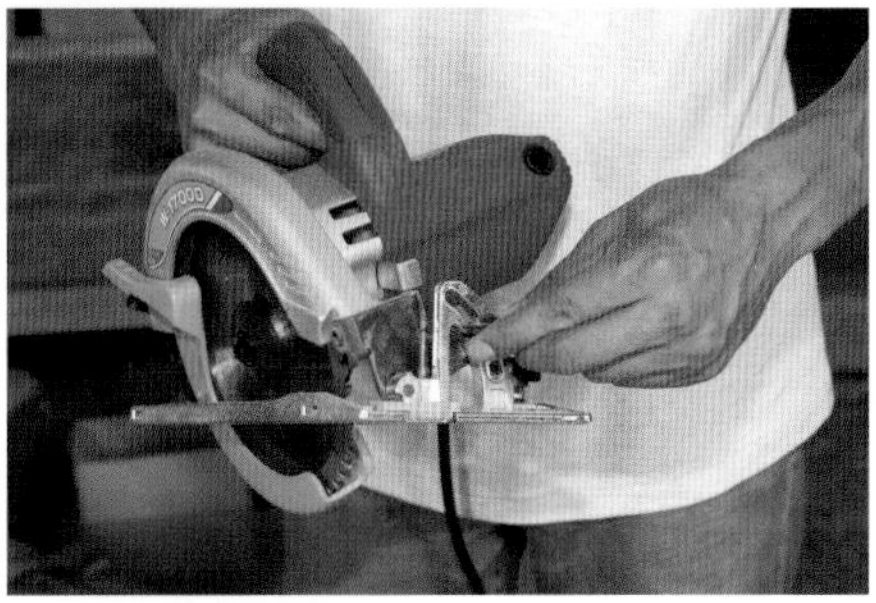

刃を傾斜させるには、丸ノコの前後にある角度調節ネジをゆるめ角度をあわせる

右／傾斜切断では抵抗が大きくなるので、フリーハンドではより慎重に作業する。左／より正確な角度出しが必要なときは、自在スコヤなど定規も併用して角度を決める

やってはならない不正改造

丸ノコには使用者の安全を考えて材に当たっている以外の刃をカバーする可動式の安全カバーがついているが、これを開けて針金やネジで固定しているのを、大工の現場や工場で見かけることがある。たしかに刃がむき出しだと墨線との見当もあわせやすく、使うたびに安全カバーを動かす手間もはぶけるのだが、刃がむき出しで回転するので、なにかあった場合の逃げ場がない。ほんのちょっとしたミスが大惨事に直結してしまう。自分の手で危険性を増してまでDIYをするのは、本末転倒というべき行為だ。

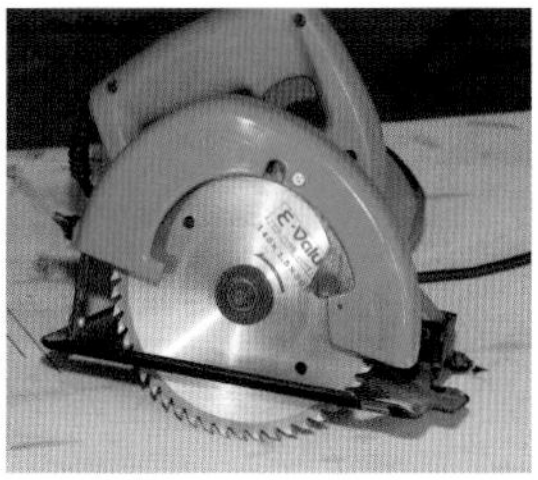

ブレードケースにビスを打って安全カバーがおりてこないように細工した例。刃はむき出しでまわることになる。危険なのでしてはならない改造だ

高精度な切断を実現するチップソー

現在の木工用丸ノコ刃はよく見ると先端が少し厚くなっていて、よく研がれているように見える。この部分がソーチップと呼ばれる部分で、そのために丸ノコ刃イコール、チップソーと呼ばれるようになっている。チップは普通の鋼より硬くよく切れるタングステンカーバイド鋼などが使われ、カンナをかけたような滑らか切り口を実現することができるようになっている。

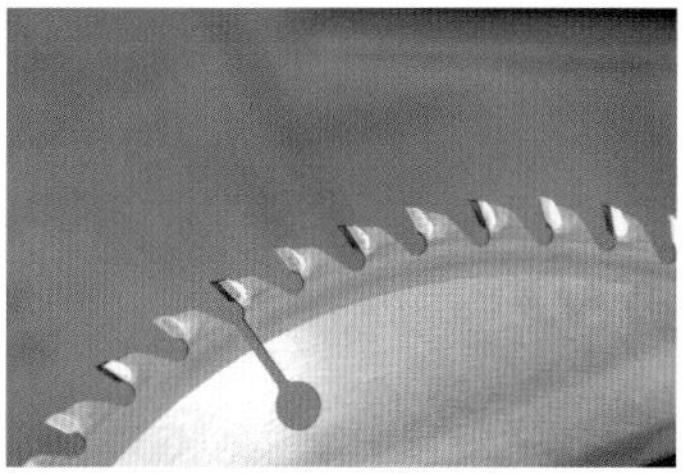

刃の先端にはひとつひとつ切断用チップがついている。刃面につけられた溝は騒音低減や、スムーズな回転のための加工

丸ノコ用ジグや定規を使いこなす

丸ノコは基本的に直線を切るための電動工具。そのために写真のようなソーガイドフェンス（平行定規）と呼ばれるパーツが付属品として丸ノコの箱にはいっている。このパーツは写真のように、丸ノコのベース（定盤）の取りつけ穴に差しこんでT定規のように材の木端面を丸ノコの刃と平行に動いて、長い直線切りでも誤差が出ないようにするもの。定規単体で使ってもいいが、写真のように角材を取りつけて平行部分をより長くして安定させるのがプロの工夫だ。

別売りオプションになると、より精密な平行定規も用意されている。右下の写真のように、ベースと同じ長さのフェンスに、足が2本になってベースの前後で固定できるような平行定規もある。これは本来建具職人が使うレベルのフェンスで、高精度な切断に使われるものだ。先に紹介した捨て板を使った方法を併用すれば、テーブル丸ノコのような精度で加工が楽しめる。

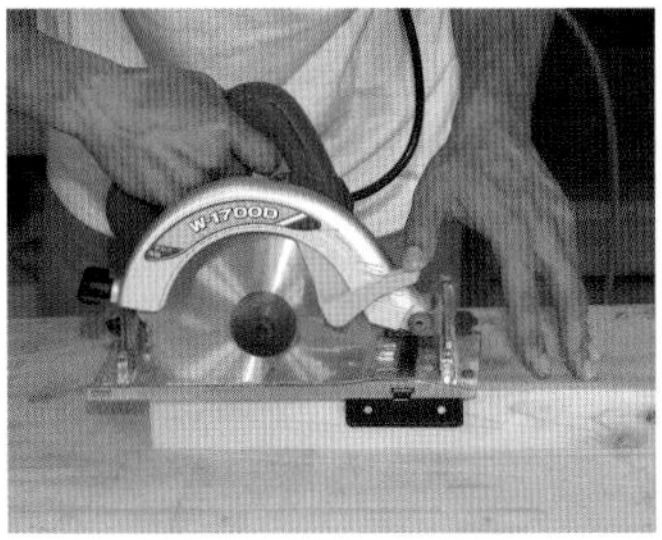

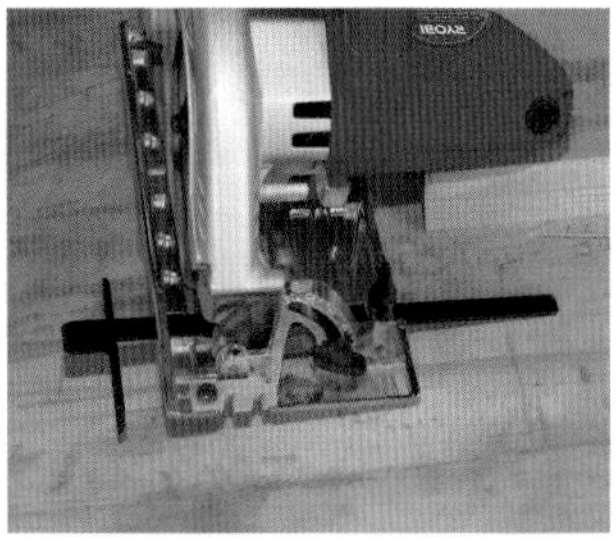

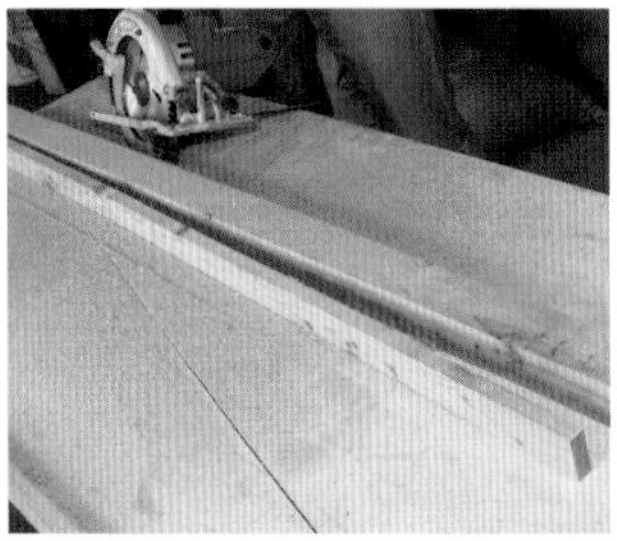

上右／丸ノコに装着したソーガイドフェンス。T字の部分が刃と平行になっている。上左／ソーガイドフェンスをつければ幅のある材から角材を切り出すのも正確に作業できる。右／ソーガイドフェンスを装着した丸ノコで2×6材から縦挽きで長い角材を切り出す

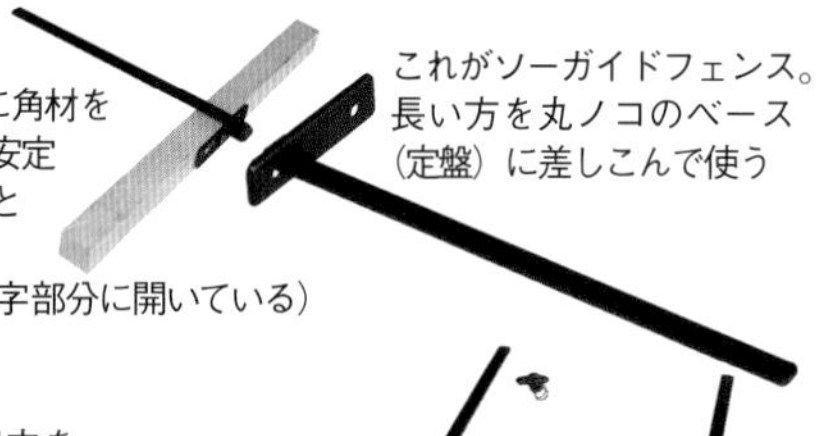

これがソーガイドフェンス。長い方を丸ノコのベース（定盤）に差しこんで使う

T字の部分に角材を取りつけて安定性を増すこともできる（ネジ穴はT字部分に開いている）

平行定規組立を丸ノコに装着した状態。見るからに精密機械といったスタイルになる

丸ノコベース（定盤）前後に足を固定し、長いフェンスでより精度を増した平行定規（オプション名は平行定規組立）

角度定規で正確なカットを

まっすぐ切るためのプロツールが平行定規なら、板面を自由な角度で正確に切るのが角度定規だ。左の写真はオプション品で角度定規組立と呼ばれるジグ。腕の部分を板の側面に固定し、もう一方の腕で角度を決めて写真のように丸ノコを沿わせて切る仕組みだ。フリーハンドでは切れないきれいな角度切りができる、デッキ作りから家具まで使用範囲の広いジグだ。

こうした定規やジグ類はメーカー以外にも工夫をこらしたモデルがアフターマーケットパーツとして販売されている。大型ホームセンターでは専用のコーナーがあるほどバリエーションも豊かなので、きれいな切断にステップアップするなら、色々見て検討するのも楽しいだろう。価格帯も幅広いが、定規、ジグという性質上、高価なものほど精度は上がっていく。

フェンスに沿わせて丸ノコを進めれば、誰でも正確な角度切りが加工できる。下の小型角度定規のような角材をつけることもできる

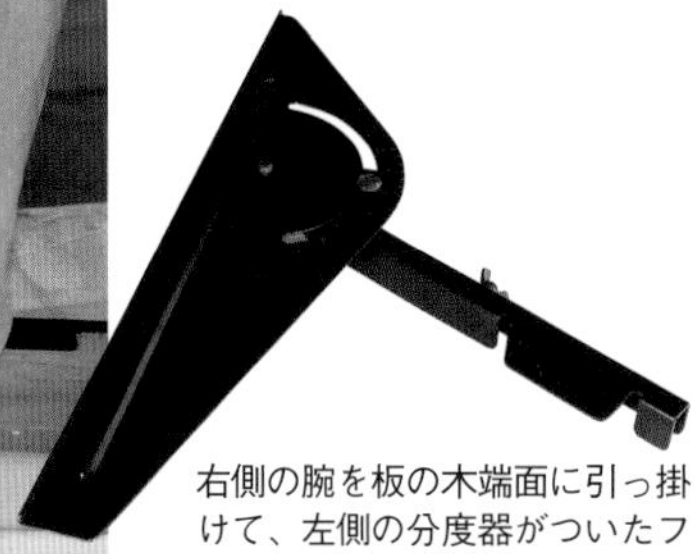

右側の腕を板の木端面に引っ掛けて、左側の分度器がついたフェンスで角度を決める角度定規（リョービ純正）

長い方を丸ノコのベース（定盤）に差しこんで使うタイプの平行定規。T型部分にボールベアリングを取りつけ、軽い操作性を工夫したタイプ

角度定規の小型バージョン。DIY誌『ドゥーパ！』に登場するプロが、よく使っているモデル

捨て材になる角材を取りつけることができ、丸ノコの刃の位置を正確に墨線にあわせることができる。板に乗った定規の縁から角材の先端が丸ノコのベース（定盤）左端から刃の左面の幅になる

丸ノコ用ジグの作り方

テーブル丸ノコは精度が出ているのはわかっているけれど、諸処の事情で指をくわえて見ているなら、製作時間およそ10分、材料代が端材で間にあわせれば限りなく0円で作れる手作りジグを作ろう。単純な作りながらプロも使える直線精度が出せるジグを作る。

ポイントは丸ノコのベース（定盤）を沿わせるフェンス部分が正確な直線であること。この面は購入した合板の元から切れている木端面を使えば、工場出荷精度の直線を得ることができる。

直線切りジグの作り方

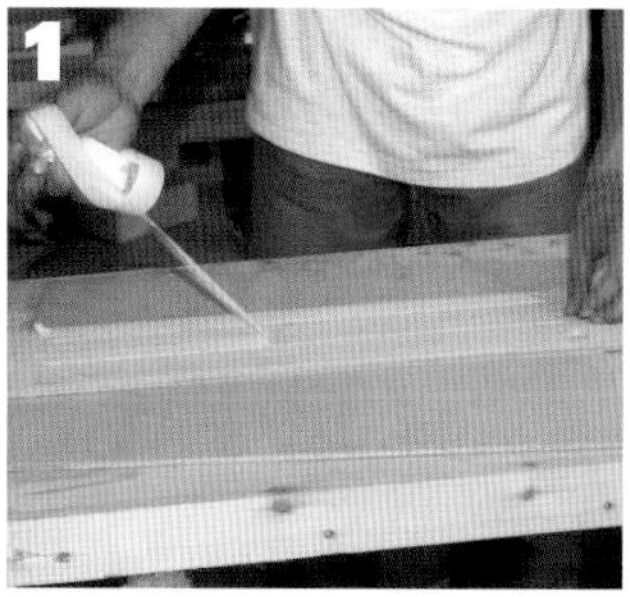

1 用意するのは4㎜と5.5㎜厚さ程度の合板と両面テープ。2枚の合板の幅は写真の程度、厚いほうの合板がフェンスになる。ジグの長さはよく切る材の長さで設定すればいい。接着は両面テープを利用する

2 2枚の合板を張りつける。薄いほうの合板は次の写真のように丸ノコのベース（定盤）左側の幅で切るので、写真のように切りしろを取って、広めにする

3 2枚を張りつけた状態。上の合板をフェンスと呼び、下の合板をスペーサーと呼ぶ。この段階でフェンス端とスペーサー端はとくに平行でなくてもいい

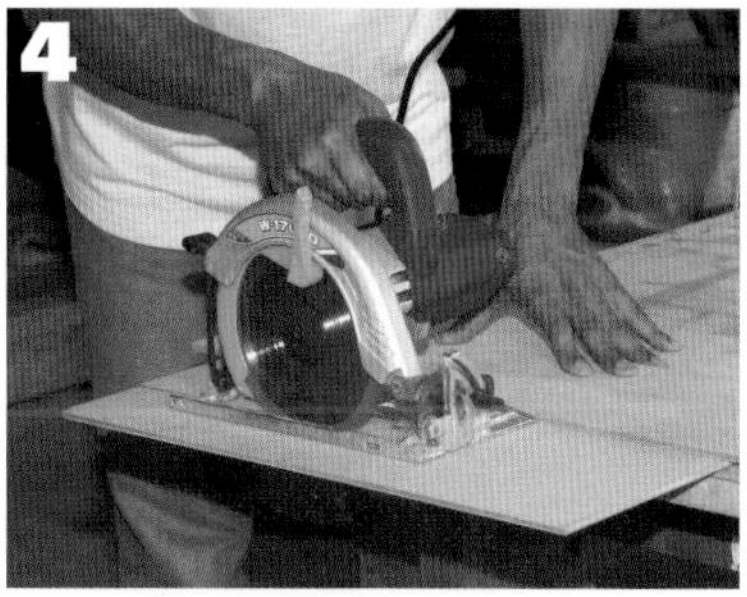

4 丸ノコのベース端面をフェンスの端面に密着させて、スペーサーの切りしろを切り取る。これでジグのでき上がり

5 でき上がったジグ。モーター側が押さえる手やクランプに引っかかりやすいので、少し広めに作った方が使いやすい。フェンスはアルミサッシなどを使うと高級感が出る

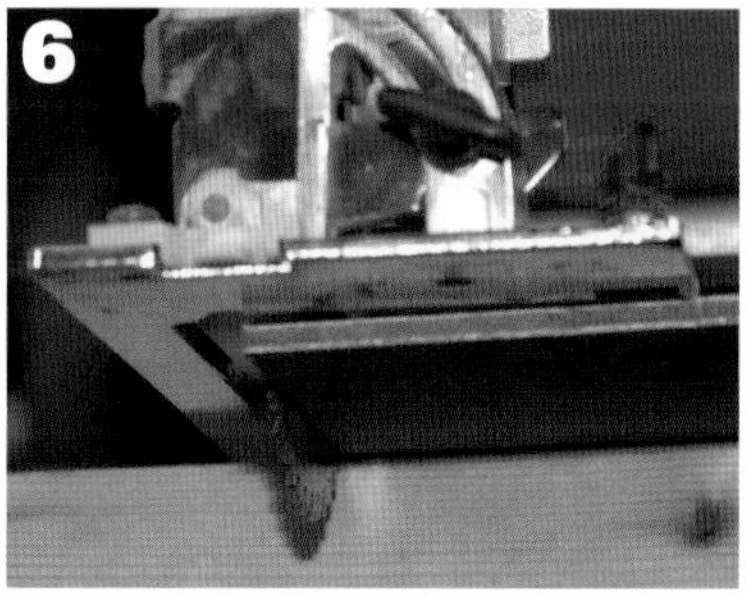

6 スペーサー端はこのように刃の位置と同一になる。スペーサー端はイコール墨線ということになる

ジグを使えば横切りはもちろん長さのある縦切り、角度切りも自由自在だ

自分でできるベース（定盤）の直角出し

程度のいい丸ノコならば、常に刃とベース（定盤）を直角にセットしておける調整機能がついている。今回使用したW-1700Dには写真のように6角レンチを使って簡単に直角調整ができる機能がついている。これを使えば、いつでも快適に作業することができる。

丸ノコ刃は使用前にベース（定盤）と刃は完全に直角になっているかスコヤを使ってチェックする

6角レンチをまわすと、ベース（定盤）上面の小さなネジが上下して角度調節ネジがいちばん下がった状態の高さを変えて、刃の角度を微調整する

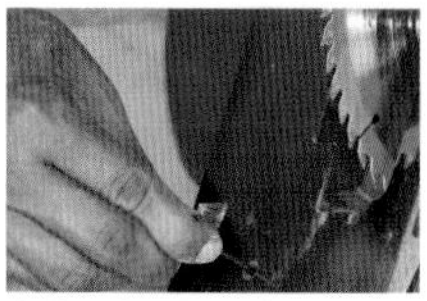

角度の微調整は6角レンチをベース（定盤）下面のネジ穴に差しこんで調節する

穴あけ&ネジしめと
1台2役のすぐれもの
ドライバードリル
Driver Drill

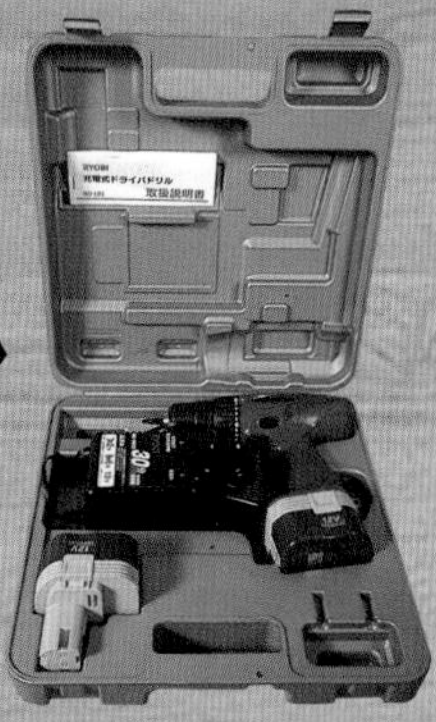

充電式のドライバードリルには専用の充電器とバッテリーパックがセットになって販売される

リョービ 充電式ドライバドリルBD-122

コードレスで使用できる充電バッテリー式が使いやすい

日曜大工での木工組み立てはクギとカナヅチという常識をくつがえしたのがドライバードリル。下穴あけと木ネジしめをくりかえすDIYの木工作業では主役級の働きをしてくれる電動工具だ。

電源は充電バッテリー式がほとんどなので、手軽に取り出せ、コンセントが近くにない屋外へ持って出ての作業でも活躍してくれる。

機能の内いちばんの特長は、目盛りの数字が並んだトルククラッチ。このクラッチで設定した以上の力がかかるとビットが空転して、ネジのしめすぎを防止してくれる

DIY使用頻度▶Level 5

高い ■■■■■ 低い

主な用途

様々なネジしめ、ゆるめ全般、ドリル作業（木材、鉄板、アルミ、銅板等）、ボルトナットのしめ、ゆるめ

しめる　あける

トリガーの引きで操作する無段階変速

　ドライバードリルの速度調節のうち無段階変速は本体のトリガー（引き金）式スイッチで操作する。車のアクセルと同じで、指でトリガーを引いた具合で速度も上がる仕組みだ。無意識に使っている機能だが、微妙なネジしめなどでネジ込み具合を調節したいときなど便利だ。

　これとは別に、高速・低速切り換えスイッチがついている。これはギヤの変速で、強いトルクで開けたい大径の穴あけでは低速を使う、つまりローギアということだ。ドリルドライバーを手にいれたら、いろいろ試して機能に慣れておきたい。

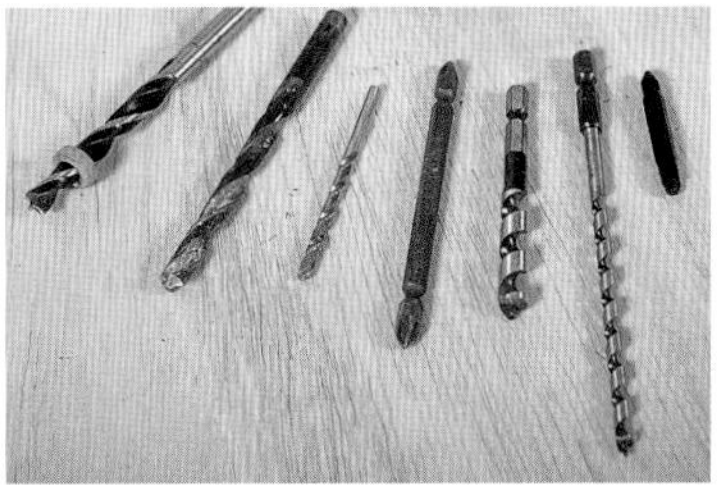

右／使用できるビットの軸形状、上が丸軸で通常軸径10㎜まで使える。下が６角軸のビット　左／使用できるビットは基本的なものでも様々なサイズが使用できる。右端と右から４番目がプラスのドライバービット、右から２番目と３番目が木工用ドリルビット、５番目と６番目が鉄工用（木工にも使用できる)、左端がダボ穴用のビット

右／ドリルドライバーの基本的な作業姿勢。本体が回らないようにハンドルを保持しトリガーに指を添え、もう片方の手で本体後部を押し包むように押さえて作業する　左／慣れればドライバードリルを横にしたり逆さまにしたりしても使えるようになる。ドライバードリルは構造が左右対称なので、持つ手も利き手に関係なく作業できる

便利な機能だ。適切なクラッチを設定すればネジ頭と板面が平らにそろったネジ打ちも可能になる。

　機種を選ぶときのポイントは3点。充電時間とバッテリーパワー、それにしめつけ能力。充電時間はできるだけ短いもの、バッテリーパワーは12ないし14ボルトなら余裕がある。しめつけ能力は使う木ネジ（コーススレッド）の長さにあったものを選べばいいだろう。

　ネジをしめる場合はドライバービットを木ネジの頭の溝にはめてから、板に突きたてる。打つ位置がシビアな場合は、木ネジを立ててからビットをはめる。そしてトリガーを引く。最初はフラつくので、回転はゆっくり。回転はトリガーを引く力で調節できる。木ネジが安定してきたら、さらに引いて速度を上げる。ビット先が溝をなめないように、もう片手は上の写真のようにドライバードリルの後ろから、押さえると確実だ。

　トルククラッチのダイヤルは最初は目盛りの1に設定しておく。途中で木ネジが止まればダイヤルを2、3、4と順番に進めて、木ネジの頭が板の表面にあうまで調節する。いきなり大きな目盛りではじめると、木ネジはいくらでも板に沈んでしまうので注意しよう。1度あえば、次からは、すべて同じ目盛りでいける。木が固くなる節の近くでは目盛りを強めに調節しなくてはいけない。木ネジを引き抜く場合はスイッチを切り替え回転を逆転させて行なう。

ビットの取り替えで穴あけ作業も確実にこなす

　穴あけ作業ではクラッチの目盛りをドリルモードに切りかえ、ビットをドリルビットに取り替えて使用する。ドライバードリルでの木工穴あけはチャックのくわえられる性能で左右されるが、ほとんどのモデルが10㎜径のチャックを採用しているので、ドリルビットは軸の太さが10㎜までのものが使用できる。パイン材などやわらかい材料だと下穴をあけなくても、いきなり木ネジをしめていけるが、木目にそって割れ目ができやすくなるのでドリルで下穴はあけるようにしたい。バッテリーの持ちもそのほうが長くなる。ただ、連続回転用のロックボタンがないので、普通のドリルスタンドに取りつけて垂直に穴をあけるのは不向き。正確な垂直穴あけの場合はドライバードリル用のドリルガイドやドリルスタンドが必要になる。

　このほか、ソケットビットを買えば、六角ボルトもしめつけ可能だ。ただしネジの二面幅が13㎜くらいまでが実用的。

　タイルになら、タイル用ビットを使って、きれいに穴をあけることができる。コンクリートへの穴あけは不向き。コンクリートには打撃機能のついた振動ドリルを使うといいだろう。

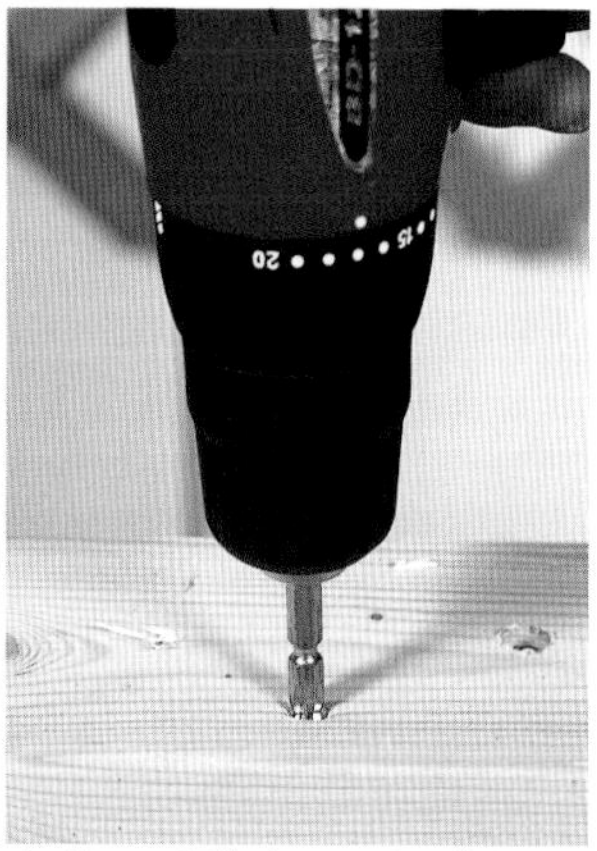

右／トルク調整ダイヤルを調節することで、ネジにあわせた締めつけ力を選択することができる　左／穴あけする材は写真のように万力で固定して作業すると安定する

役立ち関連パーツ

作業にあわせた便利なドリルパーツ

ドリルスタンド

傾きのないまっすぐな穴あけにはドリルスタンドを利用するとボール盤のような作業ができる。ベースにVブロックがついていると丸棒の穴あけも簡単にできる。角度を可変できるモデルもある

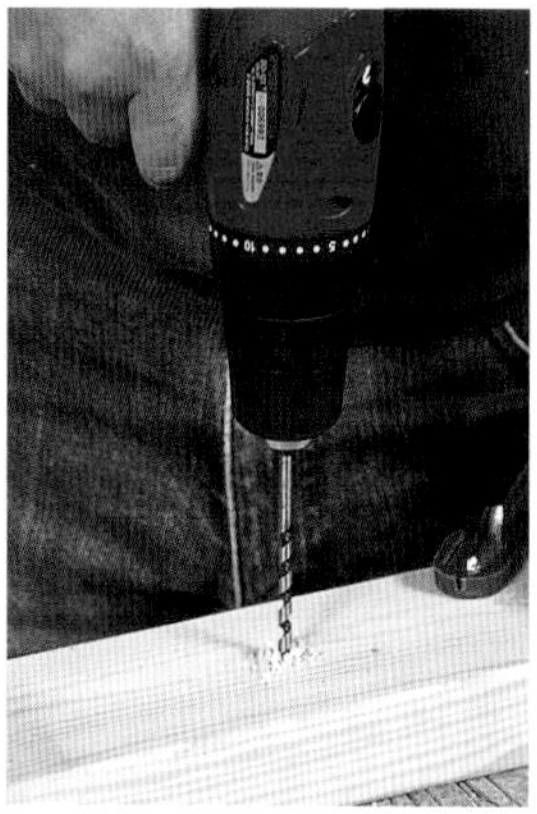

下穴錐

先端が細く、根元にいくに従って太くなっているドリルビット。ネジの打ちやすい下穴を正確にあけることができる。ネジにあわせられるように3～6㎜程度の太さで数種類のタイプがある

ホールソー

穴あけ用の円形ノコ刃。直径25㎜から72㎜程度の刃が6～7枚のセットになっていて、あける穴にあわせて必要なサイズの刃を選び、ベースに取りつけて使う。刃の幅（切断深さ）にも数種類のバリエーションがある

フォスナービット

15㎜から35㎜以上という大きな穴をあけることができる木工用のドリルビット。写真はセットだが、1本ずつばらでも販売されているので、必要に応じて必要なサイズをばらで購入できる

Driver Drill Catalog

ボッシュ
バッテリードライバードリル
PSR14.4-2型

14.4Vバッテリーから発揮される強力トルクと25段階トルク調整クラッチでパワフルな穴あけから正確なネジ締めまで、幅広くこなすプロ機に迫るハイスペックモデル

マキタ
充電式ドライバドリル
M651DWSP

19段階のトルククラッチをそなえる。工具なしで先端工具の取り替えができるキーレスタイプでストレスもない。重作業、軽作業にあわせて切り替え可能な2スピードスイッチつき

ブラック・アンド・デッカー
14.4Vコードレスドリルドライバー
SX4000

バッテリーにスライド式充電池を採用し、手の小さな人でも楽に交換できる。暗所での作業をサポートするLEDライトがうれしい。バッテリー残量ゲージつき

日立工機
コードレスドライバドリル
DS14DSL

トップクラスの締め付けトルク38N・mと、電池多重保護回路内蔵により充電回数1300回という長寿命を実現。細かな調整が可能な22段階トルククラッチ機能も搭載

リョービ
充電式ドライバドリル
BD-122

プロツールの特性がバランスよく設計され、使いやすく、ハードな作業も難なくこなす。20段クラッチで微調整も可能、持ちやすいグリップやLEDライトも完備

メーカー名	モデル名	価格	回転数	チャック能力	トルク調整	質量	充電時間(空→フル充電)	コード長さ	おもな付属品
ボッシュ	バッテリードライバードリルPSR14.4-2型	オープン価格	低速0～400回転／分 高速0～1400回転／分	1.0～10㎜径	25段階	1.7kg	約19分	―	ケース、バッテリー2個、充電器
マキタ	充電式ドライバドリルM651DWSP	18,600円	低速0～350回転／分 高速0～1000回転／分	0.8～10㎜径	19段階	1.4kg	約30分	―	ケース、バッテリ2個、充電器
リョービ	充電式ドライバドリルBD-122	15,800円	低速0～350回転／分 高速0～1050回転／分	1.0～10㎜径	20段階	1.5kg	約30分	―	ケース、電池パック2個、充電器
日立工機	コードレスドライバドリルDS14DSL	22,600円	低速0～350回転／分 高速0～1200回転／分	1.5～13㎜径	22段階	1.7kg	約22分	―	充電器、プラスドライバビット、ケース、予備電池
ブラック・アンド・デッカー	14.4VコードレスドリルドライバーSX4000	18,000円	低速0～400回転／分 高速0～1300回転／分	1～10㎜径	24段階	1.6kg	約30分	―	ツールボックス、バッテリーパック2個 充電器ほか

Driver Drill◎ドライバードリル

＊編集部注：価格はすべて税別です。
ここで紹介している商品は2008年9月現在メーカーが取り扱い、流通しているものです。

モデルチェンジや仕様変更により、現行品は写真の商品と違う場合があります。

メーカー問い合わせ先は87ページ。

ハイパワー&コードレス 大きなウッドデッキ作りも楽々作業

インパクトドライバー

Impact Driver

ボッシュ バッテリーインパクトドライバーPDR14.4V/N型

コードレス、ハイパワーなネジしめは野外のウッドデッキ作りなどで実力を発揮

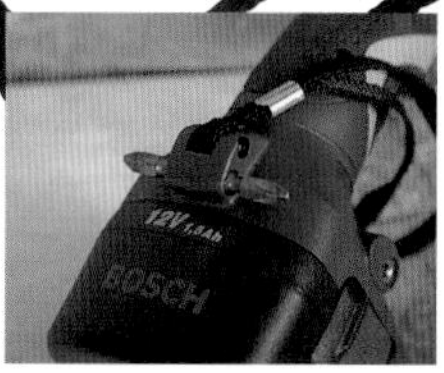

ビットの消費が多い作業では本体に予備のビットを用意できるホルダーがあると便利

エクステリアのDIYで強力なネジしめ力を発揮

インパクトドライバー（衝撃ネジまわし）の名前どおり内蔵されたハンマー機能で、回転するドライバーの軸に衝撃力を与えて、より大きな力でネジをしめることができるようにしてある。ハンマーの衝撃はドライバー軸の回転方向に与えられ、これによってネジをまわす力は、一般的なドライバードリルの5倍程度になり、ウッドデッキやガーデンエクステリアで

DIY使用頻度▶Level 5

高い ■■■■■ 低い

主な用途

木材への長いネジのネジしめ、ドリルを使った穴あけ

しめる　あける

バッテリーはグリップの下にカチリとロックするまではめこむだけでセット完了

コードレスのインパクトドライバーでは付属の充電器でバッテリーに充電して使用する。新しい製品ほど充電時間は短くなっている。充電器とバッテリーはメーカー指定のものを組み合せて使うのが原則

ビットの取りつけはチャックの外筒を引っ張ってビットを差し込むだけのワンタッチ

ワンタッチ型チャックの原理

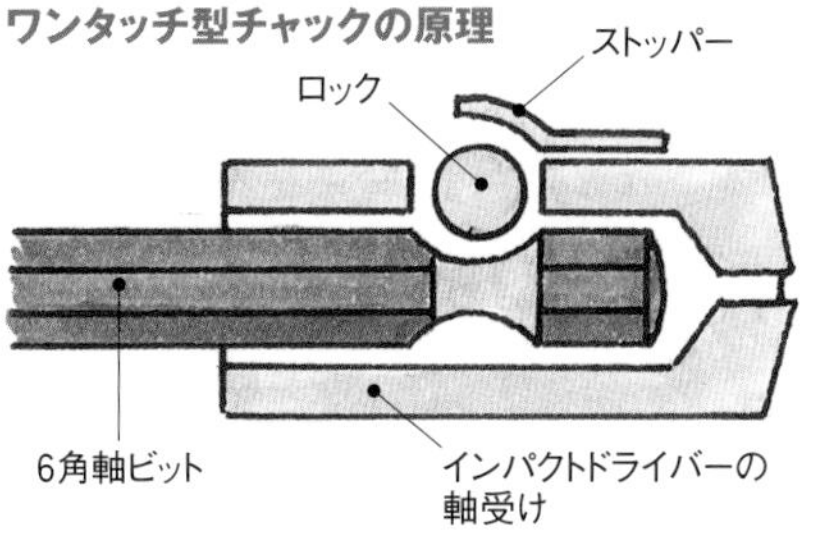

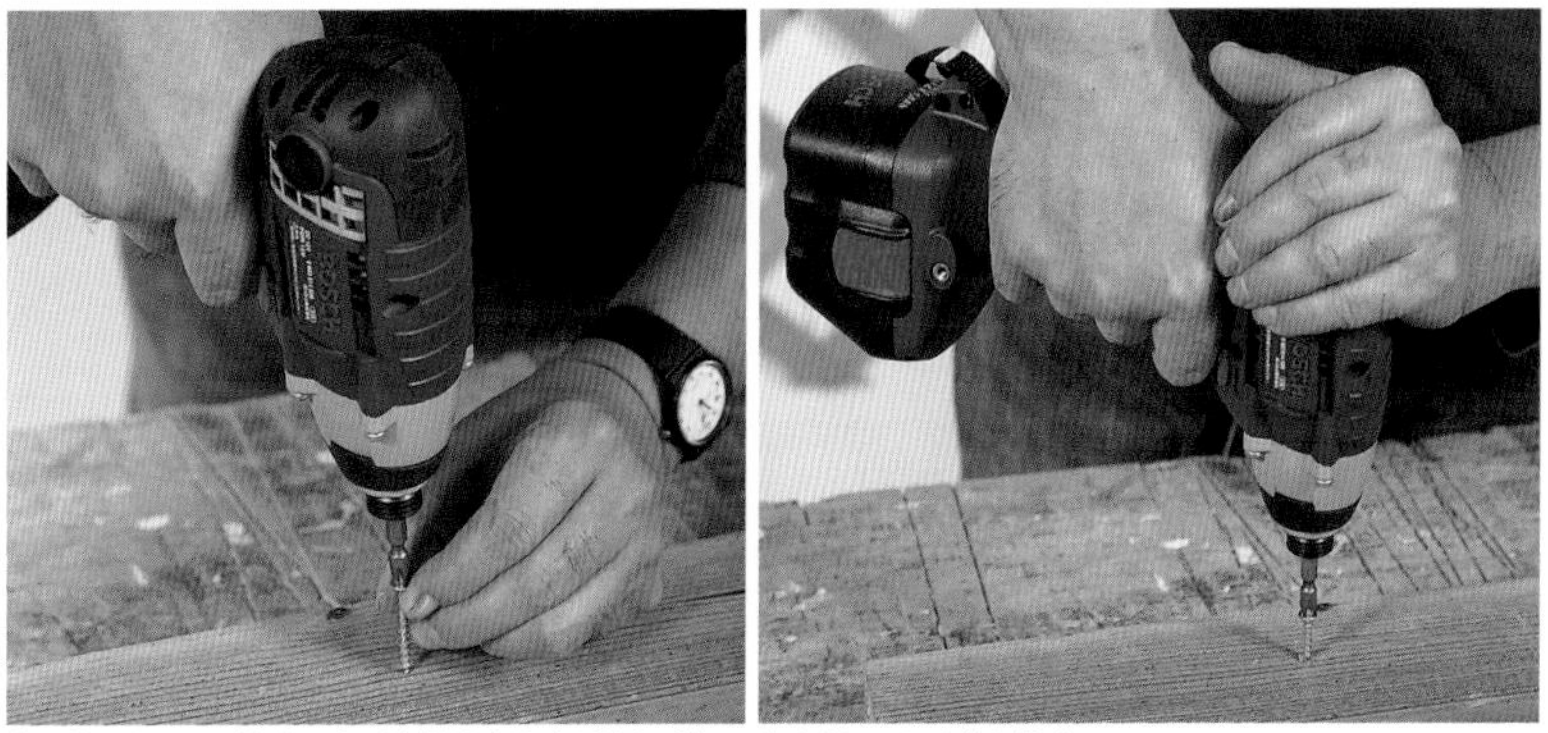

左／ネジしめの基本。ネジを軽く支えネジ頭の溝にビットをしっかり差し込む
右／ネジをしめはじめたら片方の手で本体の後ろを包むように押さえると安定する

多用する75㎜や95㎜といったコースレッドなど、長いネジも根元までしっかり打ち込むことができる。ただしほとんどのインパクトドライバーには、ドライバードリルのようなクラッチ機能はついていないので、ネジ頭を材の面にあわせて、ぴったりとしめるというのは、スイッチの引き金を引く手加減で調節することになる。少数ながら最新のモデルにはクラッチつきのインパクトドライバーも登場しているので、ネジしめの仕上がりにこだわるなら、そちらを検討してみるといいだろう。

　回転力が強いので、ドライバードリルよりしっかりと保持し、ドライバービットもネジの溝にぴったりと押しつけて作業する。ちゃんと押しつけていないと、すぐに溝をなめてしまうので注意が必要だ。

　工具自体のトルクが強いので、10～13㎜程度の6角ボルトナットもしめることができる。この場合はインパクトドライバー用の6角ソケットを使う。ボルトをセットしたら2～3回転ぐらい指でしめてから、ソケットでしめると確実だ。

　インパクトドライバー用のドリルビットを使って木材への穴あけもできる。パワーを生かして2×材など厚さのある材への穴あけも簡単にできる。しかし金属ではドリルが叩きながら進むので、ドリル刃が長持ちしないため避けたほうがいいだろう。

Impact Driver◎インパクトドライバー

役立ち関連パーツ　便利なビットはホームセンターで見つけよう

写真のようにインパクトドライバーのビット穴は4分の1インチの6角形になっているので、専用6角軸のビットを選ぶこと

普通のドリルビットより大きな径の掘れるフォスナービット15mm～30mm程度を木工ではよく使う

色々な作業にあわせたインパクトドライバー用のビット。種類の多さが作業の多様性を物語る。右端のハンドルは回転方向を90度転換するL型ハンドル

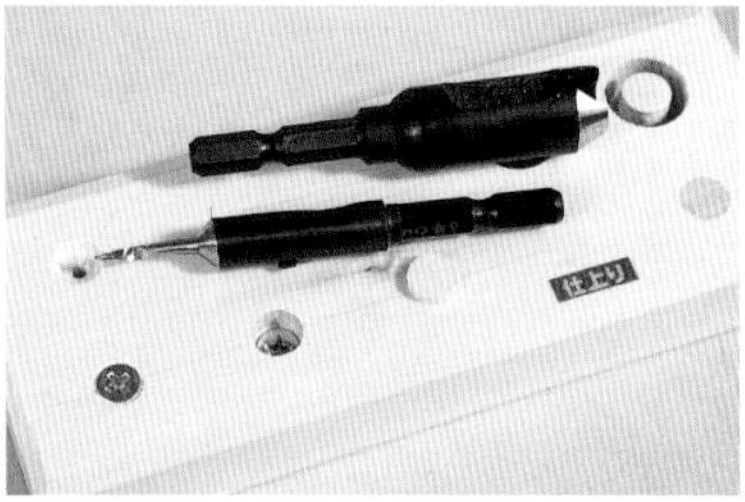

隠しクギを作るためのダボと下穴を作る、皿取錐と埋木錐のセット。単品でも販売されている

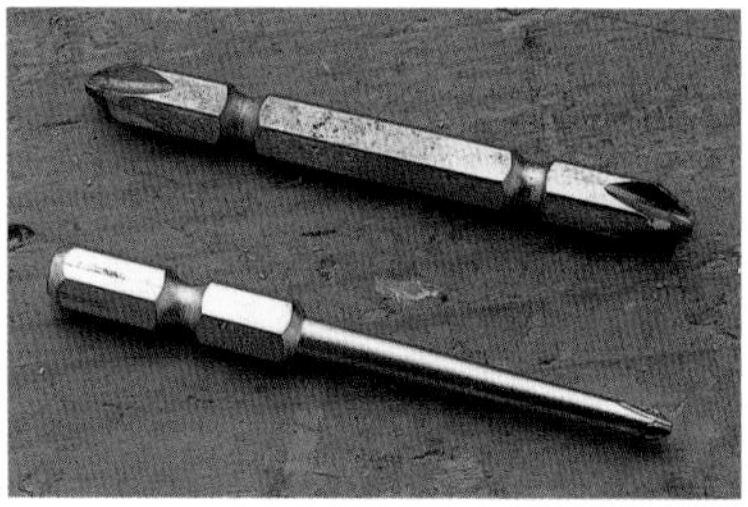

ドライバービット。上が一般的なプラス2番のビット、下はより小さな1番のビット。長さを色々用意すると便利

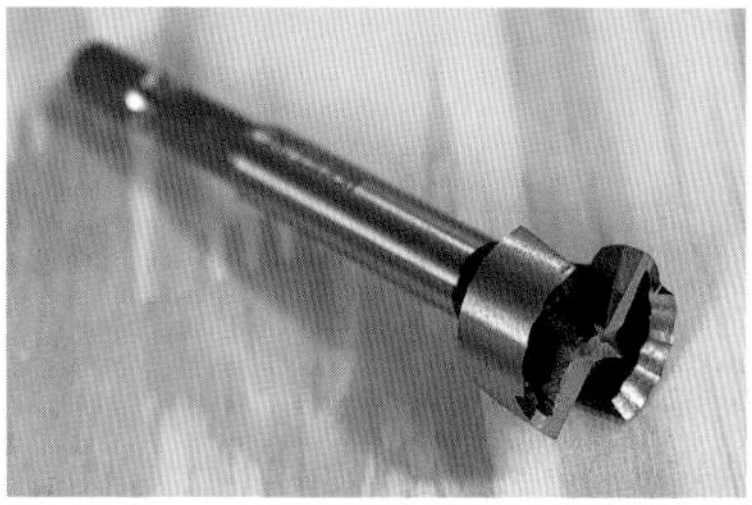

フォスナービットの刃のデザインを変え、より切れ味をよくしたウェーブカッター。竹の穴あけもスムーズ

折れた木ネジ（コーススレッド）を回収できるメカアリゲーターという道具。インパクトドライバーに対応している

9mmのボックスレンチを差し替えて使えるソケットアダプター。手持ちのボックスレンチヘッドを活用できる

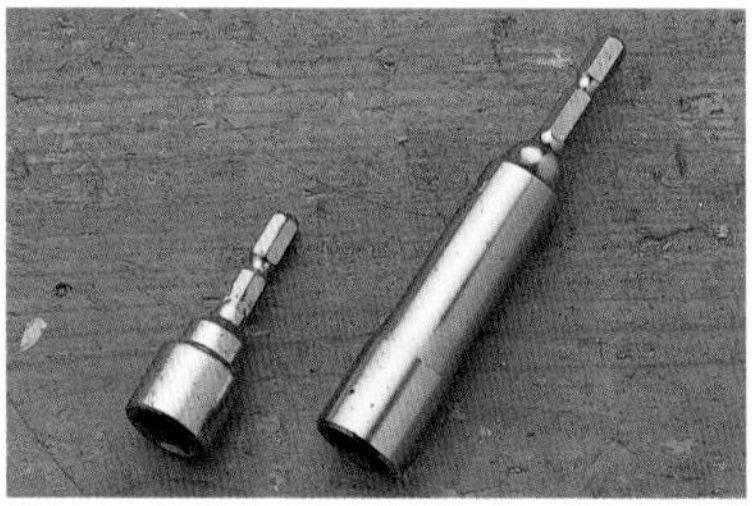

ボルトナットのしめつけに便利なインパクトドライバー用のボックスレンチビット

Impact Driver Catalog

ボッシュ
バッテリーインパクトドライバー
PDR14.4V/N
内外からの衝撃をガードするツイストプルーフ構造により抜群の耐久性と正確な作業を保証。充電時間19分の高容量バッテリ2個付きなので手を止めないで作業が続けられる

リョービ
充電式
インパクトドライバ
BID-1226
最大締め付けトルク、100N・mのハイパワーを発揮。2段階の速度切り替えができるのでデリケートな仕事にも対応。高輝度LEDランプもついて、暗がりでの作業も楽々

マキタ
充電式
インパクトドライバ
TD135DSH
高性能ながら、小型・軽量化したリチウムイオンバッテリを採用。作業を軽快にこなすことが可能となった。最適グリップ形状により、力が均一になりやすく、疲れにくい

ブラック・
アンド・デッカー
コードレス
インパクトドライバー
SX5000
電池残量が3段階で表示される残量ゲージが斬新。120N・m大型ハンマがハイパワーを生み出す。手になじむグリップ、LEDライトつき

日立工機
コードレス
インパクトドライバ
WH14DBL
打撃力を4段階に切り替えることでパワフルな作業からデリケートな作業まで対応。また、従来スイッチの約1/2の引き力の電子式スイッチにより、疲れにくく作業もスムーズ

メーカー名	モデル名	価格	回転数	質量	充電時間(空→フル充電)	コード長さ	おもな付属品
マキタ	充電式インパクトドライバTD135DSH	36,500円	0〜2400回転／分	1.2kg	約30分	—	ビット2個
リョービ	充電式インパクトドライバBID-1226	22,600円	低速0〜1600回転／分 高速0〜2200回転／分	1.6kg	約30分	—	ケース、電池パック2個、充電器
ボッシュ	バッテリーインパクトドライバーPDR14.4V/N	オープン価格	0〜2600回転／分	1.7kg	約19分	—	ケース、バッテリ2個、充電器
日立工機	コードレスインパクトドライバWH14DBL	59,800円	強0〜2600回転/分 中0〜2000回転/分 2弱20〜1200 1弱10〜500回転/分	1.5kg	約22分	—	リチウムイオン電池、充電器、予備電池、ケース
ブラック・アンド・デッカー	コードレスインパクトドライバSX5000	21,500円	0〜2600回転／分	1.6kg	約30分	—	ツールボックス、バッテリーパック、充電器

Impact Driver◎インパクトドライバー

＊編集部注：価格はすべて税別です。
ここで紹介している商品は2008年9月現在メーカーが取り扱い、流通しているものです。

モデルチェンジや仕様変更により、現行品は写真の商品と違う場合があります。

メーカー問い合わせ先は87ページ。

曲線切りや窓抜きなど
細かなカットで活躍

ジグソー
Jigsaw

ブラック・アンド・デッカー KS999K600Wターボカットジグソー

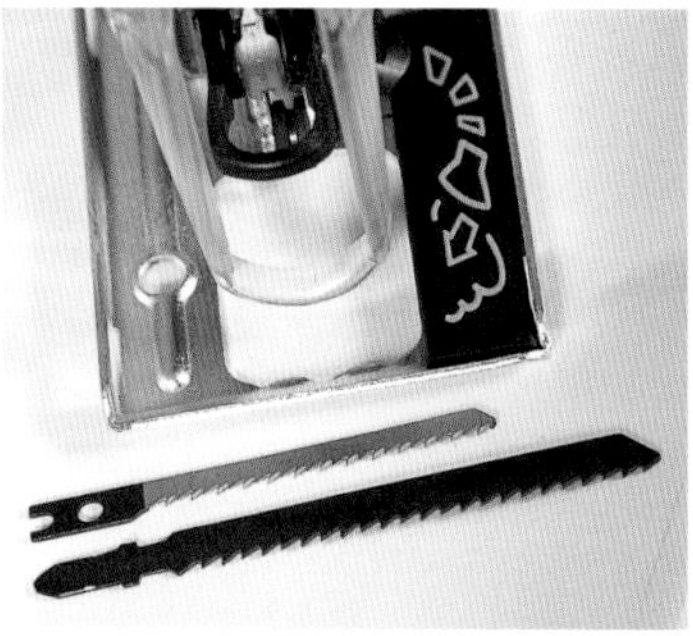

ジグソーのブレードの根元にはスタンダード型(上)とT型(下)の2タイプがある。モデルによって使えるブレードが決まってくる

床板の曲線カットや窓抜き、切り欠きなど細かな切断の強い味方

デッキ作りであると助かる電動工具のひとつがジグソーだ。

ジグソーは丸ノコに比べてパワーは落ちるが、たとえば、床板を曲線にカットしたり、ポストやフェンス作りのために材を切り欠いたり、床下収納などのために床板を切り抜くなど、丸ノコでは難しい細かなカットで活躍してくれる。

一方で、デッキ製作全般で使えるかというと、難があるのも事実。たとえば38㎜という2×材の厚みはジグソーにはやや重労働。最近ではオービタル機能という刃にしゃくり運動をさせてスピードアップさせたモデルも多いが、丸ノコに比べ、そんなに早くは切り進めない。

DIY使用頻度▶Level 5
高い　低い

主な用途
木材、金属、樹脂類の切断、窓抜き、曲線切り、傾斜切断

切る

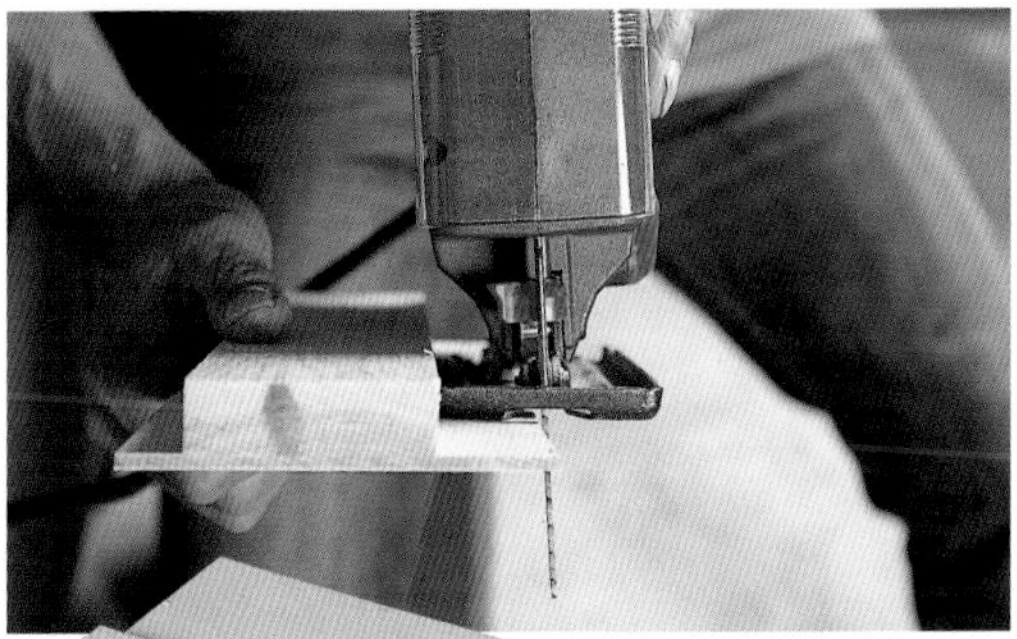

上／直線が正確に切れるジグ。ブレードは下の合板の端を、ベースプレートは板材のサイド面に沿って動く。下／ジグの全体。簡単な手作りで高い精度の直線が切れる。構造の理屈は64ページの丸ノコジグと同じだ

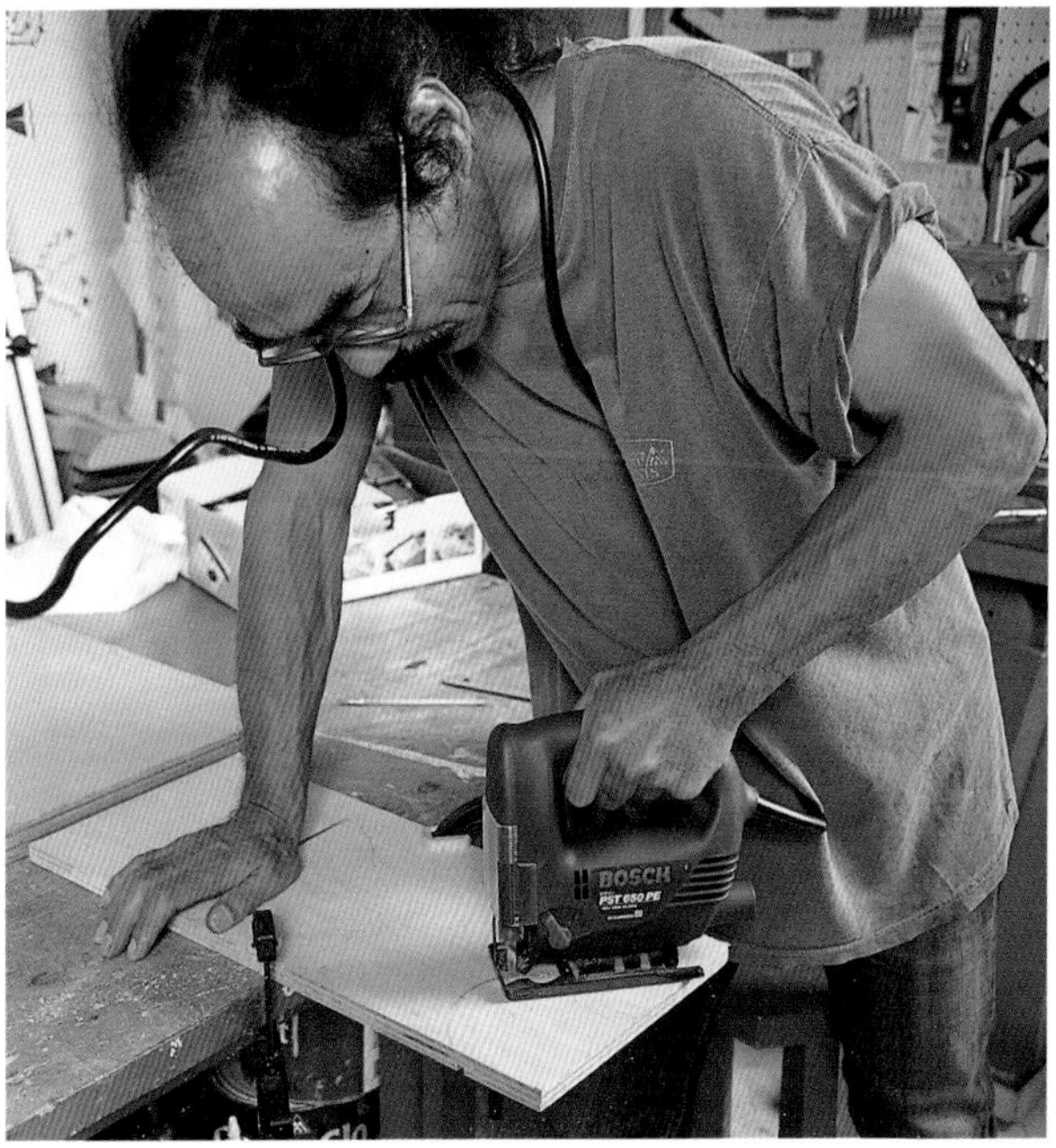

作業中はベースプレートを材に密着させ、上から刃先をのぞきこむようにし、材を切るスピードなりに墨線を追っていく

専用ブレードを使えば金属も切れる。写真のように裏に合板を張って切るとバリもでない。ブレードを冷ますために時々オイルを注す

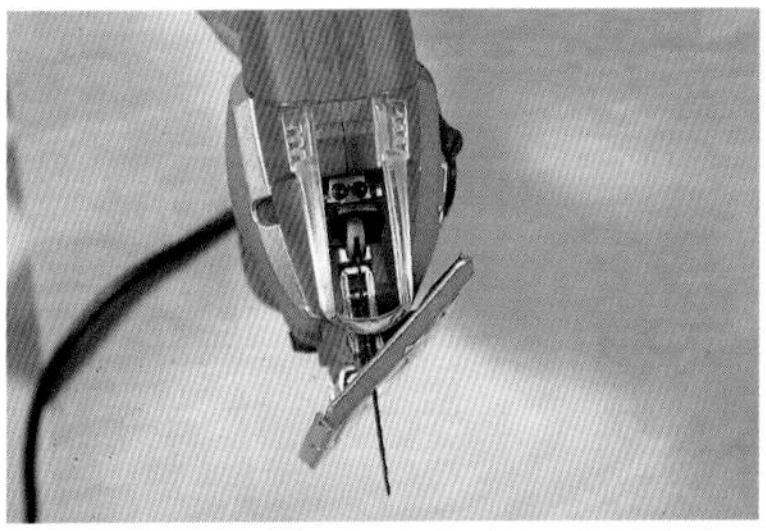

ベースプレートを傾斜させれば傾斜切断も可能だ

曲線の切断は得意な作業。かなり小さなカーブも切ることができる。極端に小さなカーブ用のブレードもある

また、これも2×材の厚みに関連するが、ノコ刃が押されて切断面が斜めになりやすい面がある。

いずれにしても、デッキ作りにジグソーを使うのであれば、なるべくパワーのあるタイプがおすすめだ。

ジグソーはノコギリ型のブレードが、直線的に上下動して材を切っていくので、材が固定されていないとすぐに材がバタバタと暴れてしまい、切断線がずれたり、ブレードが曲がったりしてしまう。だから、ジグソーでの作業では材をしっかりと固定し、ジグソーのベースプレートをしっかり材の表面に密着させて切りすすんでいくようにする。

また、切りはじめはしっかりハンドルを握り、スイッチをいれてブレードが動きはじめてから材に当てて切りはじめる。動いていないブレードを材に当てた状態で、スイッチをいれると材をバタバタさせるだけで、うまく切ることができない。

曲線を切るのはジグソーの得意技だが、作業に無理は禁物。墨線に沿ってジグソーの動きに逆らわないように、ゆっくり目に進めていくようにする。

ブレードの幅が狭いジグソーは直線切りは苦手だ。墨線にあわせて切っているつもりでも微妙に線がぶれることが多い。直線切りをするときは、フェンスや定規など、直線切りをガイドできる補助具を活用すると間違いがない。

Jigsaw◎ジグソー

役立ち関連パーツ　ガイドやアクセサリー等補助道具でジグソーの能力を、もっと広範囲に使いこなす

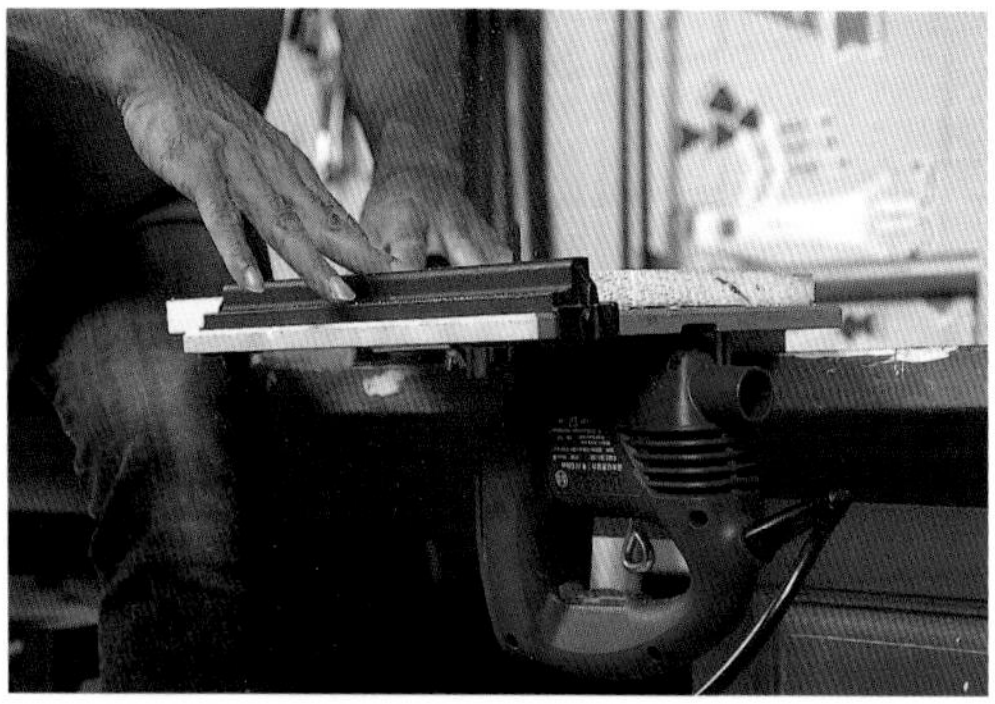

裏側からジグソーを取りつけてテーブルソーとして使えるソーテーブルはより正確な加工を楽しめる

ジャスティーと呼ばれる角度定規。ベースプレートの端を沿わせれば正確な直線切断のガイドになる

平行ガイドは取りつけ方を変えるとコンパスのようにきれいな円を切ることができるガイドになる

材の端に掛けて使う平行（ガイド）定規を利用して正確な直線を切ることができる

素材、目的別ジグソーブレードカタログ

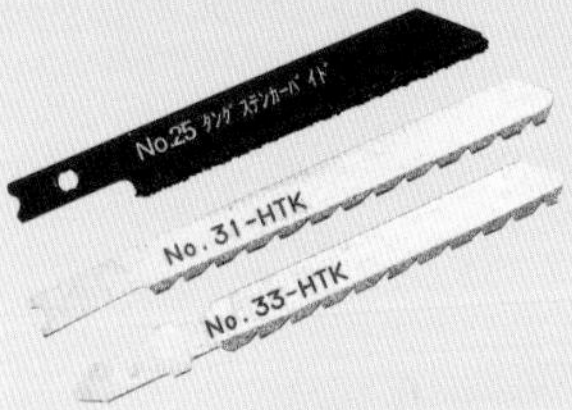

タイル用

磁器のタイルや強化プラスチックのFRP用など、ジグソーのブレードを代えるだけで、不可能だった切断が可能になる。上から、タングステンカーバイドでできた軟質タイル・サイディング・FRP用、ダイヤモンド砥粒を蒸着させた硬質タイル・磁器用、ボッシュ専用の硬質タイル・磁器用（いずれも新潟精機）

鉄工用

アルミ用、ステンレス用、銅板用など、様々なタイプがある。上から、3㎜以下の鉄板用、ねじっても曲げても折れにくいバイメタルブレードの0.1㎜～3㎜鉄板用、刃先にコバルトハイスを採用したブレードの3㎜以下のステンレス・銅板用、パイプなどに威力を発揮する鉄工用（いずれも新潟精機）

木工用

ひとくちに木工用といっても、合板用から角材用、曲線切り用など、カットする素材や加工方法によって、様々なタイプがある。上から、30㎜以下のベニヤ合板用、曲線切りに威力を発揮する木工円切用、直線切りや隅切りに適した40㎜以下の一般木材用、100㎜以下の木材角材用（いずれも新潟精機）

ジグソーに装着できるブレード（刃）は様々なタイプがある。ここでは、一般的によく使われる、木工用、鉄工用、タイル用の3タイプを紹介する。ほかにも、ホームセンターなどでは、ゴムや皮革用、塩ビ用など、様々な専用のブレードを入手できる。素材や加工方法に合わせたブレードを選ぶといいだろう。なお、各電動工具メーカーによって装着できるブレードの形状が違うので、購入の際は確認が必要だ。

木工用2本組。ホームセンターなどでは2本組や5本組など、セットで販売されている場合が多い

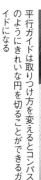

Jigsaw Catalog

マキタ
ジグソーM439
アルミベースだから丈夫でさびにくい。低騒音＆低振動を実現し、防じんカバーや集じん機と接続することにより切屑をまき散らさない、作業中の周囲への配慮に満ちた設計

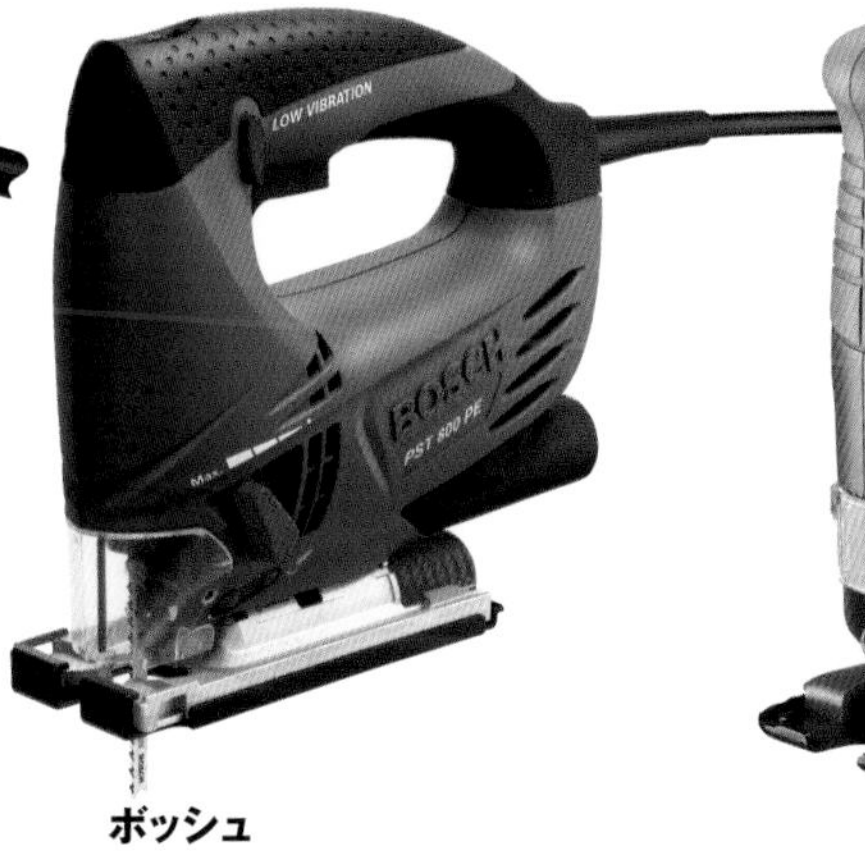

ボッシュ
ワンハンドSDSジグソー PST800PE
ブレードの交換がレバーによるワンタッチで行なえるワンハンドSDSシステム、切粉を吹き飛ばすブロワ機能、切断スピードをアップさせたオービタル機構と、作業効率を考えた設計に

リョービ
ジグソーCJ-250
ユニークな形状の全身グリップタイプ。これにより、切断形状にあわせて、さまざまな持ち方ができる。価格も魅力で、ビギナーの入門機に最適だ

ブラック・アンド・デッカー
ターボカットジグソーKS999K
カウンターバランス機構が低振動を実現。ブレードの取りつけ軸を本体最前部に設計し、刃の位置を見やすくした。3段階切り替えのオービタル機構つき

日立工機
コードレスジグソーCJ14DSL
ブレードが材料に引っ掛からずスムーズな切断が行なえる新オービタル機構は、ストレスのない作業性を可能に。集じん機にも接続可能で、ブレードの交換はツールレスになっている

リョービ
ジグソーJ-6500VDL
コンパクトなデザインに、低重心・低振動、滑りにくいソフトグリップと、使いやすさは抜群。ツールレスクランプで作業中もしっかりと固定できる

メーカー名	モデル名	価格	ストローク数	切断能力(木材)	質量	充電時間(空→フル充電)	コード長さ	おもな付属品
ボッシュ	SDSジグソー PST800PE	14,700円	500〜3100回／分	80mm	2.1kg	―	―	ブレード、ケース、バリ止めガイド、ベースプレート
マキタ	ジグソーM439	15,800円	500〜3100回／分	65mm	1.9kg	―	2m	ブレード、六角棒レンチ、定規セット品
リョービ	ジグソーCJ-250	8,800円	2100回／分	25mm	0.95kg	―	2m	ブレード、六角棒レンチ
リョービ	ジグソーJ-6500VDL	15,000円	0〜3000回／分	65mm	1.8kg	―	2m	ブレード、刃口板、六角棒レンチ、側面案内定規
日立工機	コードレスジグソー CJ14DSL	34,000円	0〜2400回／分	135mm	2.3kg	約22分	―	ブレード、刃工板、六角棒スパナ
ブラック・アンド・デッカー	ターボカットジグソーKS999K	15,000円	800〜3200回／分	68mm	2.4kg	―	3m	ブレード3本、集じん機アダプター

Jigsaw◎ジグソー

＊編集部注：価格はすべて税別です。
ここで紹介している商品は2008年9月現在メーカーが取り扱い、流通しているものです。

モデルチェンジや仕様変更により、現行品は写真の商品と違う場合があります。

メーカー問い合わせ先は87ページ。

デッキの完成度がぐっと高まる
電動サンダーのスタンダード

オービタルサンダー
Orbital Sander

吸じんオービタルサンダーPSS200A

デッキの仕上がりを格段にアップさせる使いやすいサンダー

サンダーはどうしても必要というわけではないが、あれば仕上がりが格段に違う。

床板の端を切りそろえたあと、切りっぱなしにせずにサンダーで削ると、木口が周囲になじみ、完成度がぐっと上がる。また作りつけたベンチや手すりなど、手に触れる部分もサンディングしておきたいポイントだ。

サンダーのなかでポピュラーなのがオービタルサンダー。オービタルダイヤと呼ばれる軌道が数㎜という小さな振動によってサンディングディスクを動かして研磨する。パワーはあまり大きくないので、削って加工するような作業には向かないが、塗装前に材の表面を平滑に仕上げるなどの丁寧な作業にはとても適している。

研磨する場合は、強く材に押しつけて使うと目づまりしやすいので注意したい。サンダーの動きに合わせて軽く擦るように材の上を動かして研磨する。

他の電動サンダーに比べて、長時間作業してもあまり疲れないし、取り扱いも軽く、女性やビギナーにも使いやすい。

Random Sander Catalog

リョービ
ミニサンダS-5000
低重心のボディは操作性が高く、軽量・小型でストレスのない設計。集じん機能つきで、快適でクリーンな作業が楽しめる

ボッシュ
吸じんオービタルサンダー
PSS200A
吸じん機構を内蔵し、マイクロフィルターで粉じんをシャットアウト。ペーパー交換が簡単なマジック式プレート採用。低振動だから作業中も疲れにくい

ブラック・アンド・デッカー
オービタルサンダー
KA197E
効率的で無駄のないサンディング作業をこなす。集じんダストバッグがきれいな作業環境を保証する。高耐久設計の実力派だ

ハンドルとグリップを持って強く押しつけないように操作する

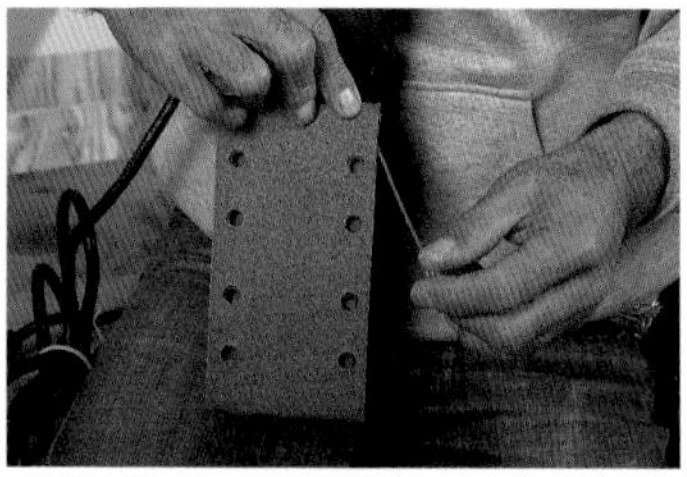

クランプレバーのある機種は、レバーをゆるめてサンドペーパーの交換を行なう

メーカー名	モデル名	価格	パッド寸法	回転数	質量	コード長さ	おもな付属品
リョービ	ミニサンダS-5000	12,000円	75×140㎜	10000回転／分	0.7kg	2m	木工用ペーパー、集じんノズル
ボッシュ	吸じんオービタルサンダーPSS200A	9,800円	93×185㎜	12000回転／分	1.6kg	2.5m	標準付属ペーパー＃80、＃120、＃180各1枚
ブラック・アンド・デッカー	オービタルサンダーKA197E	7,000円	93×230㎜	6500～11000回転／分	1.5kg	3m	サンドペーパー×5、吸じんダストバッグ

※編集部注：価格はすべて税別です。ここで紹介している商品は2008年9月現在メーカーが取り扱い、流通しているものです。※各メーカーの問い合わせ先は87ページ。

DIY使用頻度▶Level 3
高い　低い

主な用途
木工の研磨、金属の研磨等

研磨

ふたつの研磨パワーが合体して
強力なサンディングを実現

ランダムサンダー
Random Sander

マキタ ランダムオービットサンダM927

回転と振動で研磨粉による目づまりも少ない

メーカーによってランダムアクションサンダー、ランダムオービットサンダーなどの名前で呼ばれることもある、円形のサンディングディスクが特徴的なサンダー。

サンディングディスクが円形なのは、研磨の方法がオービタル駆動に円運動を組み合せてあるためで、オービタル駆動しながらサンディングディスク全体が回転して材を研磨する仕組みになっている。このため研磨した粉の排出性もよく、目づまりも少ないので、オービタルサンダーよりもパワフルな研磨をすることができる。粗いサンディングペーパーを使えば、ちょっとした面取りのような研磨というより切削に近い仕事もこなしてくれる。デッキ作りの仕上げ工程でのサンディングなど、大きな作業にもこのパワフルさは便利に活用できる。

ただし、構造上どうしてもサンディングディスクが円形にならざるを得ないので、いりくんだ狭い部分や、箱の内側などの作業には向いていない。

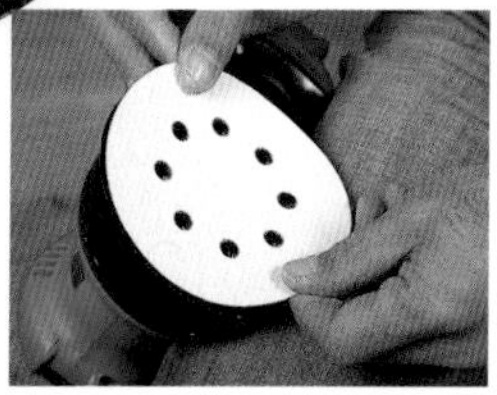

サンディングディスクは円形。パッドの穴とディスクの穴をぴったりと合わせる

力のある研磨はデッキなど大きな作業にも使いやすい

Random Sander Catalog

マキタ
ランダムオービットサンダ M927
偏心運動&回転運動で、高い研磨能力となめらかな研磨面を作り上げる。ダストバッグ標準装備で、クリーンな作業がこなせる

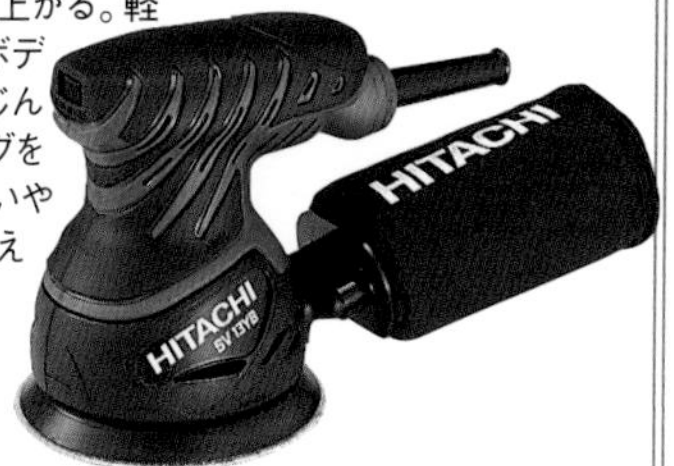

日立工機
ランダムサンダSV13YB
回転運動+偏心運動で、ムラなくきれいに仕上がる。軽量、コンパクトなボディに、パッド穴集じん方式、ダストバッグを標準装備した使いやすさを第一に考えた設計

リョービ
サンダポリシャRSE-1250
オーソドックスな研磨もできるほか、ポリシングスポンジを装着すれば、車のワックスがけもこなせる。研磨ムラの少ないオービタル機能つき

メーカー名	モデル名	価格	パッド寸法	回転数	質量	コード長さ	おもな付属品
マキタ	ランダムオービットサンダM927	13,200円	径125mm	12000回転／分	1.2kg	2m	サンディングディスク、ダストバッグ
リョービ	サンダポリシャRSE-1250	15,800円	径125mm	6000～12000回転／分	1.5kg	2m	ジスクペーパー、ポリシングスポンジ、集じん袋
日立工機	ランダムサンダSV13YB	14,600円	径125mm	12000回転／分	1.4kg	2.5m	サンドペーパー2枚、ダストバック

※編集部注：価格はすべて税別です。ここで紹介している商品は2008年9月現在メーカーが取り扱い、流通しているものです。モデルチェンジや仕様変更により、現行品は写真の商品と違う場合があります。※各メーカーの問い合わせ先は87ページ。

DIY使用頻度▶Level 3
高い　低い

主な用途
木工の研磨、塗装はがし、金属の研磨、磨き、錆び落とし等

研磨

ちょっとした出っ張りを一気に削り取る デッキ作りにあれば助かる電動工具

ディスクグラインダー
Disk Grinder

マキタ ディスクグラインダM961

ディスク面を使う場合、奥から手前へ、上から下に引いてくる

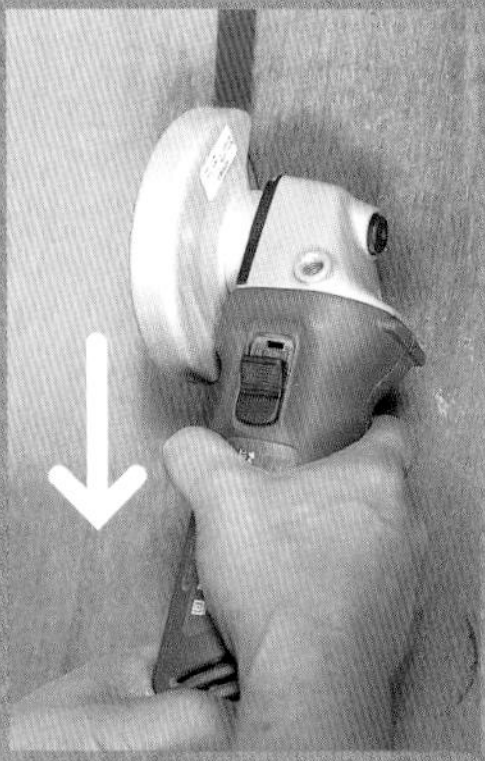
切断で使う場合ディスクを左側にして、上から下に、奥から手前に引いてくる

ディスクを交換してマルチな作業に対応

DIYの工具のなかでは、もっともヘビーデューティな使用に耐える工具のひとつ。また開発された初期から形にあまり変化がないといわれているシンプルで頑丈な電動工具でもある。ディスクグラインダーは使用するディスクの直径が100㎜、125㎜、150㎜、180㎜があり、サイズごとに専用のモデルを使用する。使用頻度の高いものは100㎜径のタイプで、プロの常用するのもこのタイプが多い。

ガーデニングなどではダイヤモンドカッター、切断砥石など、カップブラシなどディスクを交換することで、レンガ、ブロックの切

ディスクグラインダーはしっかり握ることができるモデルを選ぶことが大切だ

DIY使用頻度▶Level 2

高い ■■■■■ 低い

主な用途

金属の切断、切削、研磨。レンガやブロックの切断、切削、木材の削り、掘り込み等

切る　削る　研磨

Disk Grinder Catalog

リョービ
ジスクグラインダG-1030
疲れにくい細身のボディと、手にやさしいソフトグリップで使い心地がよい。また、作業性を向上させるためギヤケースの高さを抑えた設計となっている

ボッシュ
ディスクグラインダーPWS1
ギアハウジングを90度ずつ4方向に向きを変えて固定できるので、利き手を選ばない。人間工学に基づいたジャストフィットグリップが、安定した作業を約束する

日立工機
コードレスディスクグラインダG14DSL
クラスNo.1軽量&No.1トルクを実現させたハイエンドモデル。そのトルクは切断作業にも使える1.1N・m。リチウムイオン電池採用で作業効率も大幅にアップしている

マキタ
ディスクグラインダM961
ラビリンス構造、防じんワッシャ、防じんベアリングと優れた防じん構造を採用。集じん機との接続も可能と防じん機能は完璧。握りやすい細径ボディで使い勝手も抜群

メーカー名	モデル名	価格	ディスク径	回転数	質量	コード長さ	おもな付属品
ボッシュ	ディスクグラインダーPWS1	オープン価格	100㎜	11000回転／分	1.4kg	―	―
マキタ	ディスクグラインダM961	10,900円	100㎜	12000回転／分	1.6kg	2m	研削用砥石1枚、ロックナットレンチ
リョービ	ジスクグラインダG-1030	9,200円	100㎜	11000回転／分	1.5kg	2m	砥石、カニ目スパナ
日立工機	コードレスディスクグラインダG14DSL	39,000円	100㎜	9300回転/分	1.9kg	―	充電池、充電器、ケース、スパナ

断、研磨、サビ取り、金属の切断などさまざまな作業が可能だ。

ウッドデッキの製作で活躍するのは、サンディングディスクを使った研磨。研磨についてはサンダーがあれば十分だが、グラインダーのディスクを変えれば石や金属も加工が可能なため、ちょっとした出っ張りがあって束石が入らない、などという時に重宝する。

ディスクグラインダーを使って作業をする場合、必ず両手でしっかりと持つこと。小さなボディに似合わず、毎分1万回転と高速回転している上に、ディスクもむき出しになっている。キックバックが起こると、片手だと落としかねない。ちょっとした不注意が大きな事故につながることを忘れないように。機種を購入する場合も握りやすさを一番のポイントに選びたい。新しいモデルほどスリムボディで握りやすくなっている。

また、レンガやタイルなどを切断する場合はディスクにダイヤモンドカッターを使う。名前のとおり刃先にダイヤモンドを使用していて、固いレンガをスパッと切断してくれる。ただ一般的な100㎜径のディスクでは一度でレンガを切るのは無理。上下1回ずつ刃をいれ、最後にタガネを使ってレンガを割ろう。タガネがなければ、切り口に当て木を置き、上からカナヅチでたたく方法もある。

Disk Grinder◎ディスクグラインダー

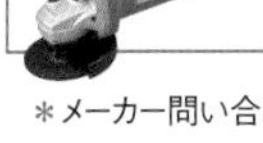

＊編集部注：価格はすべて税別です。
ここで紹介している商品は2008年9月現在メーカーが取り扱い、流通しているものです。
モデルチェンジや仕様変更により、現行品は写真の商品と違う場合があります。

＊メーカー問い合わせ先　トリトンジャパン ☎047・470・9171／日立工機（ハイコーキ）0120・20・8822／ブラック・アンド・デッカー ☎03・5979・5677／ボッシュ 0120・345・762／マキタ ☎0566・98・1711／リョービ ☎0570・666・787

よく使う測定道具&用具類

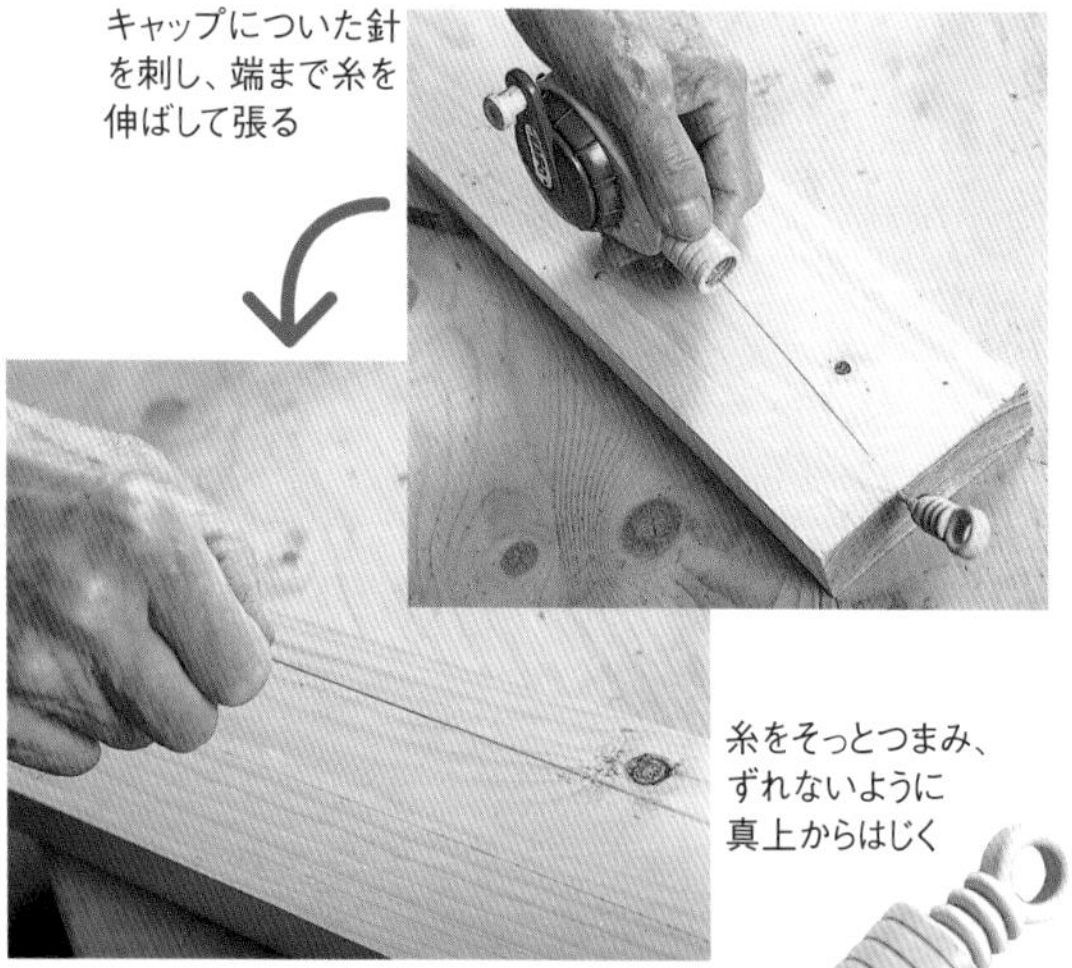

キャップについた針を刺し、端まで糸を伸ばして張る

糸をそっとつまみ、ずれないように真上からはじく

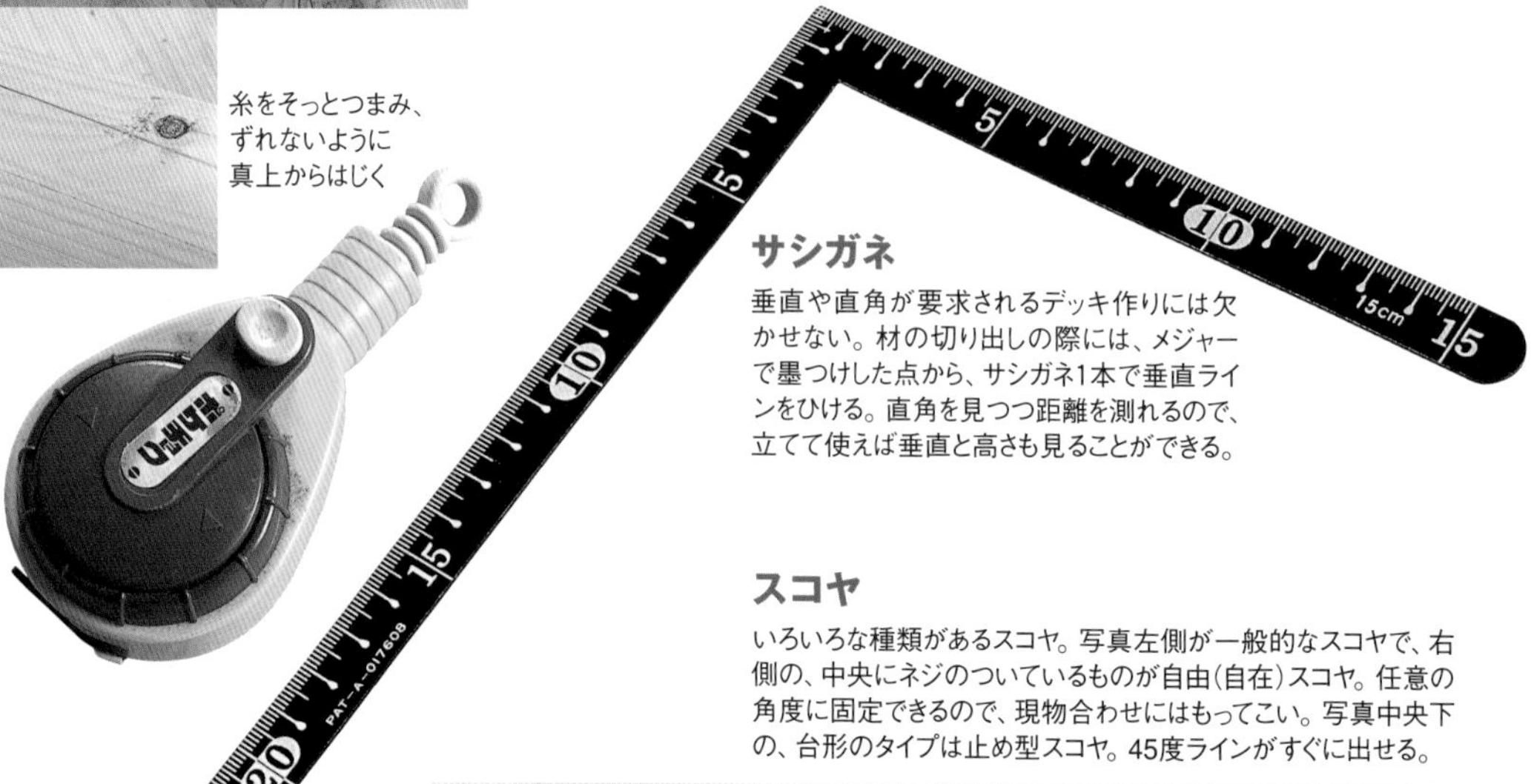

チョークライン

一見何に使うかわからないが、長い直線をひくための道具だ。昔の墨壺がカジュアルに姿を変えたのが、今の「チョークライン」。使い方は簡単。先端を引き抜くと針のついた糸が手繰り出される。糸にはチョークがまぶしてあり、写真の要領でピンと張り、真上からはじくと、一発で直線の墨がつく。

サシガネ

垂直や直角が要求されるデッキ作りには欠かせない。材の切り出しの際には、メジャーで墨つけした点から、サシガネ1本で垂直ラインをひける。直角を見つつ距離を測れるので、立てて使えば垂直と高さも見ることができる。

スコヤ

いろいろな種類があるスコヤ。写真左側が一般的なスコヤで、右側の、中央にネジのついているものが自由(自在)スコヤ。任意の角度に固定できるので、現物合わせにはもってこい。写真中央下の、台形のタイプは止め型スコヤ。45度ラインがすぐに出せる。

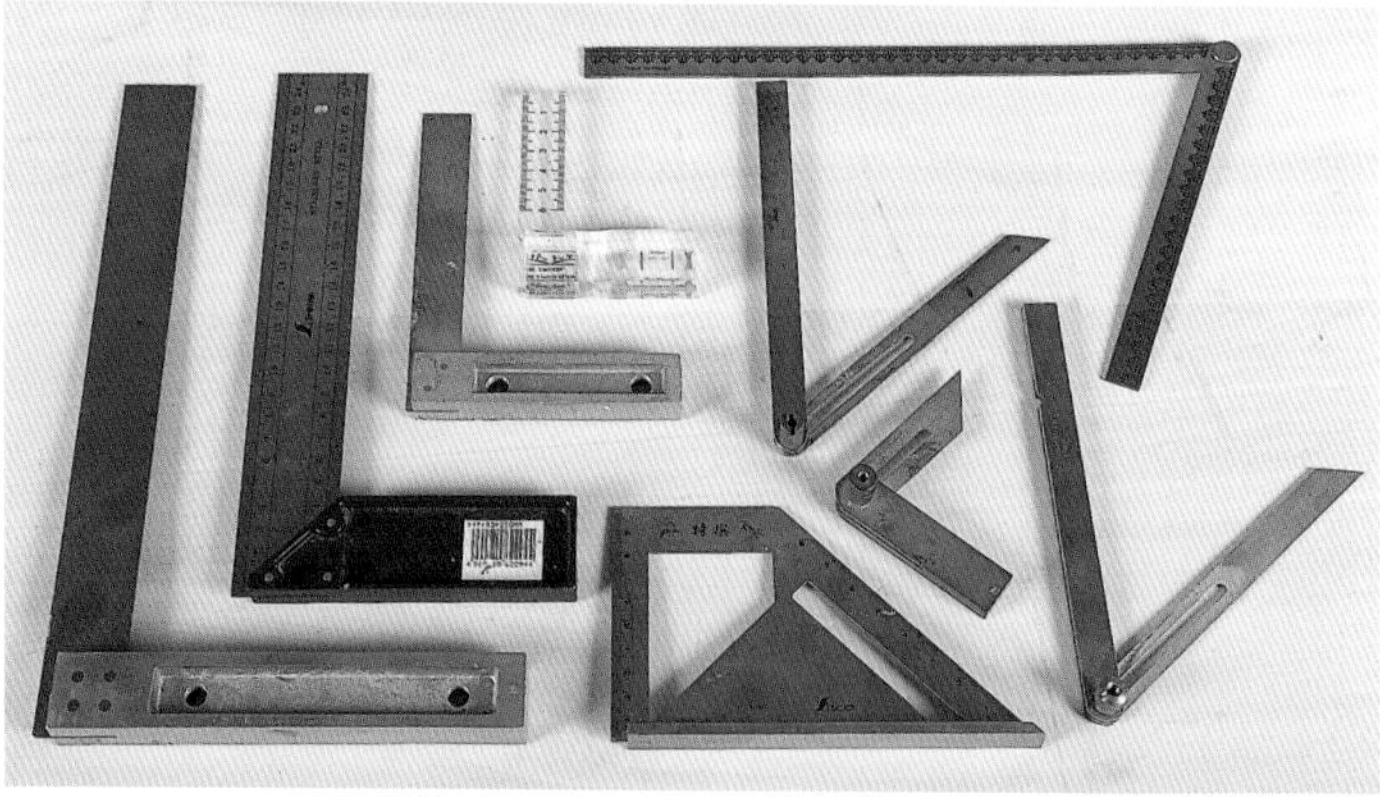

定番工具と土木事用具

計測に欠かせないメジャーとサシガネ。それに鉛筆を加えた3つは常に身につけておきたい。切り出しのときしか使わないように考えがちだが、最初から最後まで大活躍するのがこの3つだ。腰袋を用意するなら、ぜひこれらのしまい方を考慮して。スコヤは、サシガネが小さくなったようなもので、短いほうの腕に厚みがあり、材に引っかけやすくなっている。自由スコヤは、ネジで角度を自在に設定できるスコヤ。図面から角度を拾うのに重宝する。

チョークラインとは、長い直線を一発で墨つけできる便利な道具。張り終わった床板を切りそろえるライン、クギ位置をそろえるライン、デッキのような大物製作にはぜひ準備しておきたい道具だ。

また測定道具の王様である水平器は、大小ふたつあると完璧。

出ずっぱりの測定道具と反対に、基礎作りのときだけ登場するのがシャベル類。砕石や生コンをいれるための穴掘りが、基礎石の数だけ待っている。穴掘りには先のとがったタイプ、生コンを練るには先の平らなタイプがいい。

生コンのための用具としては、器になるトロ舟、練りには前述のシャベル、あるいは先の平らな小さめクワが使いやすい。一輪車をトロ舟代わりにすると姿勢が楽だ。

水平器

本体につけられた気泡管で、傾きをチェックする水平器。水準器、レベルともいう。気泡管とは、気泡の入った液体をおさめた管。目盛りが刻まれていて、計測物にぴったりあてたとき、気泡が中央にあれば水平（あるいは鉛直）、ずれていれば傾いていると判断する。15cm程度の小さなものから、90cmの長いものもある。

一輪車&練りクワ

生コン練りはちょっとした労働なので、腰をかがめてがんばるより、ある程度の高さで作業できる一輪車もおすすめだ。この場合、練る道具としてはクワ（先の平らなタイプ）が使いやすい。

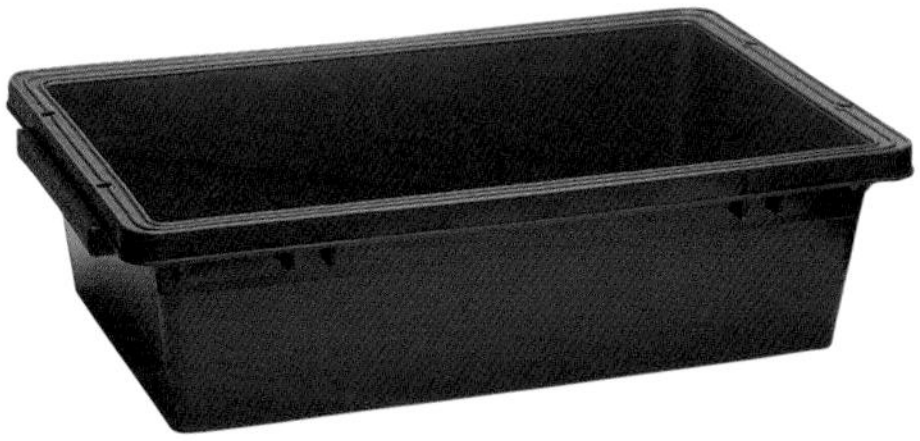

トロ舟

土工具としてのトロ舟は、あまりなじみがないかもしれない。よくある衣装ケースで十分代用がきく用具だ。生コンを練るときにはトロ舟が便利。ついでの用具いれや洗いオケとして使ってしまおう。

塗装用具

ハケさえあればと考えがちな塗装だが、デッキ用にもう少し用具を紹介しよう。この他には、塗装中、庭を汚さないための、大きなブルーシートがあれば完璧だ。塗装済み材をカバーしておくにもシートは便利。

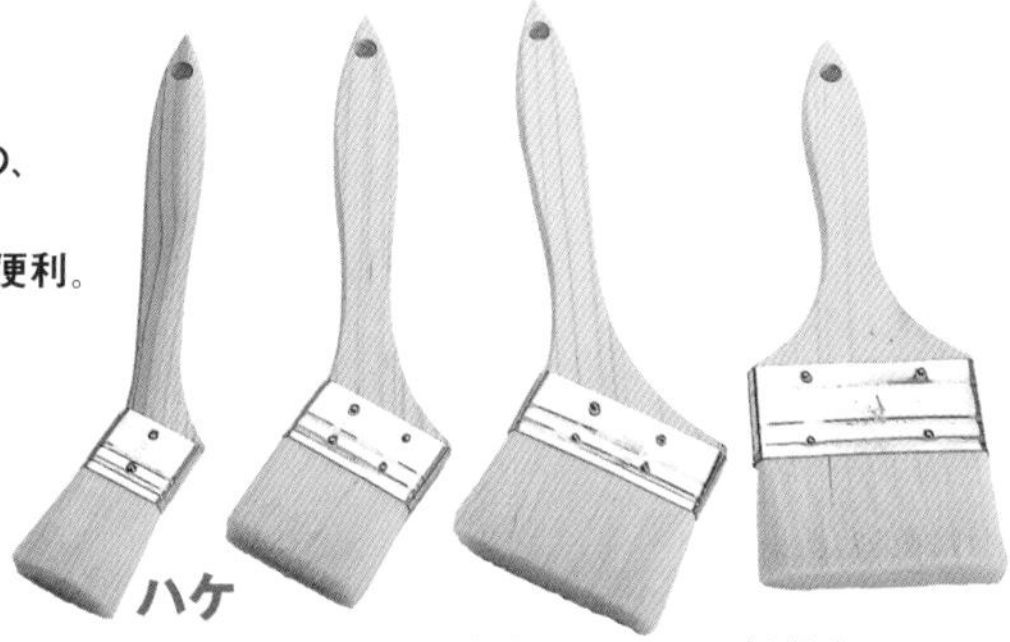

ハケ

左側3本のようなやや角度のついたタイプを筋交い（すじかい）バケ、右の1本を平バケという。どちらでもかまわないが、大小2本あったほうがいい。

ペール缶

多人数で塗装する場合も多いだろう。小分けできる容器はあったほうが便利。持ち手のついたペール缶（小バケツ）がおすすめだ。

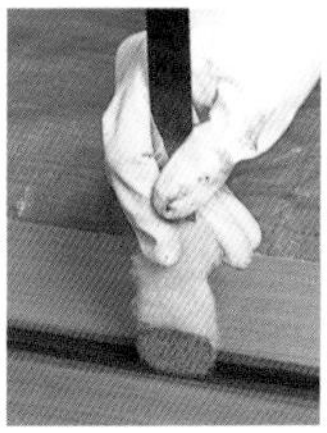

ベンダー

よくしなる金属のプレートに、起毛の布をはりつけたような塗装用具。写真のように、張り終わった床板のすき間などにはこれ。

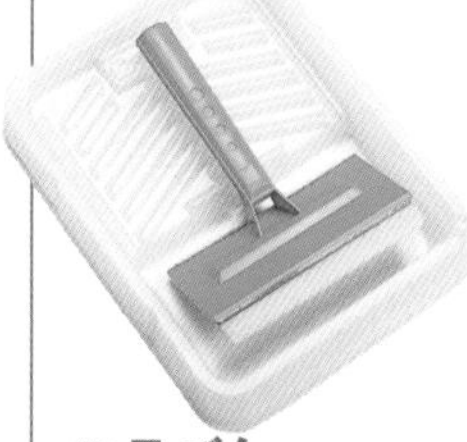

コテバケ

より深く浸透をうながすよう、やや押さえ気味に塗り広げられるコテバケも便利。塗料をつけやすい受け皿もあるといい。

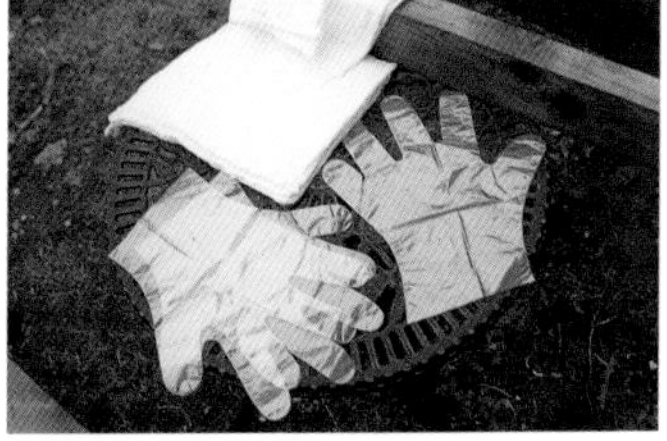

布&ビニール手袋

ステイン系の塗料のように、表面的に塗るより拭き込むように塗るほうが効果的な塗料もある。そんなときは布（ウエス）がいちばん。雑巾がけの要領で、ムラも気にしなくていい。

ウマふたつを使い、材を並べていっきに塗る

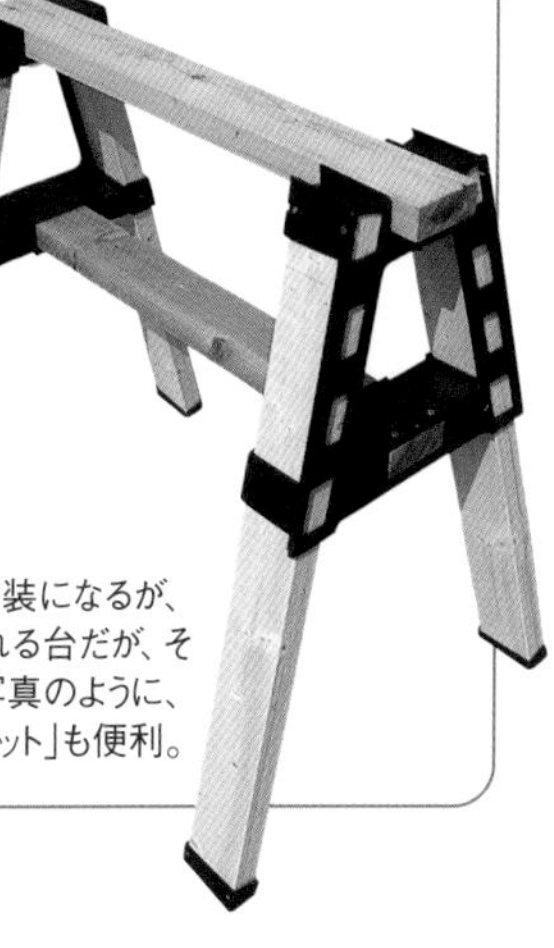

作業ウマ

カット前の材料を一通り塗るのが1回目の塗装になるが、腰高の簡単な台はぜひ必要だ。ウマと呼ばれる台だが、そのためのパーツもあるのでぜひ利用しよう。写真のように、2×4の端材6本で手軽に作れる「プロブラケット」も便利。

デッキ材

ウッドデッキに最適 使い勝手の良い2×材

ウッドデッキの材料として非常にポピュラーなのが、「2×材（ツーバイザイ）」。どこのホームセンターでも手に入る規格材だ。

本来はツーバイフォー工法用の型枠材で、断面の厚さが2インチ、幅が4、6、8と2インチ刻みで規格化されている。そのため使い勝手が良く、また流通量が多いので価格も安い。DIYでも用途を問わず広く使われている。ただひとつ注意したいのが実際の寸法。例えば2×4インチの場合、実寸は38×89㎜。普通に1インチ＝25・4㎜で計算するよりひとまわり小さくなる。これは製材工程の乾燥収縮およびカンナがけの分で、他サイズも同様に小さくなるので注意が必要だ。

樹種はSPF（エスピーエフ）、レッドシダーなど。いずれも北米産針葉樹で、とくにSPFは安価で加工性も高い。しかし腐りやすいのでウッドデッキの場合は耐水・防腐塗料を塗るのが条件となる。

角は面取り、表面はプレーナー加工（カンナがけ）がされているのが一般的。すぐに作業可能な状態で売られている

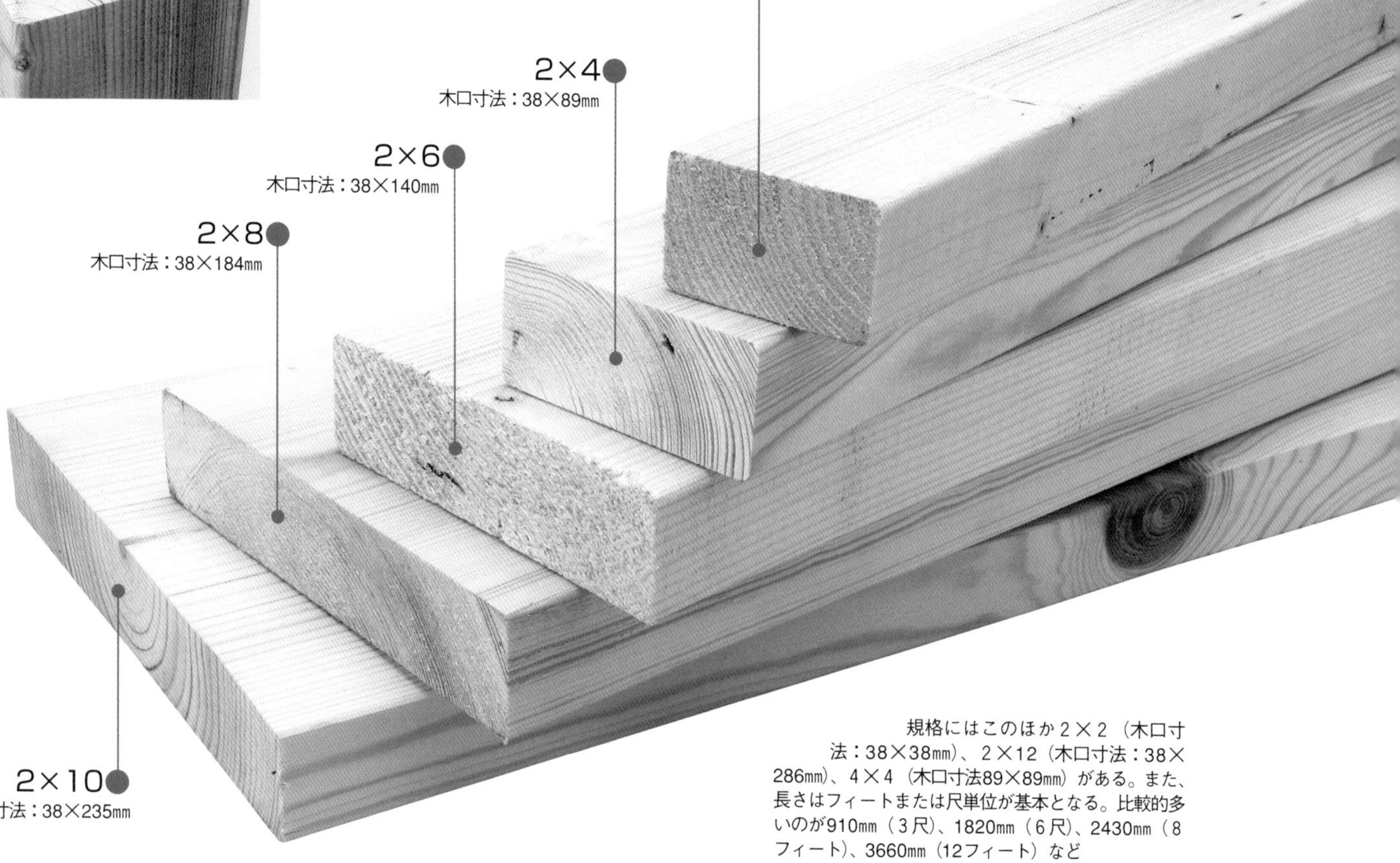

規格にはこのほか2×2（木口寸法：38×38㎜）、2×12（木口寸法：38×286㎜）、4×4（木口寸法89×89㎜）がある。また、長さはフィートまたは尺単位が基本となる。比較的多いのが910㎜（3尺）、1820㎜（6尺）、2430㎜（8フィート）、3660㎜（12フィート）など

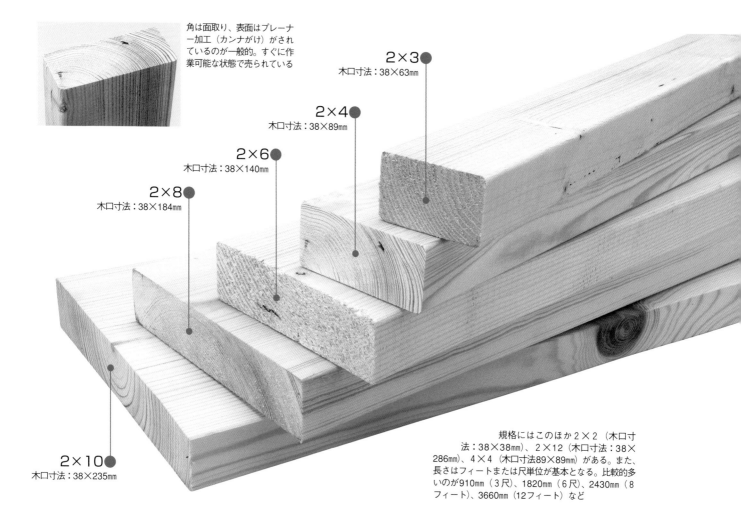

レッドシダー（米スギ）

家具 建築

北米材。米スギとも呼ばれるが実際はヒノキの仲間。腐りにくく防虫効果があるため、屋外使用の場合も防腐塗料を塗る必要がない。節も少なく、デッキ材として人気がある。しかしその分SPFに比べると価格は高い。「ウェスタンレッドシダー」と表記されている場合もある。なお、レッドシダーと同様に耐久性が高くデッキ材として好まれる木材に北米産の「レッドウッド」がある。しかし近年は流通量が減り目にする機会も少なくなった

参考価格：840円（40×90×1800㎜）

加工性	耐久性
切削……5　塗装……3	腐朽……4　摩耗……4

SPF

家具 建築

ツーバイフォー材の代表的存在。カナダ西部で伐採されるスプルース（Spruce：トウヒ属）、パイン（Pine：松属）、ファー（Fir：モミ属）の頭文字をとった呼称。いずれの樹種も材質が非常に似通っているため、区分されずに流通されている。強度があるわりには柔らかく、加工性も良いので初心者にもおすすめ。価格も非常に安い。しかし腐りやすいのでデッキにするなら塗装とメンテナンスが必要になる

参考価格：330円（2×4：38×89×1820㎜）

加工性	耐久性
切削……5　塗装……4	腐朽……2　摩耗……3

表の見方

加工性	耐久性
切削……3　塗装……5	腐朽……3　摩耗……5
切削は切断・削り作業のしやすさを、塗装はその仕上りの良さを5段階評価。最低評価1～最高評価5	腐りにくさ（水、虫害、紫外線等）と耐摩耗性を5段階評価。最低評価1～最高評価5

ツーバイフォー材には厚さ1インチ（19㎜）のものもある。2インチのちょうど半分の厚さなので組み合わせて使うときも便利。値段はSPFの1×4・910㎜なら200円程度が目安となる

ヤニの出やすいSPFには セラックニスでヤニ止めを

基礎知識

ヤニの出やすい節を中心に塗る。セラックニスは乾燥は早いが耐熱・耐水性に劣るので要注意

マツ系の木材はヤニが出やすい。SPFもマツ系でヤニが出るので、気になる人はヤニ止め対策を。それには「セラックニス」と呼ばれる特殊なニスを塗るのが一般的だ。普通の塗料を上塗りする際もセラックニスでヤニ止めをしておいてから塗るのが基本となる。

撮影協力●日本木材総合情報センター 木のなんでも相談室　注）参考価格は関東近郊ホームセンター、材木店で編集部調べ

ハードウッドデッキ材

雨にさらされるウッドデッキ製作では「イペ」「セランガンバツー」といった非常に硬質で腐りにくい木材も使われるようになってきた。高価だが防腐・防虫の定期メンテナンスが不要となるため人気は高い。ただあまりに硬すぎるのが難点。ビス打ちには必ず下穴をあけるなどのひと手間が必要となる

❶イペ

港湾のデッキにも使われるほど耐久・耐水・耐塩に優れた木材。水が常時かからない場所であれば、メンテナンスをせずとも半永久的に使えるといわれている。虫害にも非常に強く、防虫処理も不要。加工の際は硬いため電動丸ノコの替え刃は必須だ。経年変化でシルバーグレーに変色。南米アマゾン川流域に分布

参考価格：1,474円（20×105×1800㎜、3.8kg）
面材/プレーナー加工四面取り

❷ウリン

産地のボルネオでは「生涯腐らない木」といわれるほど耐久性の高い木材。別名「ボルネオアイアンウッド」。水に対しての耐久性は世界でもトップクラス。湿度の高い日本の気候にも適したデッキ材で、重厚感のある仕上りとなるが、ハードウッドのため直射日光の当たる場所だと割れ、反り、あばれはやや出やすい。

参考価格：1,386円（20×105×2000㎜、約4.2kg）
面材/プレーナー加工四面取り

❸セランガンバツ

密度が高く硬質で耐久性にすぐれた木材。イペ、ウリンなどと同様に防腐性にもすぐれていて、虫害の心配もほとんどない。耐水性も高く船の甲板やボードウォークなどにも使用されている。節がなく、色は黄褐色～赤褐色。ボルネオなど熱帯雨林全域に分布する

参考価格：1,482円（20×105×2100㎜、約4.4kg）
面材/プレーナー加工四面取り

❹オーストラリアヒノキ

オーストラリアに分布するヒノキ科の針葉樹。重硬だがイペ、ウリン、セランガンバツーに比べると軽軟で加工はしやすい。耐久性はレッドシダーの約2倍と高く、防腐・防虫処理も基本的に不要。水湿にも強いためデッキ材としても人気上昇中だ。心材は暗褐色、辺材は淡黄色

参考価格：1,297円（20×105×2100㎜、3.3kg）
面材/プレーナー加工四面取り

基礎知識 その他のエクステリア用素材

防腐処理材

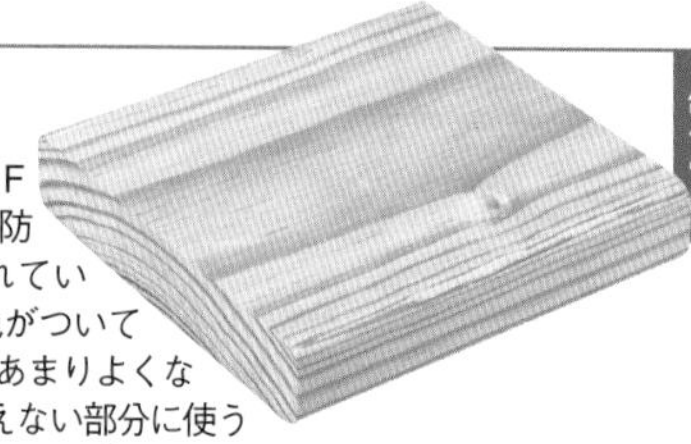

ホームセンターではSPFのツーバイフォー材に防虫・防腐液を注入した材も売られている。写真のように薬液の色がついているため、塗料の着色性はあまりよくない。そのため土台などの見えない部分に使うのが一般的だ。2×4の3650㎜で約1,400円ほど。

合成木材

木材パルプと合成樹脂を混ぜて固めたものを合成木材といい、腐らずメンテナンスもいらないため主にデッキ材として販売されている。見た目はほとんど木材だが、つるりとした触感は樹脂。

外部用ステイン

SPFを屋外使用する場合は必ず外部用ステインと呼ばれる塗料を塗る。これは防虫・防腐効果を高める薬剤が添加された着色塗料で、数年に一度塗り直しが必要となる。

撮影協力●リーベ https://www.1128.jp 注）参考価格は関東近郊ホームセンター、材木店で編集部調べ

基礎材

いろいろな種類がある基礎石

デッキの支柱を直接土の上に置けば沈みもするし腐りもする。それらを防いでしっかりと支えるために使われるのが基礎石だ。

基礎石としては、「束石」（つかいし）や「沓石」（くついし）と呼ばれる専用のコンクリート製品を使ったり、平板やブロックを使ったりする。

束石では、上面に柱をとめるプレートのついたタイプが便利。プレートは「羽子板」と呼ばれる。中には、4×4をすっぽり差し込める四角の穴があいたものや、かなり背の高いものもある。

基礎石の下に、砂利を敷いたり生コンをいれたりするときは、それらも準備しなければならない。基本的に、セメントと砂と水で練ったものが「モルタル」、さらに砂利を足したものが「コンクリート」とされる。今ではホームセンターに、配合済みの商品もあり、それらなら水で練るだけですぐ生コンやモルタルができる。

砂利や砂は、20～25kgの袋詰めで売られていることが多い。岩石を砕いて作った「砕石」も、基礎石の下地として有効だ。

長い基礎石もある。持ち手がついているところが親切

水で練るだけでコンクリートができる。砂利も配合済み

4×4をすっぽり立てられるタイプ。溝は、2×材の厚みになっていて、横にも置ける

低いデッキには、余計な高さをとらないコンクリート平板が便利

デッキによく使われる羽子板つき

ハードウッドの話

屋外で常に紫外線にさらされ、風雨に打たれるウッドデッキを長持ちさせるためには、製作時の塗装はもちろん、年に1度は再塗装したいもの。

しかし樹種によっては、塗装を必要としないほどの耐久性を生まれもったものもあり、公共施設のボードウォークなどに使用されている。これらが近年、家庭のデッキ材として一般にも流通するようになってきた。アイアンウッド（ウリン）やセランガンバツ、イペなどがそれだ。おおまかに「ハードウッド」と称されるように、とにかく固いのが特徴。固いということは、腐りにくいということだ。無塗装で10～15年以上ももつとされている。

ただその固さゆえに、加工にはちょっとした覚悟がいることも覚えておきたい。丸ノコで切れないようなことはないが、木ネジは、ひとつひとつ下穴をあけてやらなければまず入っていかない。下穴とは、木ネジを入っていきやすくする細い穴のこと。

驚異的な耐久性を誇るハードウッドは、手間はかかっても、それだけの価値のある魅力的な素材だといえるだろう。

気になるお値段

木材通販ショップ「木工ランド」の場合（送料別）

◎アイアンウッド	12×105×3000mm	1,510円
	30×105×3000mm	3,030円
◎イペ	20×105×3048mm	2,300円
	40×40×2000mm	2,200円
◎ウェスタンレッドシダー2×4	40×90×3048mm	1,610円

木工ランド問い合わせ先
☎055・241・2380
https://www.mland.gr.jp

金物

従来のクギにかわって、保持力の高い木ネジで接合

デッキに使う金物といえば、まず木ネジが挙げられる。コーススレッド、ビスなどとも呼ばれる、頭にはプラス、ボディにネジ山の切られたクギのことだ。ドライバービットを装着したインパクトドライバー（またはドライバードリル）を使ってまわし込む。ネジを切ってもぐりこんでいるので普通のクギより保持力が高く、逆回転させせれば簡単に抜けるという利点もある。

長さは豊富にそろっており、なかでも、2×材によるデッキ作りの場合には65㎜や75㎜が使われることが多い。素材は、屋外であることを考えればやはりステンレス製がおすすめ。頭を小さく細身にした「スリムビス」もある。

スピーディーかつ保持力の高い木ネジだが、床板ではネジ頭が並んで目立つので、クギが使われることもある。クギはクギだがネジ山による保持力を取りいれた「スクリュークギ」が効果的。頭もフラットですっきりした床面に仕上がる。

他に、2×材専用の接合金物「シンプソン金具」がある。実にさまざまな組み合わせ、部位を想定した便利なシリーズ。50種を超えるシンプソン金具の中から、デッキ製作に合うものを左頁に紹介した。

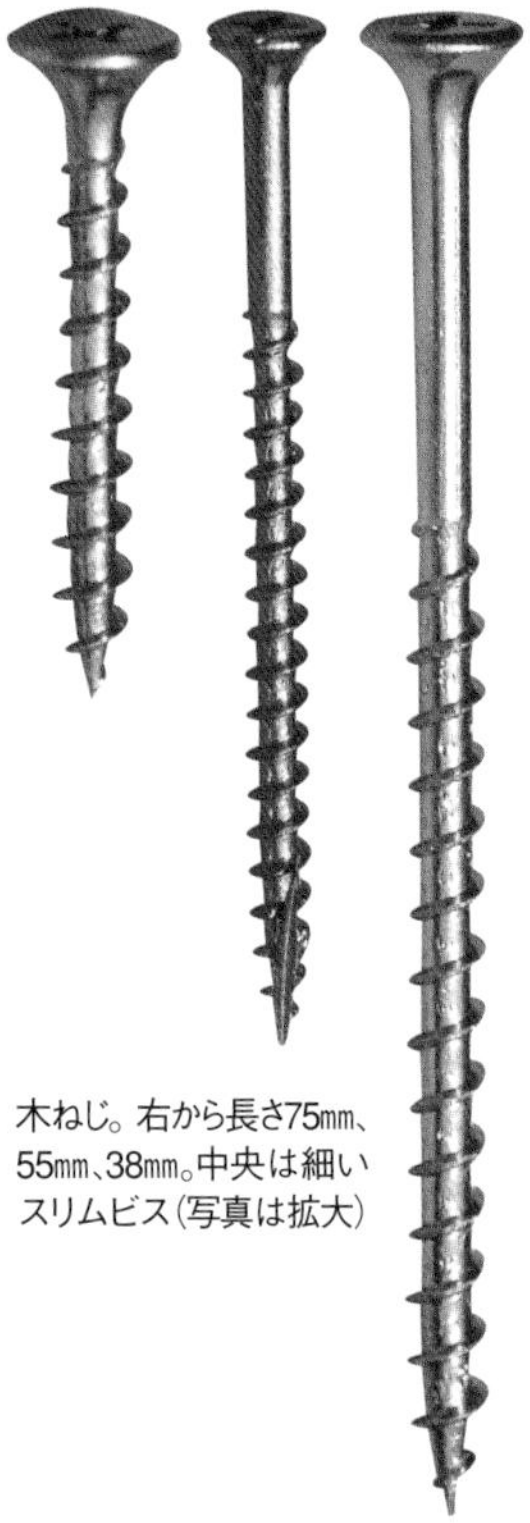

木ねじ。右から長さ75㎜、55㎜、38㎜。中央は細いスリムビス（写真は拡大）

頭がフラットな「スクリュークギ」。ボディに刻みがあって抜けにくくなっている

塗料

木材の保護を目的に2度塗りが基本

デッキには、屋外木部塗料を使う。化粧というより保護の役割が高く、長持ちするデッキのためにはぜひ塗装が必要だ。

水性・油性があるが、水性は水で薄められる手軽さ、油性は浸透性の高さがメリットだ。

仕上がりの違いで分ければ、木目をいかすステイン系と、ペンキのように木目を隠してしまうタイプに分けられるだろう。ステイン系は表面に塗膜をつくらない、つまり上塗りが必要なものもあるので注意したい。

基本的には2度塗りをすすめるものが多い。製作の前にひととおり塗って、完成後にもう一度という流れだ。

製作中、出てきた切断面にもまめに塗装をほどこしながら進める

自然塗料である「オスモカラー」は、専用のコテバケやハケも用意されている

水性塗料もたくさんの種類が出まわるようになった

2×材専用!
シンプソン金具

アメリカのシンプソン・ストロング・タイ社から発売されている2×材用接合金具。金具をあてたら、木ネジを打つ穴をひとつひとつ埋めるつもりで打ちとめていけばよく、複雑な接合が簡単にすむ。ホームセンターでもよく見かけるシリーズだ。日本での輸入発売元は「八幡ねじ」。ホームページからも購入可能。

●問い合わせ/八幡ねじ
https://www.yht.jp

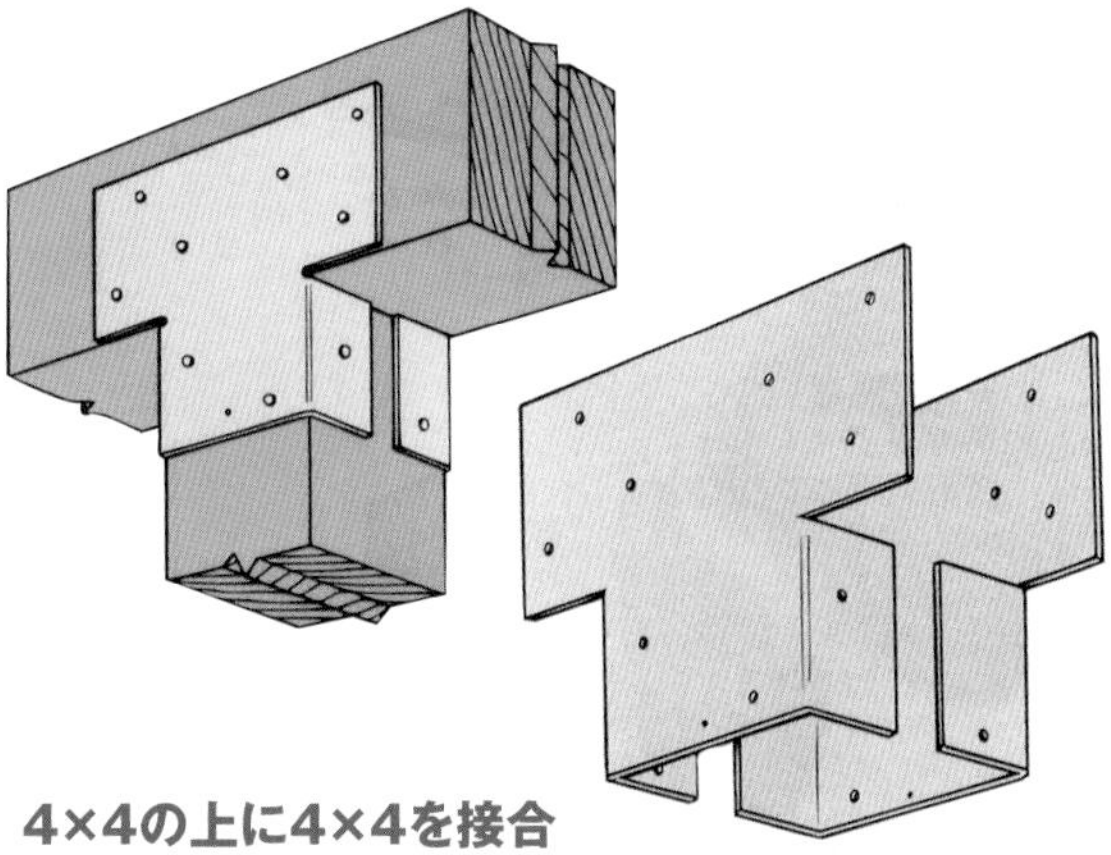

4×4の上に4×4を接合

4×4となると約90㎜角なので、これを通して打ちとめるのはたいへん。そこで有効なのがこの「ポストキャップ」。コーナー用もある。
●参考価格…AC4/392円

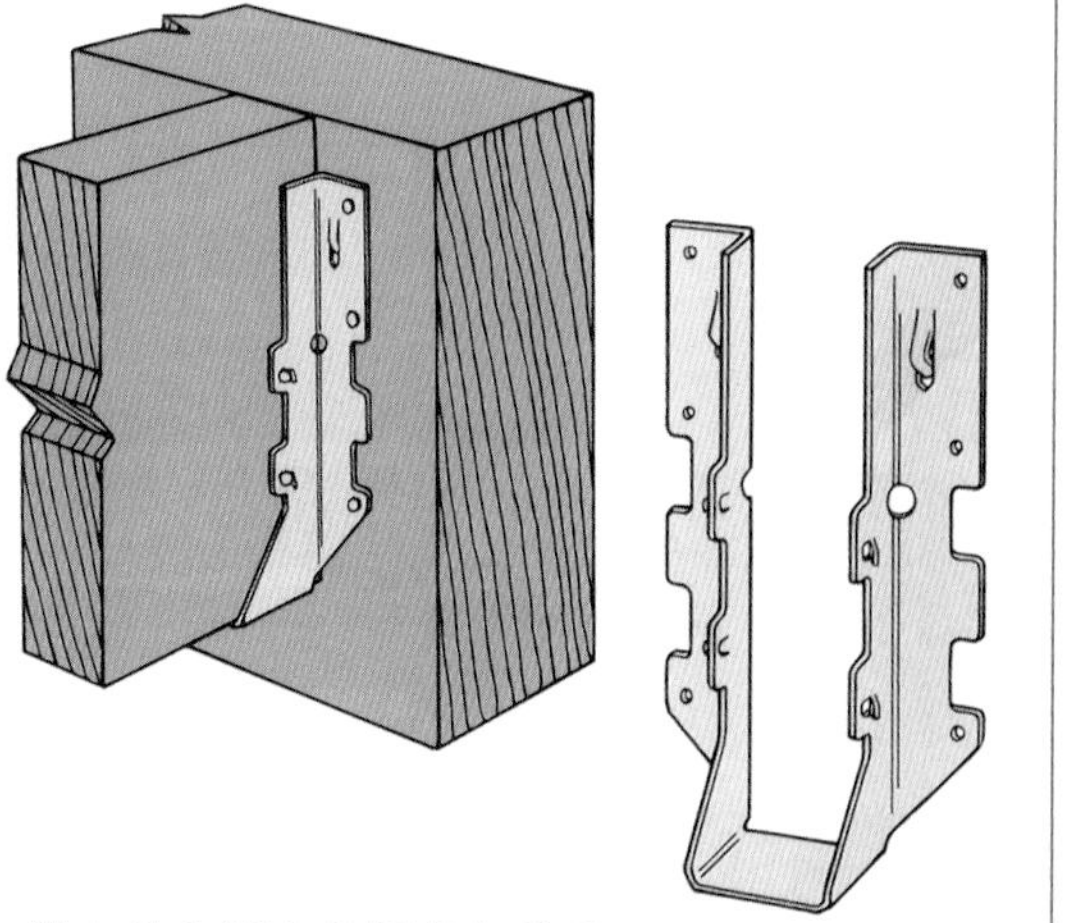

根太を内側から打ちとめる

壁際に作る根太は、外側から木ネジを打つことができない。そんなとき有効な根太受け金具がこの「ダブルシェアハンガー」。2×4用から2×10用までそろい、4×4用もある。
●参考価格…LUS24/74円、LUS26/116円、LUS28/136円

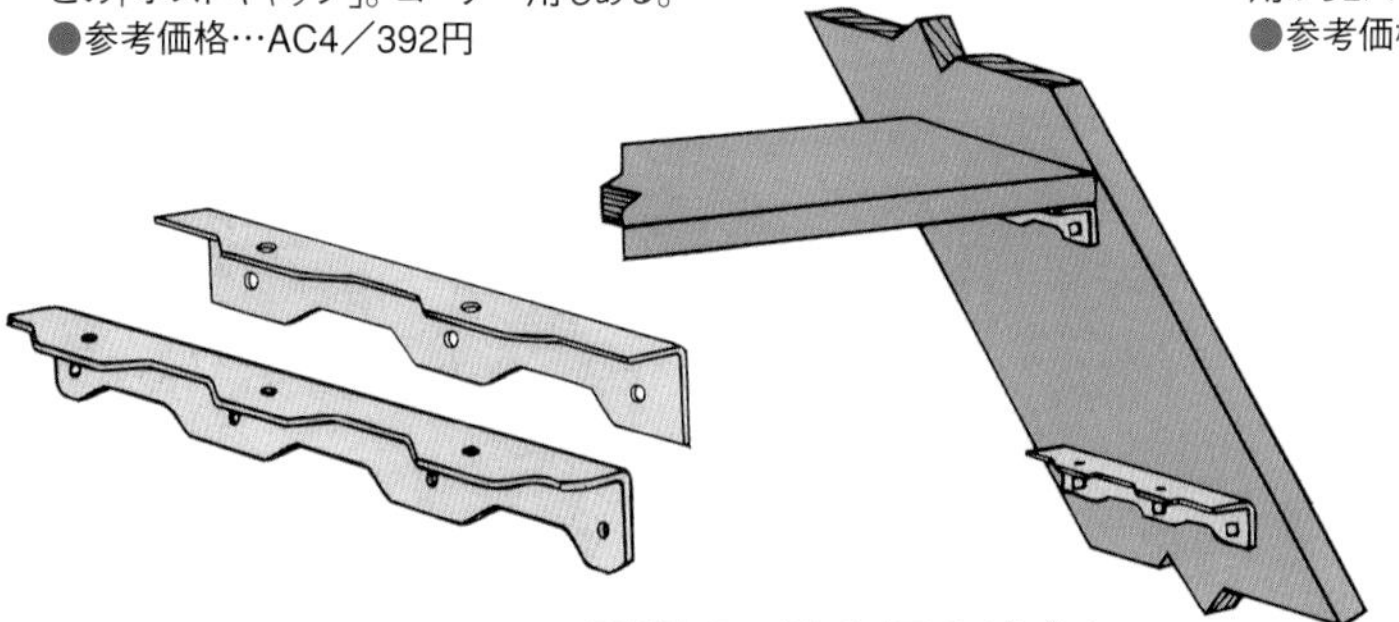

階段の、踏み板の接合に

踏み板の受け金具である「ステアーケースアングル」。内側に接合するので外側にネジ頭が出ないし、施工もしやすい。
●参考価格…TA9/300円

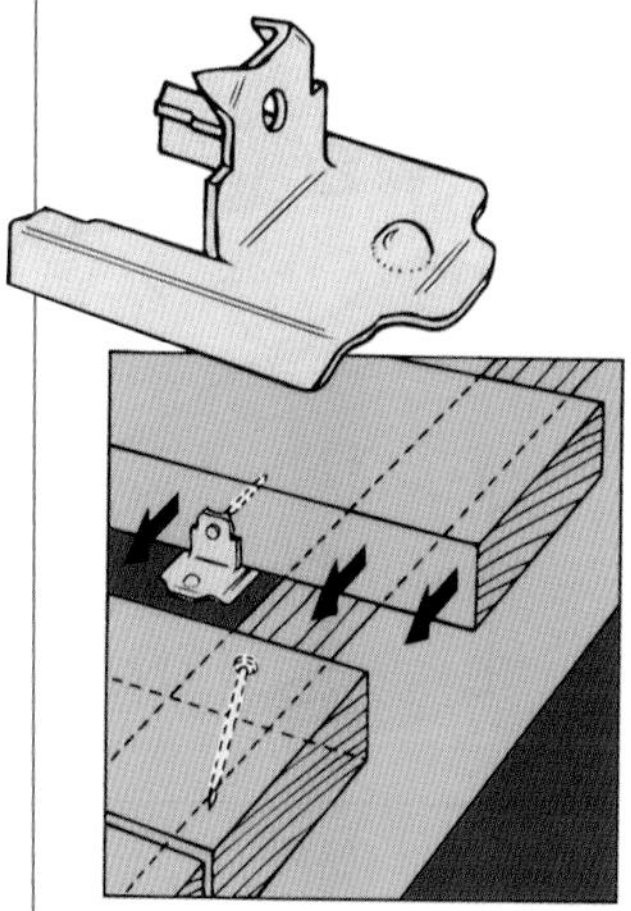

床板に一定のすき間をあけて打つ

床の上にネジ頭が並ばないよう、床板を横から斜め打ちするとき、この「デッキボードタイ」をつけてから打てば一定のすき間が保たれる。
●参考価格…DBT1/52円

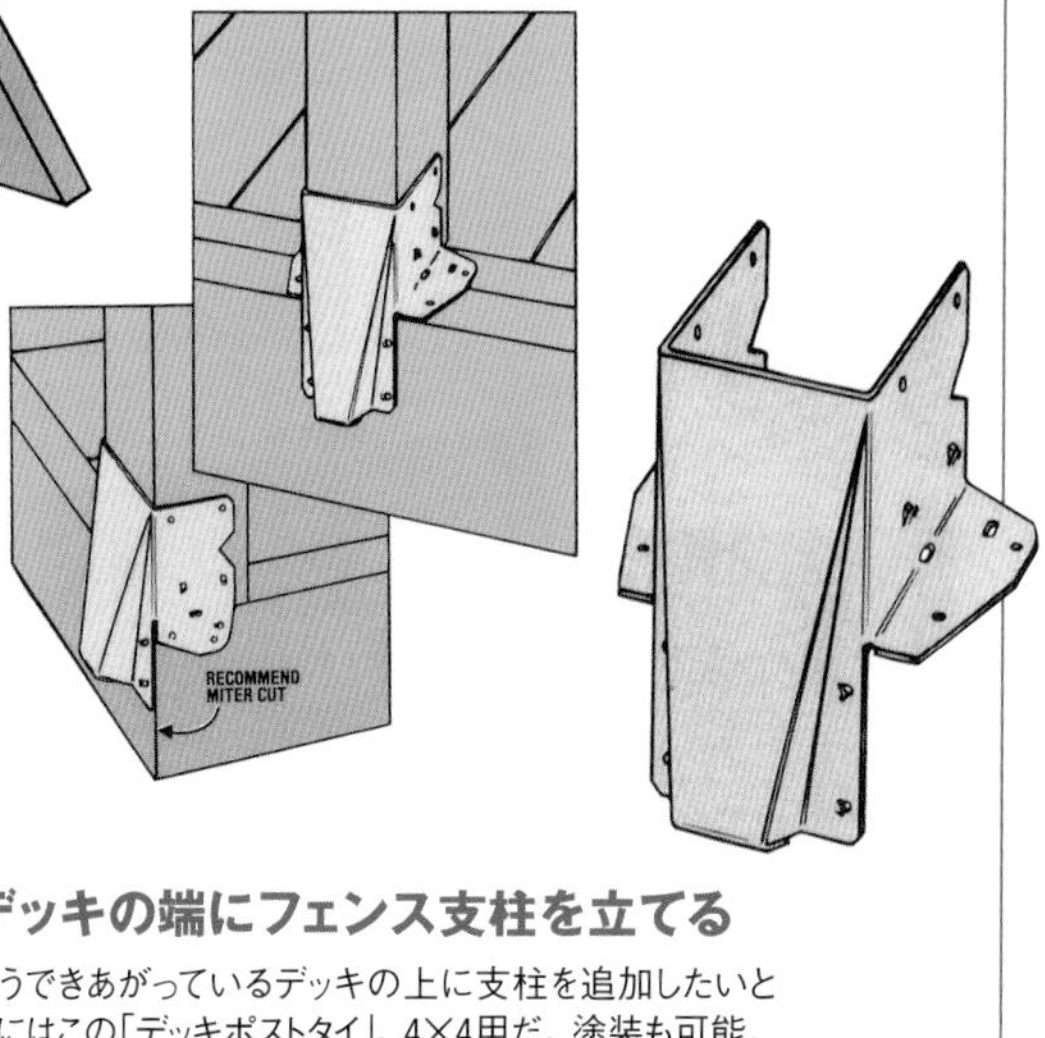

デッキの端にフェンス支柱を立てる

もうできあがっているデッキの上に支柱を追加したいときにはこの「デッキポストタイ」。4×4用だ。塗装も可能。
●参考価格…DPT6/1,606円

01 意外に役立つこんなもの、ブルーシートとガラ袋

デッキ作りをいざはじめてみると、現場が取り散らかってどうにも収集がつかなくなったり、雨が降ってきてえらい騒ぎになることがある。そこでベテランDIYerやプロの大工さんたちが用意するものに、ブルーシートとガラ袋がある。ブルーシートは、木材を包んで雨から守ったり（養生）、あるいは作業場に敷いて庭を保護したり、塗装時には塗料が地面に飛び散らないようにするなどに役立つし、ガラ袋は大量に出る端材やゴミをしまうのに便利だ。作業終了時に現場をきれいにするということはプロの常識。DIYerもしっかり見習いたい。ブルーシートもガラ袋もホームセンターで安く売っている。

上／ブルーシートを庭に敷き詰めて作業すると、地面を汚さないし、芝生などを傷めないことにもなる。
左／大量に出る端材や木クズはガラ袋にいれると整理がよい。ガラ袋は庭作業の必携アイテムだ

どんなビットを用意したらいいの？ 02

デッキ作りの現場ではさまざまな局面が予想されるが、けっこう多いのが材の割れを防ぐための下穴開けであるとか、隠しクギをするための穴開けやネジ打ちなどで、そんなときに必要なビットを持っていなかったらめんどうなことになる。で、参考のため、デッキ作りで必要となるインパクトドライバー用のビットをリストアップしてみよう。

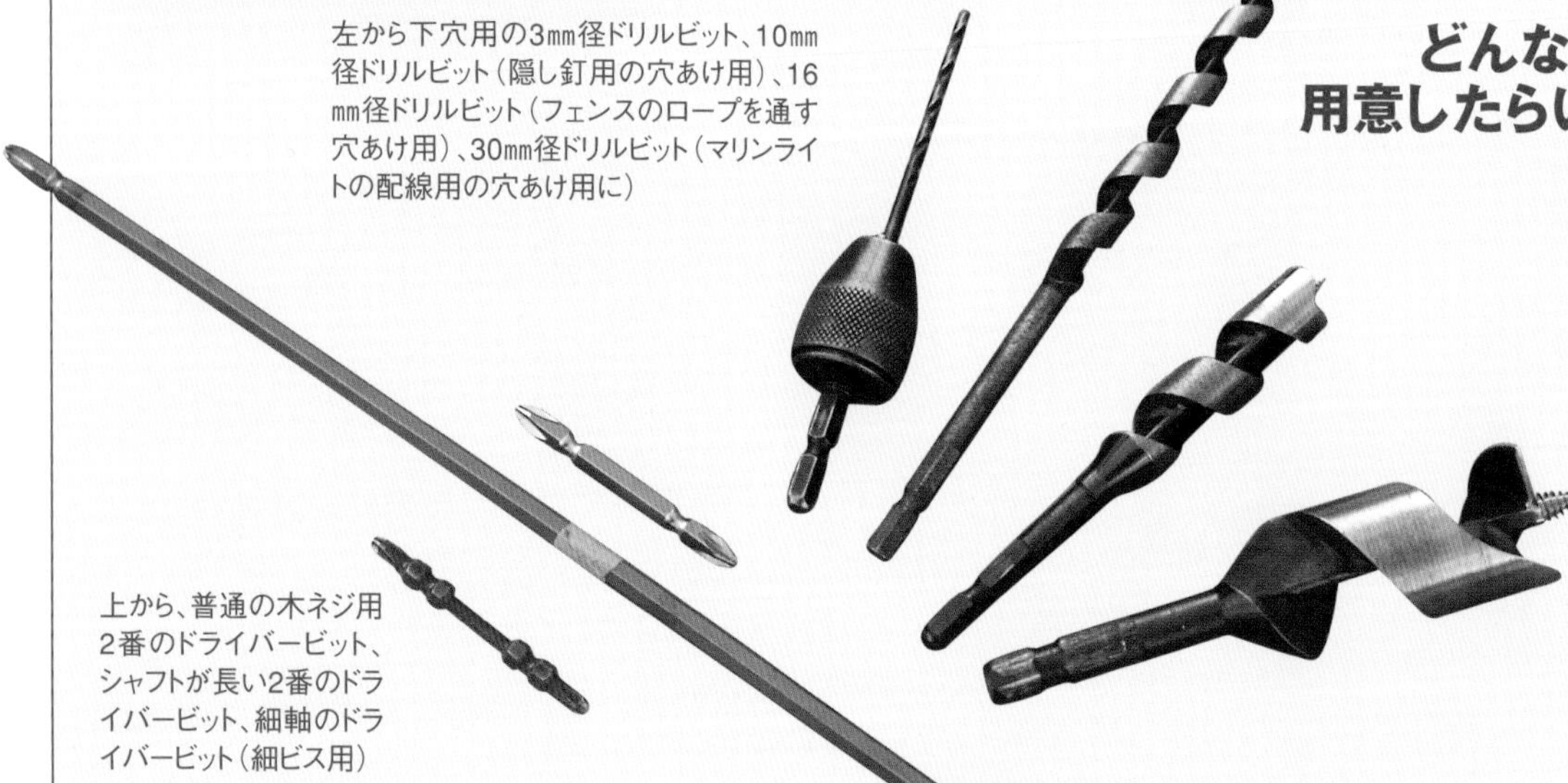

左から下穴用の3㎜径ドリルビット、10㎜径ドリルビット（隠し釘用の穴あけ用）、16㎜径ドリルビット（フェンスのロープを通す穴あけ用）、30㎜径ドリルビット（マリンライトの配線用の穴あけ用に）

上から、普通の木ネジ用2番のドライバービット、シャフトが長い2番のドライバービット、細軸のドライバービット（細ビス用）

Part 4

手作りウッドデッキ実践マニュアル

基本的な施工マニュアルさえあれば、ウッドデッキは誰でも作ることができる！
ここでは、デッキ作りの部材調達からデッキ完成までを完全ドキュメント。
はじめてデッキ作りに挑戦する人必見のテクニックを一挙公開する。

Woodeck
Construction
Manual

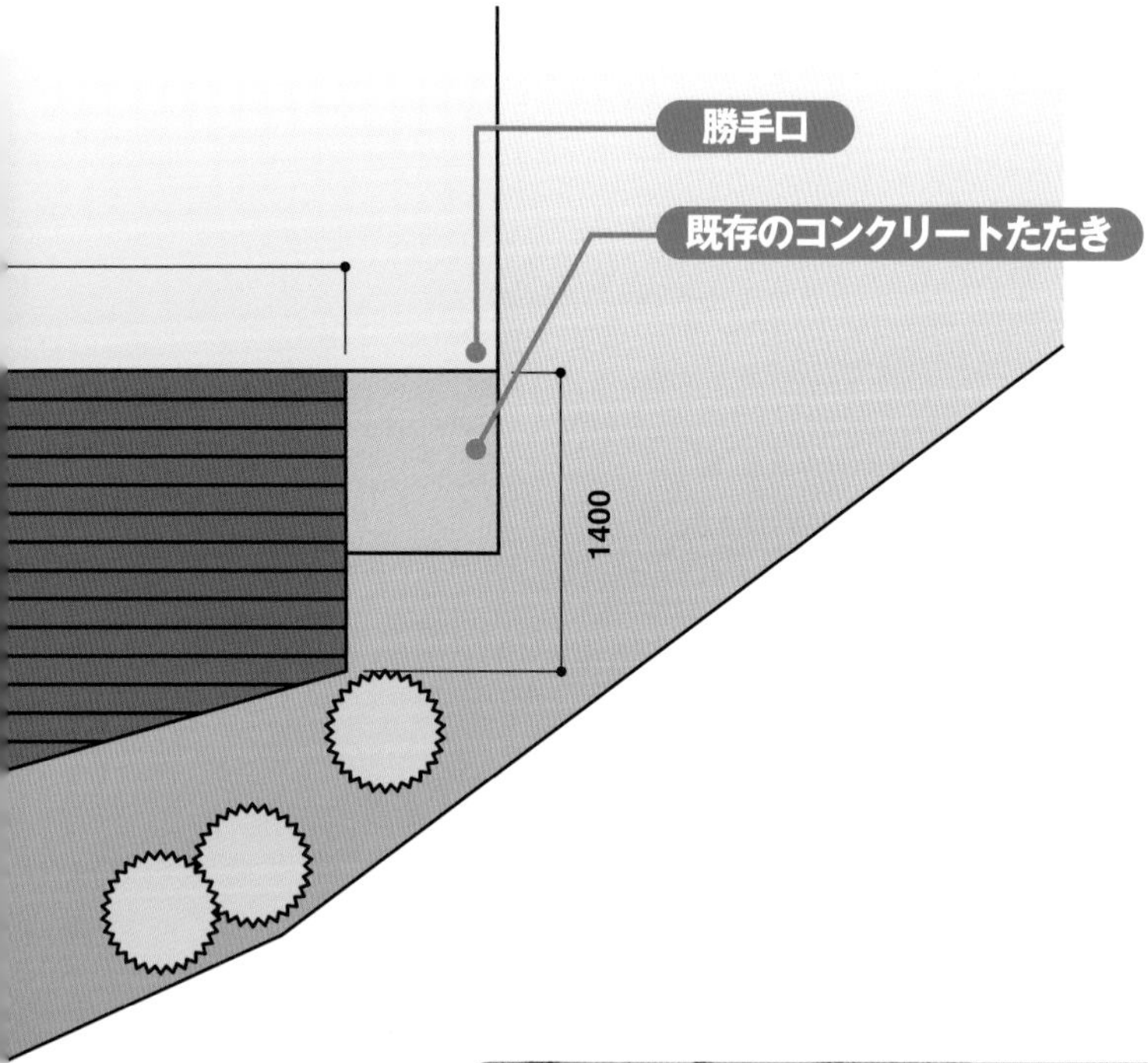

Step

1

プランニング&ラフデザイン
立地条件、使い方、難易度などを考えたデザインを

施工前の状態。家は新築だが、庭はまだ手つかず。１階のリビングルームに続くガーデンリビング空間をウッドデッキで実現しようという試みだ

ウッドデッキ作りの最初のステップ。それはどんなウッドデッキを作りたいのかをイメージすることだ。

雑誌、写真集などを参考にして、どんなデッキライフがしたいのか？　庭や家とマッチするか？　予算は？　自分でできる？　など、さまざまな要素を考えたら、おおまかなサイズを決め、ラフスケッチを描いてみよう。

紹介するケースの舞台は2世帯住宅のリビングルーム前に広がるやや変型の庭。

施主の希望は、①母屋のふたつの窓をつなぐような広いデッキにしたい。②バーベキュー用のスペースがほしい。③小さな子供がいるので、デッキから落ちないようにしてほしい。以上3点。

これらの希望を受けて描かれたラフデザインが左上のものだ。母屋の大半をカバーするようなウッドデッキに、タイルを敷いたバーベキュースペースが設けられている。子供の安全性にも、デッキの一部を2段デッキにし、フェンスを設置することで、しっかり対応している。

庭の形が特殊なので変形デッキになったことと、バーベキュースペースを作るための左官工事が全体の難易度をあげているが、自信がない人はスクエアなデッキにして、バーベキュースペースをあきらめればいい。なおラフスケッチ左側のアプローチ部分は、今回はノータッチ。

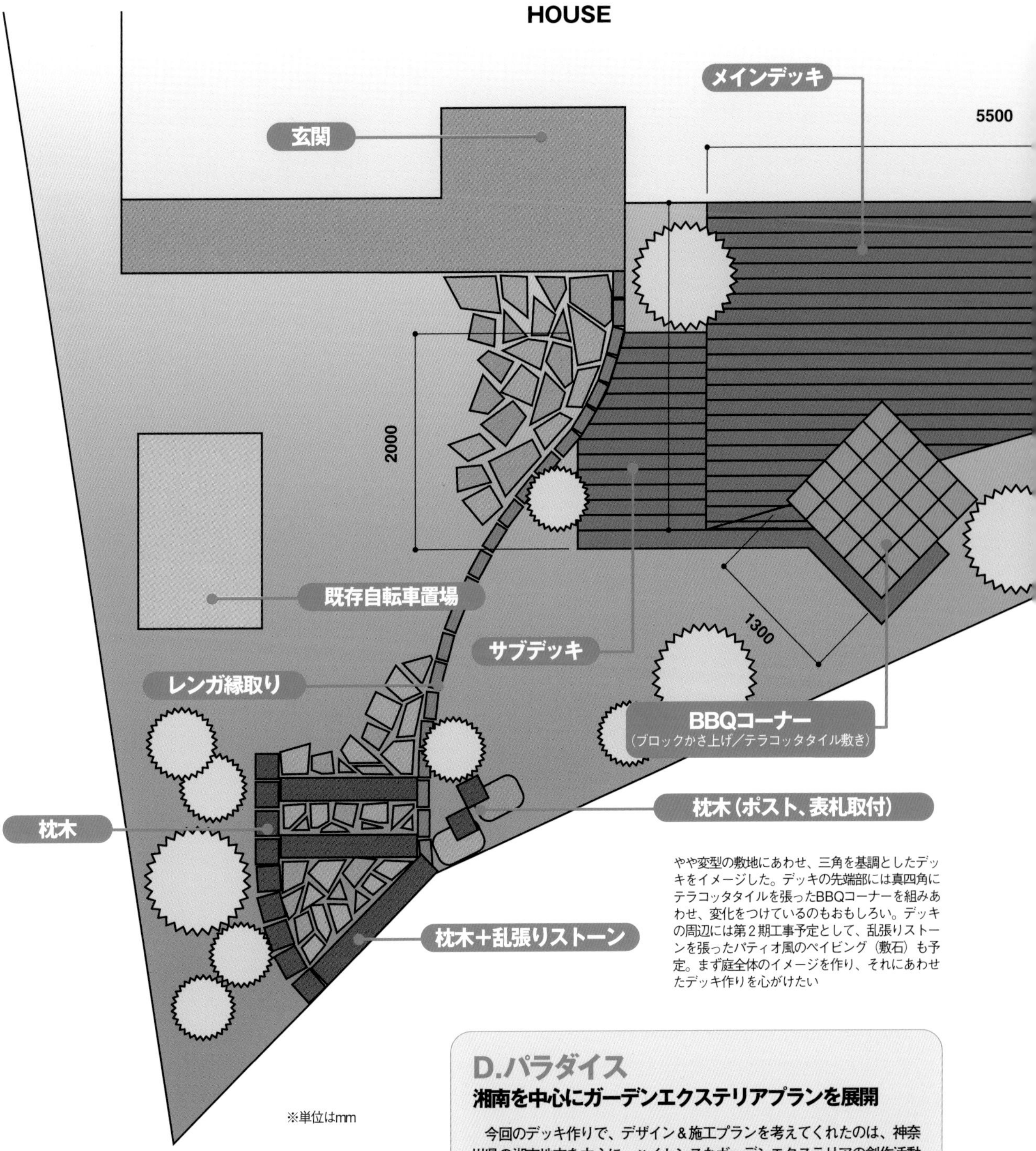

やや変型の敷地にあわせ、三角を基調としたデッキをイメージした。デッキの先端部には真四角にテラコッタタイルを張ったBBQコーナーを組みあわせ、変化をつけているのもおもしろい。デッキの周辺には第２期工事予定として、乱張りストーンを張ったパティオ風のペイビング（敷石）も予定。まず庭全体のイメージを作り、それにあわせたデッキ作りを心がけたい

D.パラダイス

湘南を中心にガーデンエクステリアプランを展開

今回のデッキ作りで、デザイン＆施工プランを考えてくれたのは、神奈川県の湘南地方を中心に、ハイセンスなガーデンエクステリアの創作活動を展開しているD.パラダイスだ。「ガーデニング・クラフトマン」を標榜し、「家とのマッチングや庭全体のイメージの中でデッキをデザインしなければいけない」をポリシーに、使い勝手を考えたウッドデッキ作りを心がけている。基本的にデッキ材は性能と加工のしやすさ、価格のバランスのよさを考えて、ウエスタンレッドシダーを選んでいるとか。D.パラダイスの連絡先は、 神奈川県茅ヶ崎市萩園2403-3 ☎0467･87･5028

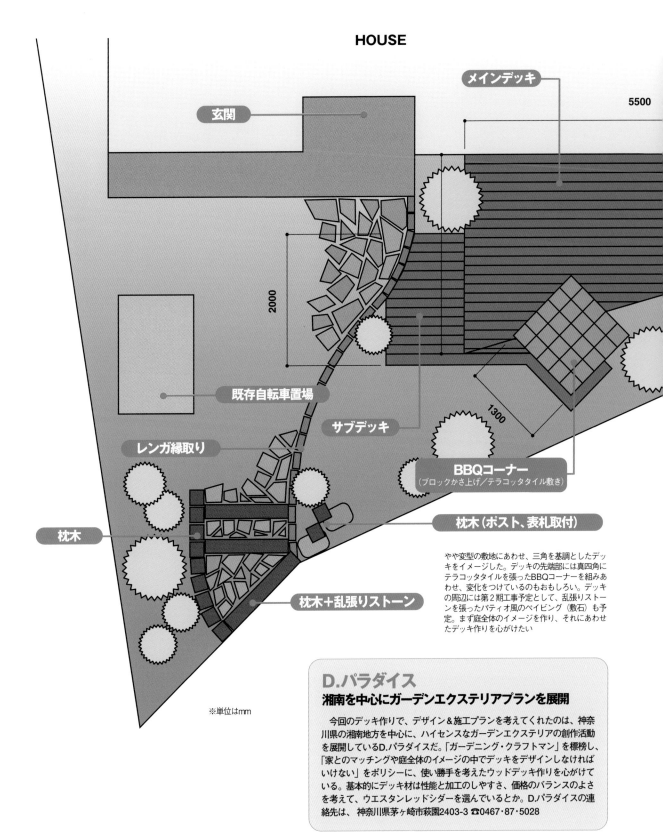

Step 2

設計図を作る

木取りができるように正確なサイズをしっかり書きこむ

ラフスケッチを描いたら、それを見ながら設計図を作る。

デッキを真上から見た平面図、真横から見た正面図のみならず、根太や基礎の位置を印した基礎平面図もしっかりと作り、正確なサイズを書きこんでおこう。

この設計図をもとに、木取りを考えて木材を調達したり、部材を加工したりするので、設計図作りは非常に大切になる。

DIYで挑戦しようとするなら、専門的な設計図よりも、とにかく誰もがわかりやすいものを作ることが大切だ。作業に入ったら設計図は拡大コピーし、現場に張っておきたい。

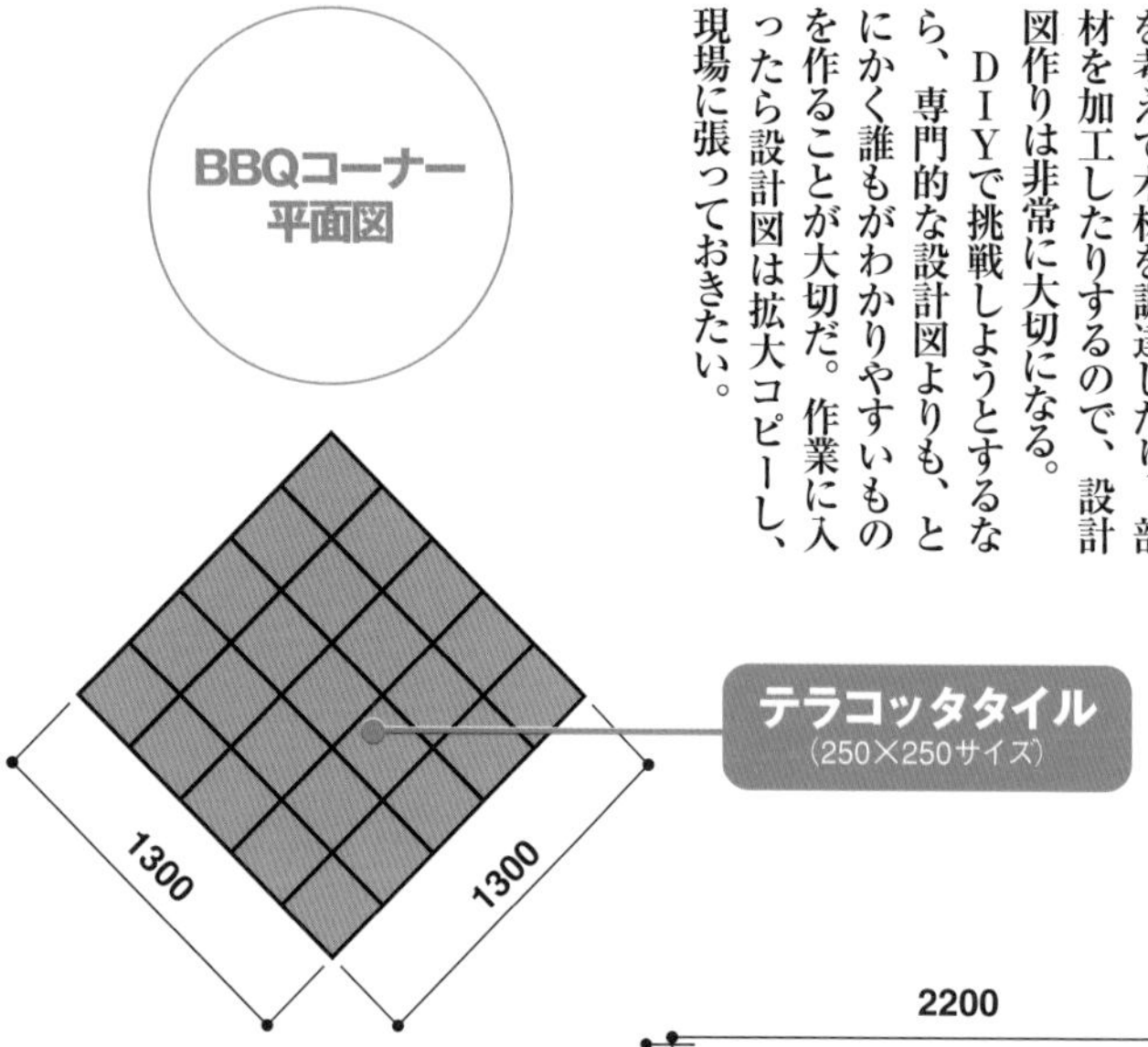

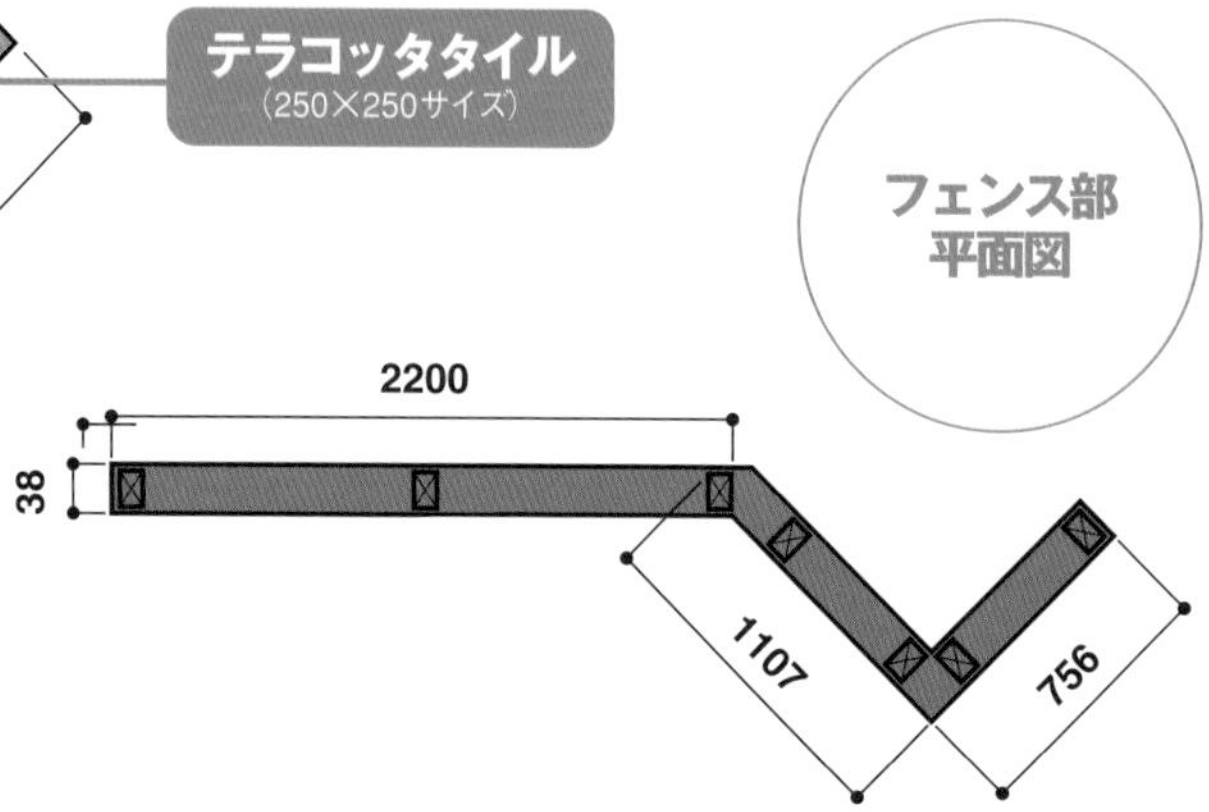

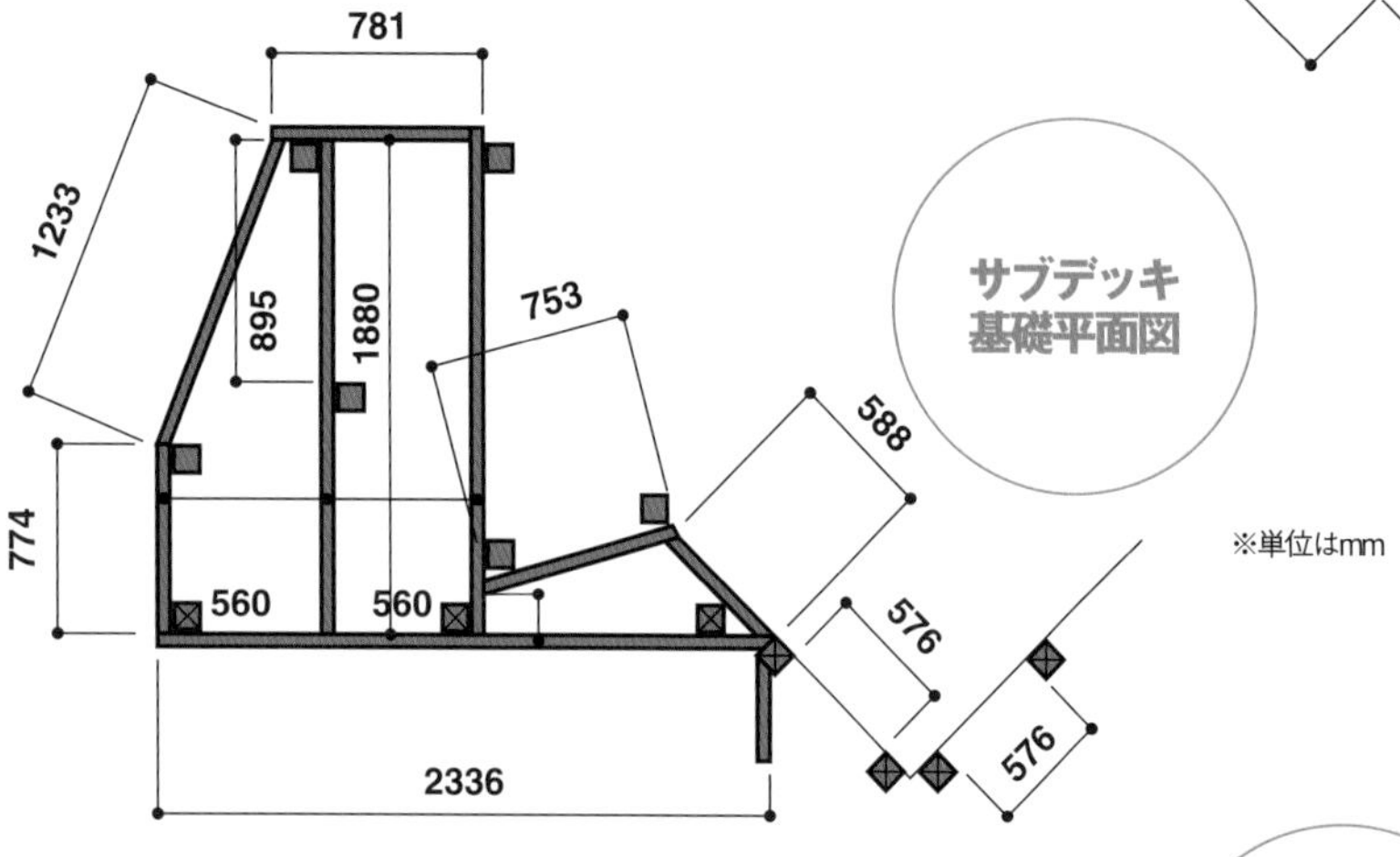

※単位はmm

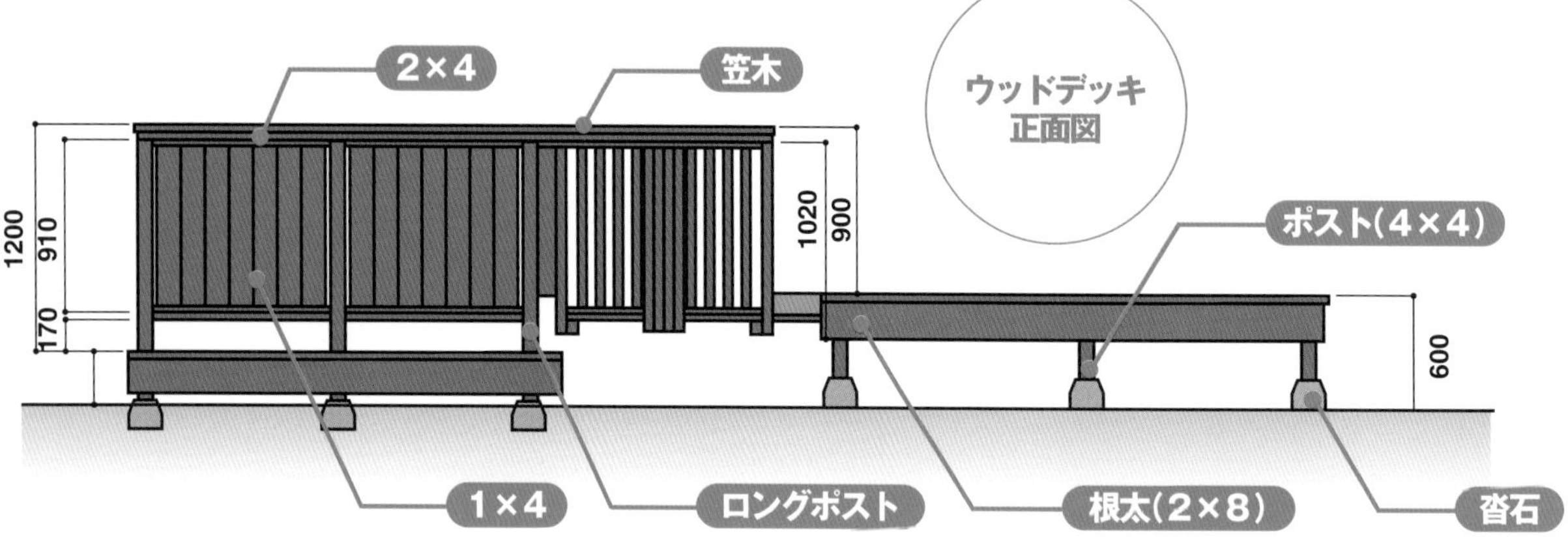

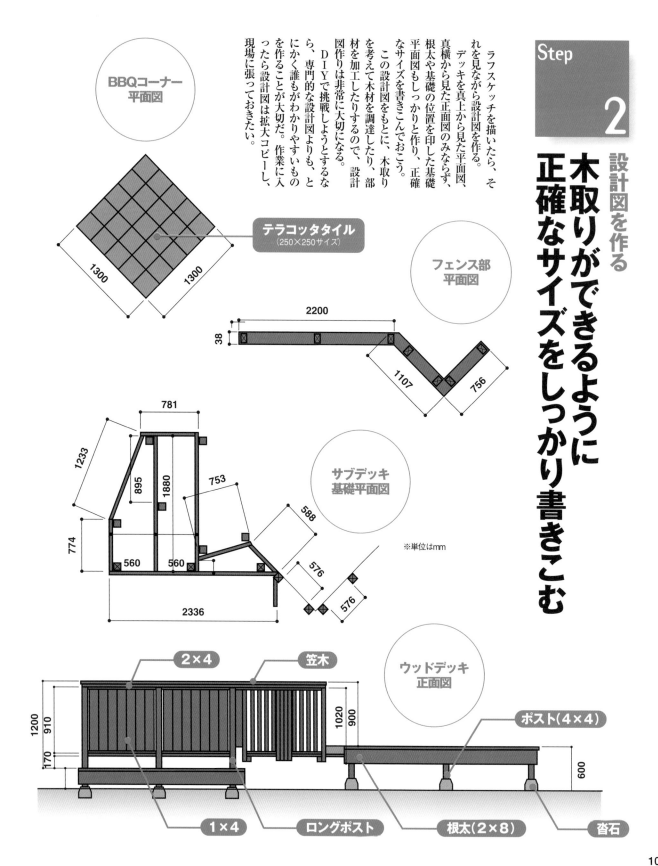

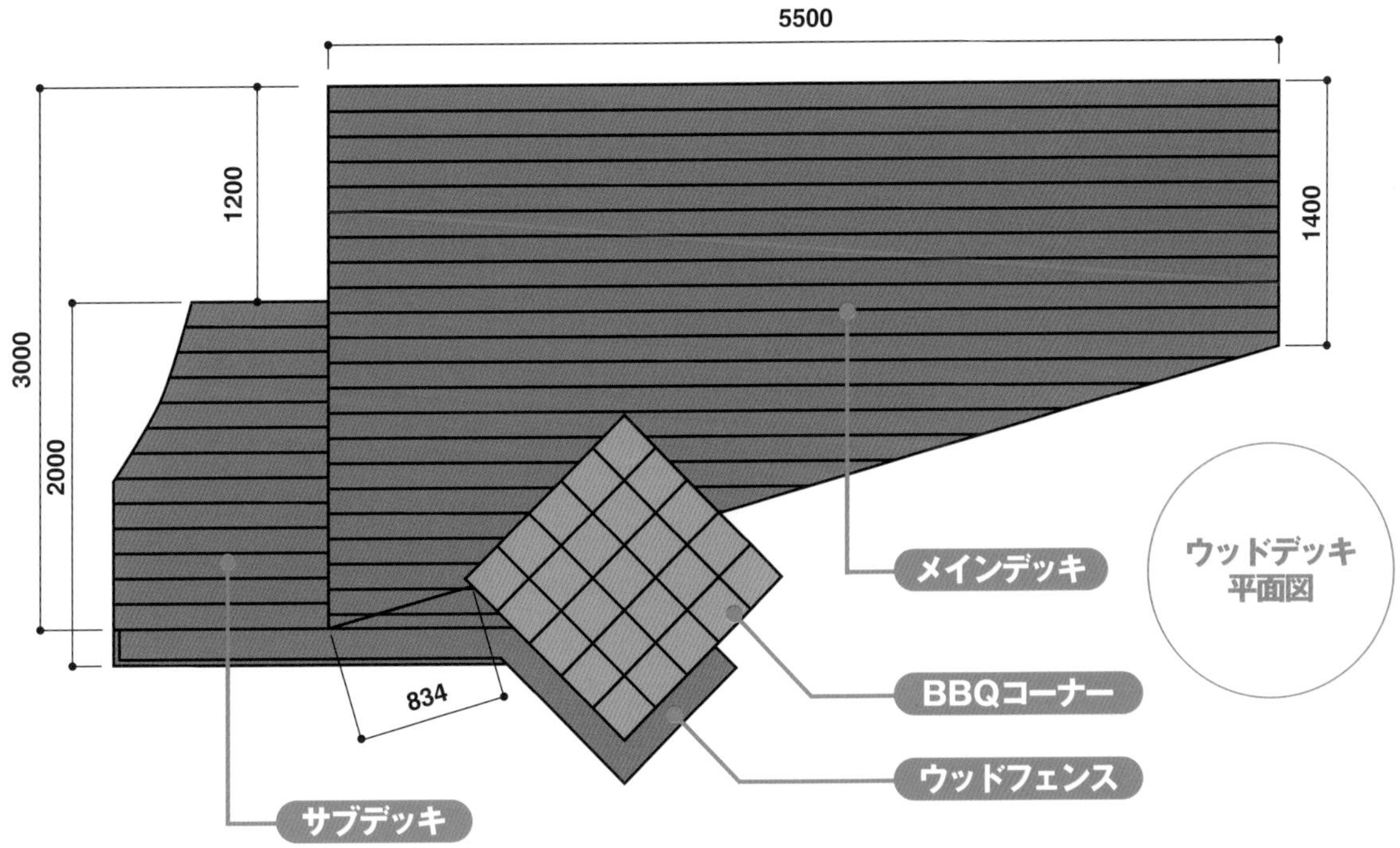
5500
1200
1400
3000
2000
834
メインデッキ
BBQコーナー
ウッドフェンス
サブデッキ
ウッドデッキ
平面図

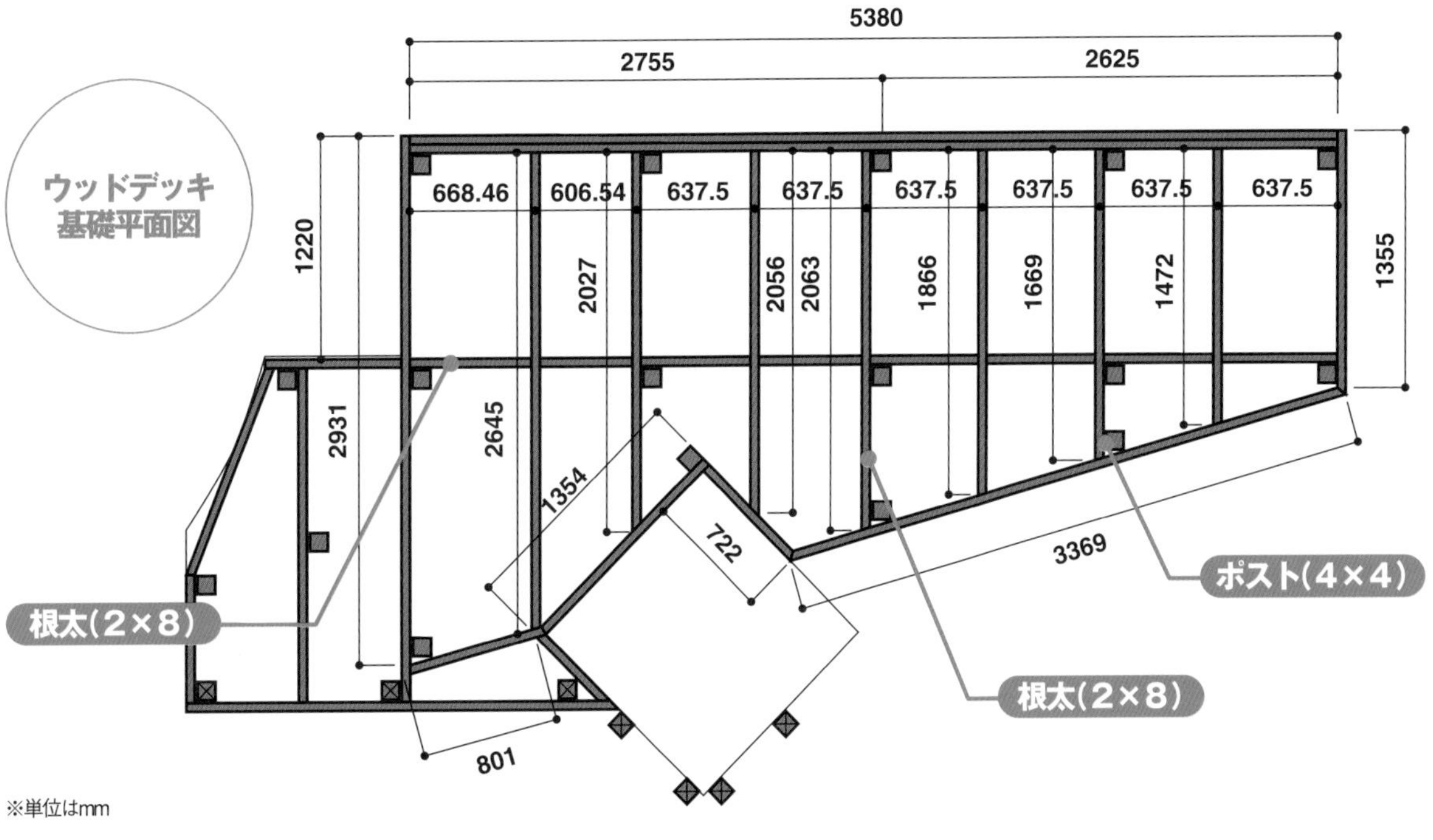
ウッドデッキ
基礎平面図
5380
2755
2625
668.46
606.54
637.5
637.5
637.5
637.5
637.5
637.5
1220
2027
2056
2063
1866
1669
1472
1355
2931
2645
1354
722
3369
801
ポスト(4×4)
根太(2×8)
根太(2×8)

※単位はmm

Step 3

資材調達

材には高級デッキ材のウエスタンレッドシダーをチョイス

設計図ができあがり、そこから必要な部材の量を割りだしたら、資材の調達だ。

①木材　ウッドデッキ用の部材には、一般的に2×材を使うことが多い。ここでも2×材を選択、樹種は防虫・防腐効果の高いウエスタンレッドシダーをチョイスした。SPF材（91ページ参照）にくらべるとやや高価だが、屋外で苛酷な状況にさらされるデッキ材としては、やはりこちらのほうがベター。

2×材は、2×4、2×6、2×8、4×4と、さまざまなサイズがあるが、今回は床材として2×6、根太材として2×8、ポスト材として4×4、それにフェンス材として2×4と1×4を用意した。

②接合金具　2×材専用の接合金具として、シンプソン金具（95ページ参照）がある。当初はこの金具の使用も考えたが、基本的に木ネジを電動工具を使って打ちとめることにした。用意した木ネジは75㎜、38㎜と、それに50㎜の細い木ネジ（スリムビス）。

③塗料　ウエスタンレッドシダーは耐候性があるので塗装は不要という意見もあるが、今回は防腐効果をさらに高めるために、白木用の外部専用塗料（キシラデコール）を用意し、組み立て前に1回塗りすることに。

④基礎　ウッドデッキを支える基礎に何を使うかは、いろいろな考え方がある。施工指導を依頼したD・パラダイスによれば、大抵の場合、基礎石を使えば十分とのこと。そこで羽子板つきの2×材用の沓石（束石）を購入した。

このケースでは、地盤がしっかりしていたので使わなかったが、地盤が弱いようであれば、沓石といっしょに砕石を用意しておこう。

以上がウッドデッキ用の資材だ。ウエスタンレッドシダーは通販で、その他の資材はすべてホームセンターで入手。ウッドデッキ作りには、必ずここで紹介した部材を使わなければならないということはないので、手に入らない材料があるなら、柔軟な発想で、代用物を見つけてほしい。

またBBQコーナー用の資材としては、メキシコ製のハンドメイドテラコッタ、ブロック、モルタル、セメント、砂、圧着セメント、砕石、ポストをBBQコーナーの下地のブロックに取りつけるためのアンカーボルトなどを用意した。

用意した資材一覧（ウッドデッキ用）

木材	2×6（10ft）	41本	約103,730円	ウエスタンレッドシダー
	2×6（12ft）	3本	約9,600円	ウエスタンレッドシダー
	2×6（14ft）	1本	約3,810円	ウエスタンレッドシダー
	4×4（6ft）	10本	約18,900円	ウエスタンレッドシダー
	2×8（12ft）	10本	約48,400円	ウエスタンレッドシダー
	2×4（14ft）	2本	約4,700円	ウエスタンレッドシダー
	1×4（10ft）	11本	約13,640円	ウエスタンレッドシダー
接合金具	75㎜木ネジ（コーススレッド）	400本いり・2箱	約960円	スチール
	50㎜細い木ネジ（スリムビス）	1000本いり・1箱	約480円	スチール
	38㎜木ネジ（コーススレッド）	1500本いり・1箱	約480円	スチール
塗料	外部用保護塗料	1.6ℓいり3缶	約14,940円	キシラデコール
基礎石	2×材用沓石	22個	約13,200円	羽子板つき沓石

用意した資材一覧（BBQコーナー用）

テラコッタタイル	40枚	約30,000円	メキシコ製（シリンクス扱い）
軽量ブロック	24個	約2,400円	コーナー用/基本/横筋の3タイプ
鉄筋	50㎜×8本	約600円	ブロック積み用
砂	54kg	約1,000円	生コン作り
圧着セメント	20kg	約600円	タイル張り（横面）用
モルタル	40kg	約3,000円	タイル張り（上面）用
セメント	20kg	約600円	生コン用
アンカーボルト	8組	約1,500円	ブロックにポストを接合

※価格は、取材時の木工ランド＆ホームセンター調べによる目安です。時勢により変動する場合があります。

ブロック＆セメント。ブロックはコーナー、基本、横筋の３タイプある

運びこまれたウエスタンレッドシダー。木工ランドの通販で購入すると、家まで運んでくれるのが助かる

外部塗料は屋外木部用防腐塗料・キシラデコールの白木用を選んだ。1.6ℓ缶を３つ用意した

羽子板と呼ばれる金具のついた沓石。ポスト（4×4）を立て、金具で固定して使用する。これを22個購入

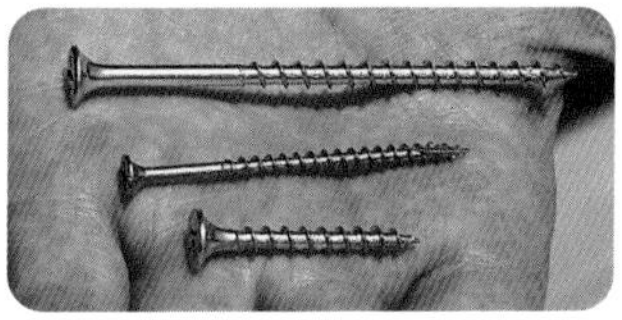
今回用意した木ネジ。75㎜、38㎜の木ネジ(コーススレッド)、50㎜の細い木ネジ(スリムビス)

用意した木材の木口面。上から４×４、１×4、２×４、２×６、２×８

メキシコ製 ハンドメイドタイルについて

メインデッキと組みあわせるBBQコーナーには、テラコッタタイルを敷いた。このタイルは、メキシコ中部で作られる素朴なハンドメイドタイルだ。スペインから持ちこまれたタイルにインディオ流の味つけをほどこしてあり、サンタフェスタイルやカントリースタイルの建築では定番となっている製品。200㎜角と250㎜角があり、価格はどちらも12,000円／㎡。

■発売元および問い合わせ先／SYRINX(シュリンクス)
http://www.syrinx-asia.com/

ウエスタンレッドシダーは 木工ランドの通販で簡単入手可能！

用意したウエスタンレッドシダーは、カナダBC州のレッドシダーや枕木を直輸入し、通販で全国に配送してくれる「木工ランド」から入手したもの。レッドシダーは、高級なエリート材と安価なチープ材が用意されているが、エリート材でも、2×４の８ft（2440㎜）が1,110円、2×６の10ft（3048㎜）が2,530円と驚くほど安い。しかも送料は、沖縄と離島を除く全国一律で、たとえば2×４の14ft（4290㎜）が１本140円という具合（最低送料2000円）。注文方法は、電話、FAX、メールで。また、ウッドデッキの作成方法や商品に関する資料も無料でFAX、郵送してくれる。ホームページも開設しているので、一度のぞいてみるといいだろう。

■問い合わせ先／木工ランド　山梨県甲府市上町1206
☎055・241・2380
https://www.mland.gr.jp

Step 4

道工具の調達
丸ノコとインパクトドライバー、水平器は必需品

DIYによるデッキ製作では、分厚い木材を大量に加工する作業が中心になる。

真っ先に用意したいのが、電動丸ノコとインパクトドライバー（あるいはドライバードリル）だ。丸ノコはノコギリ、インパクトドライバーはカナヅチの働きをしてくれる電動工具。もちろんノコギリやカナヅチでもOKなのだが、作業効率や肉体的疲労度を考えると、ぜひそろえておきたい。手工具も用意したが、これはあくまで細かい作業などを、補助的に行なうときに使う。

このほか用意した道工具は、下の表のとおり。なかでも欠かせないのが、部材の垂直、水平を正確に測る水平器（水準器）。平らで垂直なデッキを作るためには絶対に必要な道具だ。できれば大小2個ほしい。

BBQコーナー作りは、左官作業になるので、コテや練りグワなどの左官道具がいる。タイルやブロックを加工するディスクグラインダーや、ブロックにアンカーボルトを打ちこむための振動ドリルも使ったが、やや特殊な電動工具なので、ホームセンターでレンタルするのも手だ。

用意した資材一覧（ウッドデッキ用）

電動工具	インパクトドライバー	充電式を用意
	ドライバードリル	充電式を用意
	丸ノコ	100Vタイプと充電式を用意
	振動ドリル	ブロックにアンカーボルトの穴をあける
	電気ドリル	4×4にボルトを打つときに
手工具	ノコギリ	細かい加工に
	カナヅチ	ノミを使うときに使用
	カンナ	部材の面取りに
	ノミ	部材の欠き加工に
	シャベル	基礎工事の土木作業に
	ハンマー	沓石設置の微調整など
計測道具	水平器	さまざまな場面で使用。大小ほしい
	メジャー	計測用(5.5m)
	サシガネ	計測用、墨つけ用
	チョークライン	墨つけに
	角度定規	丸ノコ作業でのガイドに
塗装道具	ハケ	塗装するときに。スポンジやボロ布でも代用可
その他	ヤスリ	木口の面取りに
	養生シート	雨などから部材を保護
	コードリール	現場に100V電源を確保

用意した資材一覧（BBQコーナー用として追加したもの）

電動工具	ディスクグラインダー	ダイヤモンドホイールをつけて、タイルやブロックのカットに
左官道具	コテ各種	プラスチックの平コテや目地ゴテなど
	クワ	生コン作り
	ブラシ	タイル張りの仕上げに
	フネ	モルタルや生コンを作るときに必要。代用品でも可

デッキ部を作るために用意した道工具／①ノコギリ②シャベル③ヤスリ④カナヅチ⑤ハンマー⑥ハケ⑦カンナ⑧ノミ⑨サシガネ⑩水平器(小) ⑪水平器(大) ⑫メジャー⑬チョークライン⑭角度定規⑮丸ノコ⑯インパクトドライバー⑰振動ドリル⑱電気ドリル＆ドリル刃

BBQコーナーを作るために必要な左官道具／①水平器②ブラシ③コテ各種④ハンマー⑤ディスクグラインダー⑥サシガネ

Step 5

部材の塗装と養生
ハケで塗りウエスで伸ばす

材料と道具をそろえたところで、ウッドデッキ作りに取りかかる。

まずは木材の塗装だ。ここでは念のために塗装しているが、ウエスタンレッドシダーなどの耐候性がある材を使うなら、塗装の作業は省略してしまってもかまわない。

塗装は、ハケやローラーで塗ったあと、ボロ布などのウエスで材にこすりつけるように伸ばしてやると、塗料を節約して使える。ウエスを使うときは、ゴム手袋をはめよう。

なお木口は加工するので、塗らなくていい。カット面はその都度、後から塗っていく。塗りあがった木材はしっかり乾燥させること。

木材を片っぱしから塗装していく。ウマ（下のカコミ参照）を利用して、高い位置で塗ったほうが疲れない

カットして新しくできた木口は、まだ塗装されていない。施工途中、こまめに塗料を塗りたい

ハケで塗ったら、布でこすりつけるようにして伸ばそう。このほうがしっかりとしみこむし、塗料も節約して使える

「ホース金具」があれば 2×4材で簡単にウマが作れる

塗装をするときに活躍したのがウマ（台のこと）。このウマを簡単に作れる画期的な金具が「ソーホース・ブラケット（SAW HORSE BRACKETS）」。2×4材を固定していくだけで、あっという間にウマができあがる。ソーホース・ブラケットはホームセンターで見つけたもので、ふたつひと組で480円（アメリカ製）。ウマをふたつ作って作業台とするためには、ふた組のソーホースブラケットと1本70～80cmほどの2×4を10本用意すればいい。

ホームセンターで売っていたソーホースブラケット。2個ひと組で480円

ひと組のソーホースブラケットと2×4材を5つ使えば、ひとつのウマが組みあがる

Step 6

メインデッキの基礎作り

まず外枠を設置、これを基準に…

塗装の次に来る作業が、ウッドデッキをしっかりと支えてくれる、基礎作りと根太張りだ。

一般的なやり方では、水盛り缶を使って水糸を張り、それを基準にして高さをそろえつつ、設計図どおりにすべての基礎石を置き、ポストを立て、根太を張り……となるのだが、素人がその方法でデッキを作っても、正確に仕上げるのは意外と難しい。

ひとつひとつの作業でどうしても誤差が出て、それが積み重なり、大きなズレとなってしまうからだ。

そこでおすすめしたいのが、これから紹介する手順。

まずは基準となる基礎石（ここでは家側の1列）を設置する。1列だけ基礎石を置き、先にポストや根太を取りつけてしまう。

ここがすべての基準となるので、高さや根太の長さ、水平の確認はしっかりと。とくに重要なのが水平で、もとからある建造物（家や塀など）のラインを基準にしたり、水平器で何度も確認して、万全を期したい。

次に基準の1列に、外枠になる根太を1本固定する。水平を出しながら根太は適当な板を使って仮止めし、長さやおさまりを確認。OKなら、基礎石を置き、ポストを立てて本固定する。あとはこれをくりかえし、外枠ができたら、内側の根太を張り、根太を補強する材をいれれば、基礎と根太のできあがりだ。

1 まず基準となる、家側の基礎の設置。地盤がゆるいようなら穴を掘って砕石をいれた上に、しっかりしているなら地面を突き固めてから置く。サシガネを使って、壁と基礎石の上面が直角になるように置くこと

2 基礎石が置かれた。高さはポストで調節するので適当でかまわないが、基礎石間の距離はしっかり確認

3 家の掃き出し口の枠の下面を床の高さにしたので、そこから基礎石上面までの長さを出し、床厚（38㎜）を引けば、ポストの高さが出る

4 家側の基礎のポストを仮置きし、具合を見る

5 根太（2×8材）を取りつける。根太は母屋側に取りつけるので、根太にポストを固定してから、基礎石に固定することに。木ネジは、この作業以外でも、基本的に75㎜を使用

6 家側の1列ができた。これが全体の基準になるので、長さ、水平は要チェック

7 壁と根太の間にすき間ができたので、スペーサーをいれた。要するにポストや根太が動かないように補強するということ。スペーサーは端材を使い、現物あわせで作った

8 外枠になる根太の一端を、先ほど取りつけた家側の根太に固定。もう一方は適当な板を立てて水平を出しながら仮止め。問題なければ根太にあわせて、基礎石を置き、ポストを立てる。ポストは根太を越えない高さでカット。外枠になる根太の取りつけは、基本的にこのくりかえし

9 ポストを基礎石に取りつける。羽子板の向きは、あとで取りつける根太受けに干渉しなければどこでもいい。38㎜の木ネジを使った

10 デッキ前面部の根太を取りつける。ここのポストはまだ設置されていない。ポストは根太同士を接合してしまってから取りつけたほうが作業が速いし、正確。なお、根太同士の接合部は、ななめ切り加工も必要（ななめ切りについては次ページのカコミ参照）

11 外枠ができたら、基準になる根太に直角になるよう内側の根太を取りつける。これにあわせて、外枠の根太同様、基礎石やポストを設置する

12 基準になる根太に、内側の根太を取りつけるとき、ポストのない部分には端材を使って受けを作る。こんなときはシンプソン金具（95ページ参照）のような、90度角の金具があると便利

13 根太の補強のため、根太に直角になるよう、根太受け（2×8材）をポストに固定。基礎石の高さと向きは適当でいいのだが、あくまでこの根太受けに干渉しない範囲内で

14 変型デザインのため、根太をこんなに複雑な接合にしなければならない箇所も。自信がない人は、無理せず四角形のデッキを作ろう

15 仮止めの例。根太を何本か接合してから、固定するケースでは、2、3カ所仮止めしておくといい

16 水平器を使って、根太の水平を慎重に確認してから、基礎石とポストを固定していく

古い木口はカットしてから…

買ったばっかりの木材の木口面は、ななめになっていたり、汚れていたりすることがある。木取りする前に、材の端は、少しカットしておきたい。

カットされた端部。ななめになっているのがわかる

丸ノコで4×4のカットをする

ポスト（4×4）のカットを丸ノコでする場合、刃先が短いので、一度でカットすることができない。材に墨線を引くときは、1辺だけでなく、3辺に墨線をいれ、2～3回にわけてカットしよう。角度を直角にあわせた角度定規を使えば、より正確にカットできる。丸ノコのベースを角度定規にしっかりあて、定規が動かないよう押さえつけながらカットすること。

丸ノコのベースに角度定規をあてながら、刃を墨線にあわせる。位置が決まったら、角度定規が動かないようにしてカットしていく

17 メインデッキの基礎と根太が完成した

変型デッキ作りに必要なカット法

今回プランしたデッキは、形が複雑だったため、根太同士の接合部に、ななめ切り（断面が垂直でない切り方）の加工が要求されることが多かった。ななめ切りは、通常の垂直のカットにくらべ、狂いやすいし、時間もかかる。そこで求める角度で部材に墨線をつけたら、自在スコヤ（114ページの手順2に登場）という角度を自由に変えられる定規を使って、その角度を拾う。その自在スコヤにあわせて丸ノコの刃の角度を調整し、カットするという方法をすすめたい。これなら効率よくななめ切りができる。

1 側面の墨線にあわせて丸ノコの刃を調整して固定

2 あとは通常のカットと同じ

3 ななめ切りができた

Step 7

メインデッキの床張り

床板はデッキの顔 ゆがんだり、曲がったりしないように

基礎と根太が完成したら、いよいよ楽しい床張り。目に見えて作業が進むし、しかも比較的楽な作業だ。

床板はデッキの顔ともいうべき存在。ここでは2×6を使った。2×4を使えばより繊細なイメージになるし、思いきって2×8という手もある。張り方も、ここではまっすぐ張ったが、自由でかまわない。

床板の固定には75㎜の木ネジを使い、1本の根太に2枚の床板が乗ることになる。床板の継ぎ目部分には、50㎜の細い木ネジを使った。

床材と床材の間は、すき間をあけて張る。雨を流したり、空気を循環させる必要があるからだ。この幅は木ネジ1本の太さにしたが、床板を仮置きして、ちょうど並べられるぐらいの幅にすると作業が楽。ただしあまり広いと、ものが落ちたり、つまづく原因になる。

床板は家側から張っていく。材は1枚、1枚反りがあるので、クサビなどで矯正しながら張っていく。木ネジは根太に打ちこむよう打たないとなんの意味もない。木ネジや木片をスペーサー代わりに使うなら、根太の上に来るように置けば、すき間幅を均等にできて、かつどこに打てばいいのか、とまどわずにすむ。

両側の端やななめ部分などは、最

1 床張りは家側から。床材は2×6、木ネジは75㎜を使用。材のきれいな面が表にくるように張る

2 床材のすき間は木ネジ1本の幅とした。木ネジをはさみながら張っていく

3 床張りは、インパクトドライバーを使えば、比較的楽な作業。材は反りがあるので、おさえつけたり、クサビを打って、まっすぐになるように固定する

4 端はやや多めにはみだして張っておき、最後に墨線をいれて、一挙にカットする。このように長い区間に墨つけする場合、墨つぼやチョークラインが便利

端材で作った道具を使って、木ネジの打ちこみポイントを一定に

木ネジの頭は露出するので、ラインをそろえて打ち、きれいな見ために仕上げたいもの。そんなときに役立つのがこのテクニック。床板と同じ端材を用意し、そこに印をつける。打つときにその端材の印を目安にして木ネジを打っていけば、木ネジの間隔を一定にすることができるというわけだ。

木ネジを打つポイントを一定にしたいなら、端材に墨をつけ、これを目安にして木ネジを打てばいい

後に墨線を引いて、丸ノコで一挙にカットする。このほうが圧倒的に仕上がりがきれいだ。両側で外枠の根太より5cm、前面で2cmほどせりだすようにカットした。

幕板で側面部をきれいに覆いたいならば、床板は外枠ぎりぎりでカットし、側面部に2×6や2×8を打ちとめればいい。

新しい木口面はヤスリでバリを取って面取り

部材をカットしてできた新しい木口面は、カンナやヤスリを使って、面取りしたり、バリを取ったりして、なめらかにしておこう。とくに完成時に外に露出する面は、しっかりと仕上げておきたい。

床材の端はヤスリを使って、バリを取っておこう

6 ななめになったデッキ前面の縁を一気にカット。根太よりも2cmほどせりだすようにしてカットした

7 細かい加工は手ノコを使うこと

5 ほぼ全面が張り終わった

Step 8

サブデッキの基礎作り

これも基準となるコーナーを設置してから…

メインデッキの下段になる、ステップ代わりのサブデッキの基礎作りも、基本的にはメインデッキと同じ。しかしここでは基準として、すでに設置し終わっているメインデッキの基礎石と根太を使った。

まずメインデッキとの接点にあるふたつのポストを利用し、サブデッキ用の外枠になる根太を固定する。ほかの外枠は、ひとつをのぞいて、設計図にしたがい、一気に組みあげた。あとはメインデッキと同じように、水平を取って仮止め、水平やおさまり具合を確認、基礎石とポストで固定した。

サブデッキは位置が低いので、根太が基礎石の羽子板と干渉しやすい。そんなときは地面を掘りさげて突き固めてから、基礎石を設置しよう。

また外側のポスト3本は、フェンスのポストとしても使うため、長いものを使った。フェンスをつけるなら、ポストごと後づけしてもいいが、基礎に固定するポストに長いものを使って、それを利用するほうが頑丈だ。ただ傾けて設置してしまいやすいので、垂直には気をつけること。

基礎、根太の設置が終わったら、内側の根太を1本張り、床板が固定できないようなところに受けを作って、作業は終了。

1 メインデッキとの接点にあるふたつのポストにサブデッキ用の根太（2×6）を取りつける。ちょうどメインデッキの根太の下におさまった。おさまらないなら、2×4を使ってもいい。サブデッキの根太はすべて2×6を使用

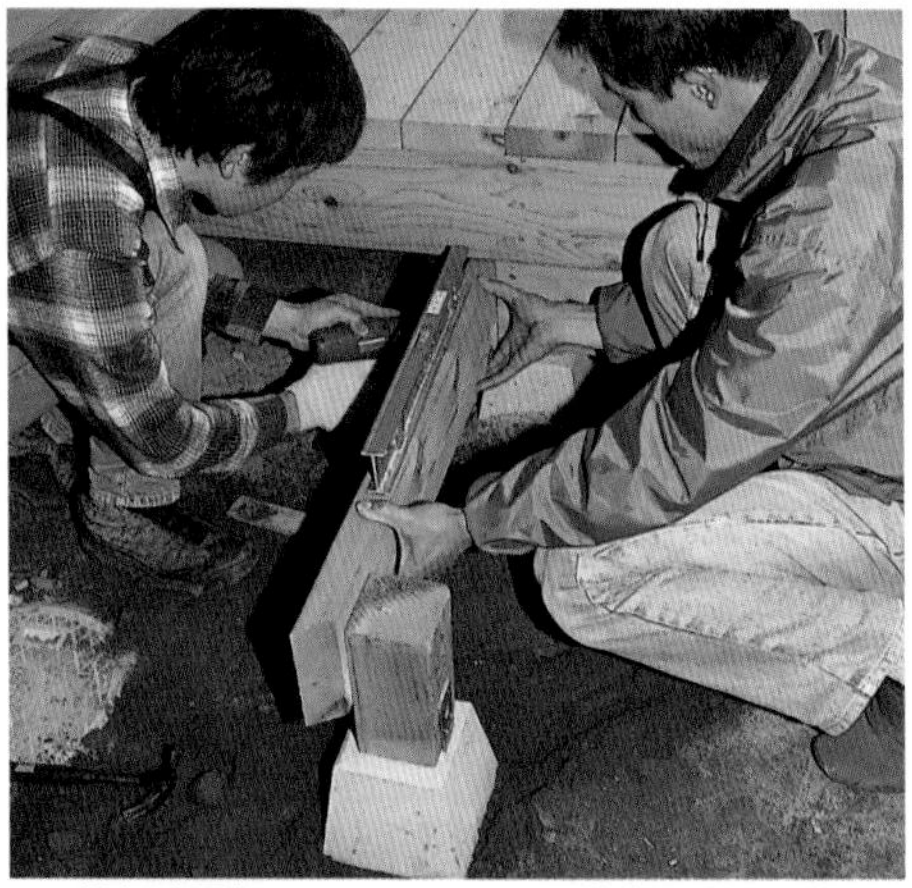

2 根太を仮固定したら、それにあわせて基礎石を置き、ポストをカット。水平を取りながら固定していく

3 基礎石を仮置きしてみた。これはあくまでも目安。外枠にしたがって、位置は移動する

4 設計図どおりに、基礎の外枠を組む。サブデッキの外枠は小さく、複雑なので一気に組みあげた

5 こんな風に外枠ができた。例によって材はななめ切りを駆使してカットした

6 組みあがった外枠を仮置きしてみる。ぴったりあった！

7 水平を取りながら外枠を仮止めする。おさまりがよければ、基礎石とポストを設置する

8 基礎石は羽子板が根太に干渉しないように設置する。ここでは地面を掘らなければならなかった。位置が決まったらポストを固定する

9 根太と基礎ができたら、床材が固定できないようなところに、受けを設置していく

10 デッキの前面の3本のポストは、フェンスポストを兼ねるので、長いサイズに。フェンスポストの高さは床上1120㎜。垂直を確認しつつ固定。水平器はできればふたつ使いたい

11 フェンスポストをつなぐ横木（2×4）を先に取りつける。ポストがゆがんだりするのを防ぐためだ。これでポストが固定された

12 サブデッキの基礎部が完成した

Step 9

サブデッキの床張り

恐れるに足りず！曲線カット、欠き加工

サブデッキの床張りも、基本的にメインデッキと同じ。端から床を張り、最後に縁を丸ノコで一挙にカット。ただし曲線カットや欠き加工があり、ここが大きなポイントになる。

デザインに変化をつけるための曲線部分のカットは、普通はジグソーを使うが、床材（2×6）の厚さが38㎜もあるためパワーのあるジグソーが必要だし、ジグソー自体、アマチュアはなかなかうまく扱えない。

そこであえてゆるやかな曲線にし、丸ノコでカットに挑戦してみた。ゆるやかでも曲線は曲線、何度も刃がとまりかけたが、その度にやや引いては再度勢いをつけて進めることをくりかえし、なんとかカットに成功。

このデッキでは内側に切れこんだ曲線（内R）をデザインしたが、外側にふくらんだ曲線（外R）なら、もう少し簡単に切り進められる。時間はかかるが、多角形状にカットし、あとはノコギリやカンナ、ヤスリなどを駆使する方法もある。

またフェンス用のポストが飛びでているため、床板を欠かなければならなかったが、寸法をしっかりと測定して墨線を引き、慎重に加工すればできない加工ではない。どうしてもできないなら、小さな木片をつぎはぎして、欠き加工を避けてもいい。

1 メインデッキと同様に床材（2×6）を張っていく

2 フェンスポストなどと干渉する部分は、床材を欠き加工しなければならない。欠き部分の墨つけは現物あわせで。サシガネなどを駆使して行なうが、自在スコヤを使えば、より簡単に墨つけできる。床板と干渉するところに自在スコヤをあわせ、そのまま材に持ってきて墨線を引き、カットすればＯＫ。写真では三角形のでっぱりをおさめるための墨つけをしているところ

3 写真のような欠き加工は、両端をノコギリで切ったあと、間をノミで削って行なう

4 ちょっとしたでっぱりや寸法違いも欠き加工では致命傷。作業は慎重に

5 フェンスポストと干渉する床材の欠き加工が終わった

6 無事におさまった！

反りやねじれのある床材は クサビを使って 矯正して打ちとめよう

床材を張るときに気になるのは、床材の反りやねじれ。できるだけ反りやねじれのない部材を床板として選ぶことも大切だが、完全には無理。材が反ったりゆがんでいたら、端材を削って作ったクサビを作り、これをすき間に打ちこんで床板を矯正し、強引に木ネジを打ちこんでしまおう。

クサビは端材を切ったり、削ったりして作る。クサビは縦に木目が通るように作らないと、取るときに折れてしまうので注意が必要だ

9 直線部の縁は、一気にカット

8 これぐらいの曲線なら、丸ノコでも切り進められる

7 曲線のカット。曲線はわずかな曲線なので、薄い板をたわませて墨つけした

10 床板を張り終えたサブデッキ

Step 10

サブデッキのフェンス作り

内枠を完成させてから外枠にはめこむ

サブデッキが完成したら、すでに立っている3本のポストの間にフェンスを作る作業。ＢＢＱコーナーを囲むフェンスは、ポストをＢＢＱコーナーの基礎ブロックに取りつけるので、まだ作業に取りかからない。

すでにポスト上部には横板がついているが、下にも横板として２×４を取りつけ、外枠を作る。この外枠にミニフェンスがはまることになる。

ミニフェンスは１×４を縦に並べ、２×４で上下からはさみこむようなデザインを採用。このデザインも好みでよく、ラティスにしたり、十字にしたり、好みで作ってみよう。

作業は、大量に必要となる１×４の切断からはじめる。最初に寸法の正しいものを1本切りだし、それを使って材に墨線を引くとスピーディーだが、材木をなぞるというやり方は、鉛筆の角度が変わって狂いやすいのが難点だ。この１×４の長さが狂うと、きちんとしたフェンスにならないので注意。

切断したら、横板の内側の長さにあわせて２×４をカット、１×４材がくる位置を墨つけし、それにあわせてスリムビスで固定する。あとはこれを外枠にはめこむだけだが、はめこみにくかったら、カンナやノコギリで微調整しよう。

1 フェンスの外枠を作る。上部にはすでに横板が取りつけてあるので、下に横板を取りつければ外枠の完成だ。2×4を使用

2 縦格子になる1×4をカット。長さはすべて同じになるよう、慎重に墨つけし、カットしていきたい

3 ミニフェンスの上下になる2×4に、1×4を取りつける位置を墨つけし、固定する。細い木ネジ（スリムビス）を使った

4 ミニフェンス完成間近

5 ミニフェンスが完成したら、外枠にはめこみ、固定する

7 これでサブデッキのフェンスが完成……といいたいところだが、あとでＢＢＱコーナーとこちらをつなぐように笠木を取りつける

6 もうひとつの部分も同じ手順

8 メインデッキ、サブデッキ、フェンスが、ひとまずできあがった。これでウッドデッキ作りはひと区切り。BBQコーナーを作らないなら、これで完成としてもいい

Step 11

BBQコーナーのかさあげ部

枠はブロック積みで作り、内部はガラ&土で埋める

テラコッタタイルを敷きつめるBBQコーナーは、メインデッキの床面と同じ高さになる。そこでブロックで枠を作り、そこに砕石、ガラ、土などをいれ、かさあげすることに。

この作業は木工というより、左官作業だ。自信がないなら地面の高さでレンガを敷いて、BBQコーナーとしてもいいし、BBQコーナー自体を省略してしまってもいい。

なおブロックは、基本ブロックとコーナー用（端がくぼんでいない）、写真7の加工がしやすい横筋ブロックの3タイプ用意した。

1 セメント、砂、砂利、水で、生コンを作る。セメント1、砂1、砂利1の割合で、少しずつ水を加えながらとにかく練る。耳たぶくらいのやわらかさが目安

2 BBQコーナーの縁（ブロックを積むところ）に沿って、軽く地面を掘り、生コンを敷く。最終的にテラコッタタイルがデッキの床と同じ高さになるよう、ブロック2個&テラコッタタイルの厚さを計算して、敷いていこう

3 ブロックの1段目を置いていく。水平器を使い、水平になるように。高さもしっかり確認

4 コーナー部は、片側が平面の、コーナー用ブロックを使用してある

5 1段目のブロックの穴に、鉄筋をいれ、モルタルで固定する。生コンではなく、モルタル。モルタルはセメント1、砂1の割合で、水をいれながら、耳たぶくらいの固さになるよう練る

6 2段目を積みはじめる。モルタルの置き方は、写真を参照

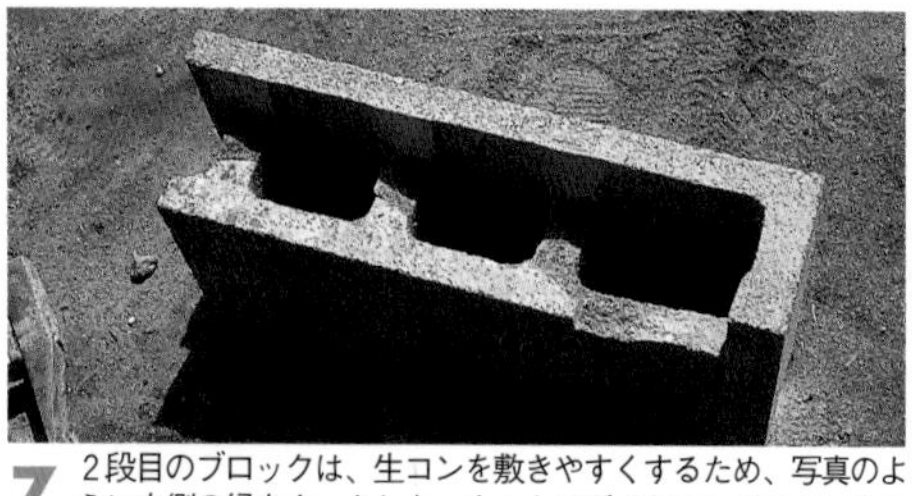

7 2段目のブロックは、生コンを敷きやすくするため、写真のように内側の縁をカットした。カットはダイヤモンドホイールをつけたディスクグラインダーで簡単にできる

8 ちょうどテラコッタタイルの厚さ分だけ下がった位置に、ブロックの上面が来ていることがわかる。とにかく高さ&垂直をしっかりと取ることが大切

生コンとモルタルの違いって何？

ホームセンターにいくと、さまざまな種類のセメント用品が売られているので、選ぶときは混乱しがちだ。簡単に説明すると、生コンとは、セメントと砂、砂利を水で混ぜたもの。固めればコンクリート。モルタルとは、セメントに砂を混ぜたもののこと。レンガ積みなどによく使う。今回はＢＢＱコーナーの下地に生コンを、仕上げやブロック積みにモルタルを使っている。またセメント（パウダー状）に水を混ぜただけのものは接着効果が強いため、タイル張りのときに便利。ＢＢＱコーナーの側面のタイル張りには、とくに接着性の高い「圧着セメント」を水でといたものを使った。

9 ブロックの枠ができた。中はガラや土などで埋める

12 生コンを敷く。格子状の鉄筋をいれたのは強度をあげるためだが、駐車場など、重量物が乗る場所でもないかぎり、鉄筋はいらない

11 ブロックが完全に乾いていない状態で中を埋めたので、板とつっかい棒で周囲を支えた。ブロック枠を完全に乾かしてから土をいれるなら、この作業は必要ない

10 土を突き固める。手作りのタンパーがあると便利だ

13 板やコテを使って、生コンの表面をならす。これでBBQコーナーのかさあげ部が完成。これで１～２日乾かしてから、タイル張りに移る

Step 12

BBQコーナーのフェンス作り

アンカーボルトでポストをブロックに取りつける

生コンが乾いたら、タイルを張る……といきたいところだが、ブロックにアンカーボルトを打ったりしなけらばならないので、その前に残ったフェンスを仕上げてしまう。

まず設計図にしたがって、ブロックの側面に4本のポストを固定する。電気ドリルでポストにボルトが入る穴をあけたら、その穴を通してブロックに墨つけし、振動ドリルで穴をあける。穴にはアンカーと呼ばれる、ボルトの受けを埋めこみ、ポストをボルトで固定する。

あとの作業はデッキのフェンスといっしょ。最後に笠木を取りつければフェンス部分の完全な完成。

多少デザインは悪くなるが、基礎石を置き、そこにポストを立てれば、振動ドリルや電気ドリルなどを使うことなく、フェンス作りが可能だ。

アンカーボルト。コンクリートやブロックにボルトを取りつけられる金具。アンカー（雌部）を埋めて使う

ブロックにポストを取りつけるために必要な電気ドリル（左）と振動ドリル（右）。レンタルしてくれるホームセンターもある

3 アンカーを埋めこむポイントの墨つけ。ブロックにポストをあて、ドライバー（ポンチの代わり）の尻を叩き、印をつける。墨つけとはいえ、柱は垂直に

1 50㎜径のドリルで、ボルトを打ちこむところに2～3㎜ほどの深さの穴を掘る。ここにボルトの頭が入る

4 振動ドリルでブロックにアンカーを埋めこむ穴をあける

2 20㎜径のドリルで、ボルト穴を貫通させる

5 アンカーをさしこむ。この状態からアンカーを叩きこむと、ブロックの中のアンカーが広がり、しっかり固定される仕組み

※プロの方が靴を脱いで作業している工程がありますが、DIYで作るときは安全靴をはくなど、安全に作業するよう製作には十分注意してください。

6 ソケットレンチを装着したインパクトドライバーでボルトをしめこむと、ポストがブロックに固定される

7 1〜6をあと3回くりかえし、4本のポストが立った

8 サブデッキのフェンスと同様、上下に横板をつけ、外枠を作る

9 縦格子のフェンスを作る。このあたりは、サイズをのぞけば、サブデッキのフェンス作りの手順とまったく同じ

10 ＢＢＱコーナーのフェンスが完成した

11 フェンス上部に笠木をつける。これは2×6を使用。接合部は現物あわせでカットした

12 サブデッキ＆ＢＢＱコーナーのフェンスが完成した

Step 13

テラコッタタイルの目地は広めに

BBQコーナーのタイル張り

とうとう最後の工程、BBQコーナーのタイル張りだ。すでにかさあげした部分の上面と、ブロックの側面にテラコッタタイルを張っていく。

まず乾いた生コンの上面に、空練り（水を加えないで練ること）したあとに、少しだけ水を加えて練ったモルタルを敷き、水平に整える。

次にタイルを仮置きしてみる。目地幅は大きくとるほうが見栄えがいい。また側面にもテラコッタタイルを張るため、テラコッタの厚み＋モルタル分、飛びだして置いた。

この時点で、ポストや床材のでっぱり部分と干渉するところや、おさまらない部分をディスクグラインダーでカット、あとはセメントを水で溶いたもの（やわらかめにすること）を接着剤にして、タイルを張る。張り終わったら、モルタルで目地を埋めて、上面部分は完成。

側面は、接着効果の強い圧着セメントを水で溶いたものを使って、ブロックに直に張っていく。側面の目地は、かなり作業しづらいが、指や目地コテを使ってなんとかおさめた。

タイル張りはモルタル扱いが多少粗くなっても、最後に汚れた部分を、水をひたしたスポンジなどできれいにふきとれば、きれいに仕上がる。

1 モルタルを敷きやすいように、周囲を適当な板枠で仮止めする

2 空練りモルタルに少しだけ水をまぜたものを全面に敷く。コテや板などを使ってならす

3 タイルを張ったとき、床の高さと同レベルになるよう、高さをあわせながら敷く。ここでしっかり水平を取っておくこと

4 テラコッタタイルを仮置きしてみる。目地はやや大きめに。はみでた部分やポストと干渉する部分は墨をつけ、カット

5 タイルのカットはディスクグラインダーで。ただし危険な道具なので取扱いは慎重に。刃は手前に引くようにするのが基本。手前から切っていくと、刃が跳ね返りやすくなるからだ

6 セメントを水で溶いたものを接着剤代わりに使い、タイルを張っていく

7 側面のタイルは圧着セメントを使って張る

8 これが圧着セメント。普通のセメントにくらべ、接着効果が高い

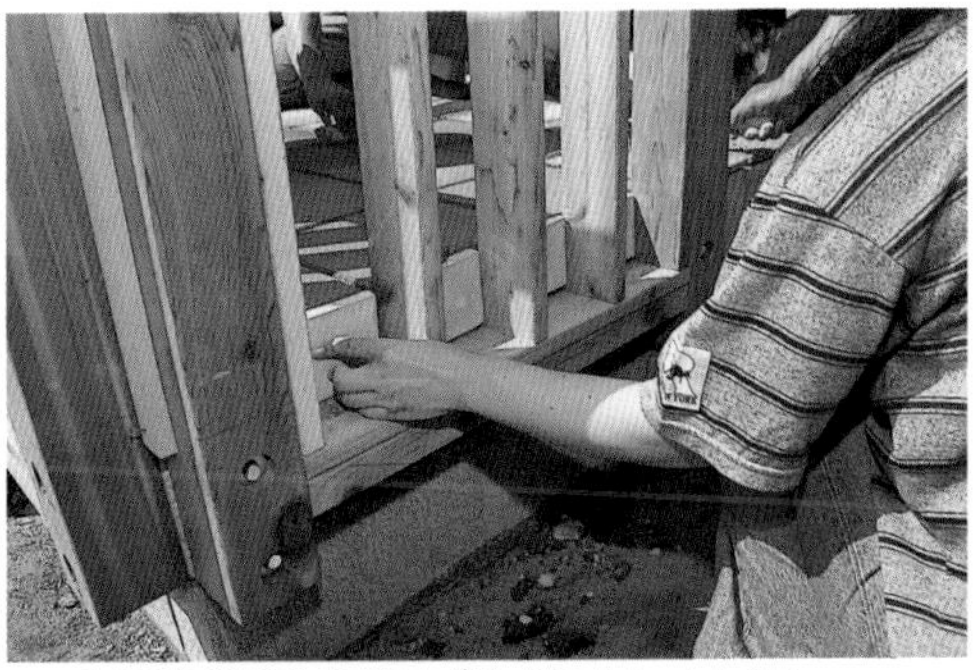

9 入り組んだ側面も手を抜かずに、細かくカットしたテラコッタタイルを張っていこう

10 目地コテや指を使って、目地を埋める。
汚れた部分は濡れたスポンジやブラシで、きれいに仕上げる

11 これでタイル張りが終了

今回の作業の指南役、D.パラダイスの古屋松男さん（中央左）と高橋浩樹さん（中央右）を囲んで、勝利の笑顔の本誌スタッフ。
作業開始から終了まで、1日6人がかりで5日間の作業だった。プロなら2日半で終わるとか……

DIYで挑戦したデッキ作り、ついに完成！

ポイントは正しい設計図と墨つけ

約30ページにわたりお届けしてきたこのウッドデッキ作り、施工開始から完成までかかった日数は、驚くことなかれ、たったの5日。

といっても指導役としてプロのスタッフが加わり、ポイントポイントでは実際に手を貸していただいたから、純粋にアマチュアの完全手作りとはいかなかった。しかし大部分の作業は、大工作業にまったくの素人である編集部員が挑戦したわけで、立派なウッドデッキが自作できるという証明になったと思う。

ちなみに今回の施工に参加したアマチュアスタッフは、DIYマガジンの「ドゥーパ！」編集スタッフ4人。それに毎日プロの指導者がふたりほど参加。つまり6人がかりで、延べ5日で作りあげたというわけだ。

実際に施工に参加して実感したのは、部材を切ったり取りつけたりする作業よりも、その段取りをするための正確な図面作りや、墨つけ作業のほうが重要でたいへんな仕事だということだ。

「図面作成なんてできないよ！」という人も、P100～101の図面を自分の庭にあてはめながら、なんとか図面を描いてみてほしい。延長したり、余計なものを省いたりするだけで、自分仕様の設計図が描けるはず。

その図面にしたがって必要な材の量を割りだして、正確な木取りができれば、デッキはすでに半分以上完成したも同然だ。電動工具があれば、切るのも楽だし、カットした部材を取りつける作業も、プラモデルを組み立てるぐらい簡単なことなのだ。

番外編

キッチン出入口のデッキ作り あまった部材でデッキフロアを延長

ようやく完成したウッドデッキ空間だが、気がかりだったのは、メインデッキサイドにある勝手口の前のコンクリートのたたき。設計図では奥のメインデッキ幅はリビングルームの幅分（5500㎜）になっていたが、できれば勝手口の前のたたき部分までカバーする幅にしたかったというのがデッキ施工中の感想だった。

一応予定通りにデッキは完成したところで材を見るとまだあまっている……。そこでこの際オプションとして、勝手口前までデッキを広げることになったのだ。

メインデッキの側面に根太（2×6）を取りつけ、これを基準に根太で枠を作り、メインデッキにあわせて床材を張った。基礎石は使わず、たたきの上にミニポストを置き、一段下がった階段の基礎には、あまったブロックをかませて使用。端材利用とは思えない、ミニデッキの完成だ！

1 施工中の勝手口前のミニデッキを上から見たところ。コンクリートのたたきにミニポストを置き、根太で外枠を作った

2 一段下がった階段部の施工。一部振動ドリルを使って、コンクリートのたたきに穴をあけ、木ネジで根太を固定

3 振動ドリルで穴あけした箇所に、この鉛製のアンカーをいれた

4 床材を張っていく

5 側面をカットして完成

ＢＢＱコーナーの左官的作業の指導をしていただいたアートエクステリアの川口浩さん（左）と加藤美千雄さん。あっという間にモルタルを作り、あっという間にブロックを積み、あっという間にタイルを張った人たち。D.パラダイスと組んでエクステリアの設計や施工管理を行なうことも多い

お世話になったD.パラダイスの施工スタッフ。右側の池田さんは、ほぼフルに参加。プロの技をたっぷりと見せていただいたのだった

しかしそうはいってもやはり素人仕事だけに、どうしてもズレは出てるし、計算違いだってある。そんなときに心がけたいのが現物あわせだ。うまくいかないときは、設計図を脇に置き、現物にあわせて作ってしまう。水平・垂直さえしっかりしていれば、設計図と寸法が違ったって快適なウッドデッキになるのだから。

やや職人的技術が要求される左官作業

ただし、ＤＩＹでも十分できると実感したのは、木工作業が中心のメイン&サブデッキ部分で、メインデッキと同レベルに設定したＢＢＱコーナーのテラコッタタイル張りは、やはり職人的な技術が必要だった。

はた目には簡単に見えるブロック積みやタイル張りだが、実際やってみると思うようにいかない。プロならあっという間にすむ作業も2倍3倍かかるし、仕上がりも違う。どのくらいの量のモルタルを盛ればいいのか、どの程度のやわらかさにすればいいのかといったことも「経験と勘」しかないそうだ。

ＢＢＱコーナーの側面の目地埋めでは、ぼろぼろとモルタルが落ちてきて、途中で挫折しそうになった。それでも時間をかけ、一歩一歩作業を進めた。いざ完成してみると、見栄えしないところもあるが、やはりとてもうれしい。

ウッドデッキ作りにいちばん必要なもの、それは接合部にすき間ができてもタイルの並びがふぞろいでも気にしない、おおらかさなのかもしれない……。

見習いたい、プロの智恵と要領

プロのスタッフの仕事ぶりを見ていると、施工作業にはさまざまな要領があることがよくわかる。ちょっとしたことだが、効率的に作業をすすめるためには不可欠な智恵といってもいい。

たとえば材に墨をつけるときに使う鉛筆とメジャー、これらは常に個人で携帯している。一方我々アマチュアはというと、墨つけする度に「誰か、鉛筆、知らない？」と聞きあって、作業が中断してしまうことがしばしばあった。鉛筆はスタッフ全員が携帯し、ナイフで常に筆先をとがらせておきたいものだ。

またプロは何気ない道具の扱いもみごとだ。丸ノコは、長い時間使わないときは、コンセントからコードを抜いて安全を期す。カットするときは、刃の通り道に木っ端など落ちていないかまず確認。コードの切断にも注意する。インパクトドライバーで木ネジを打つときは、数本の木ネジを片方の手に持ち、１本打ち終わるころには、すでに次の木ネジを打つ準備に入っている。コテやシャベルにしても、使い終わるとすぐに水の入ったバケツに放りこんで、付着した泥やセメントが乾燥して固まらないようにしている。

「常に次の作業の段取りを考えている」のがプロなのだ。

テラコッタタイルを張ったＢＢＱコーナーには、野外用ストーブやＢＢＱコンロなどを置いて、屋外簡易キッチンに

２階から見たデッキ空間。サブデッキ、テラコッタタイルのコンビネーションもうまくできた

植栽を飾って、デッキを演出。リビングルームから続く、素敵なガーデンリビングルームが完成した

03 塗料は何を選んだらいいの？

塗料は、「木部」および「外部」と銘打ってあるものならばまちがいはないが、いくつかの種類があり、選ぶのに迷ってしまう。大きく分けて、外部木部塗料には、油性と水性に分けられ、さらにそれぞれにステインとペンキがある。

油性はペイント薄め液で、水性は水で薄め、乾燥も早いので、DIYerにとって手軽なのは水性だともいえるが、それぞれ好みもあり一概にはいえない。プロは油性を好むともいわれている。

また、ステインとペンキの大きな違いは、前者が浸透性があるのに対して、後者が塗膜を作って木地を隠してしまうという点だ。したがって、木材の木目をいかした、よりナチュラルな質感がほしいときにはステインを、好みの色でしっかりと塗り固めて下地を隠したいときはペンキを選べばよろしい。それぞれに多くの色が用意されている。ただしステインは下地の色、つまり、木材の色によってかなり違ってくることを知っておきたい。たとえば、同じ2×材でも白っぽいSPF材と赤みがかったレッドシダーでは同じステインを塗っても違った色になる。

エコ塗料として知られるオスモカラーは、植物油を使ったドイツ製の油性ステイン。取り扱いはオスモ&エーデル
https://osmo-edel.jp/

外部木部用のインウッドの5ガロン缶。約19ℓいりで32,780円とリーズナブルな価格。取り扱いはアウロジャパン
https://www.auro.co.jp/

店頭に並べられた塗料。最近はカラーバリエーションも増えてきている。また2度塗りを指示してある塗料もある

05 床材は、木表を上にするの？ 木裏を上にするの？

木材には木表と木裏があり、木の芯の方を木裏、外側の方を木表という。木裏を上にすると両端が下に反りやすい＝真ん中が持ち上がりやすい（幅反り）という性質を持っている。そこで木裏を上にして床を張るというのが一般的だ。ただし、これはあくまでも原則で、木裏の木目が乱れていたり、汚れたりしていたら、木表を上にするということもある。

04 安上がりな基礎対策は基礎パッキンが一番！

左／ステップの基礎に使用してみた。基礎パッキンを束柱の底面に固定し、コンクリート平板に置いた。上／束柱の底面に基礎パッキンを固定した状態

ホームセンターで売っている建築用の「基礎パッキン」と呼ばれるパーツがある。硬質プラスチック製で穴があいていて、空気の出入りがいい。しかも1個140円前後と安い。実はこのパーツ、デッキの基礎石代わりになるお役立ちパーツなのだ。たとえば、コンクリートのタタキのようなしっかりした土台の上にデッキを作る場合、普通の基礎石ではなく、この基礎パッキンを束柱の下に置くだけで十分。基礎パッキンの穴があいた部分からコンクリートビスを打てばさらにしっかりと固定する。

Part 5

手作りウッドデッキおもしろアイデア&実践マニュアル

ウッドデッキはもっと自由でいい！2段デッキやパーゴラ付きデッキ、
デッキにビルトインできるテーブルや囲炉裏、フェンス兼テーブルなど、
ウッドデッキにプラスαのアイデアがぎっしりつまったアイデアと実践方法を紹介する。

Wooddeck Construction with Special Works

その手があったか!

なるほど!

真似してみたい!

ウッドデッキのおもしろアイデア

フェンスやパーゴラ
デザインのアイデア

ベンチや物干し台
便利アイテムのアイデア

すべり台や木馬
遊具のアイデア

DIYerによる手作りデッキは、私たちと同じ目線であるだけに、いろいろな部分で参考になる。必要に迫られたり、偶然の産物だったり、「現場」で生まれた飾らないデッキアイデアが結集!

DESIGN

デザインのアイデア

●パーゴラ
●フェンス
●床デザイン

ユニークなピラミッド型パーゴラ

製作●石塚一仁さん（栃木県）

パーゴラといえば、水平に垂木が並んだスタイルが多いが、石塚さんはそこにひと工夫。ピラミッドのように傾斜をつけて、中央にトップをもってきた。垂木の並びがよく見えるのでデザイン的な変化に富み、ご近所でも評判のウッドデッキである。ピラミッドの製作手順はシンプル。骨組みの4本を先に組んでおいて、地上で組んだ四角形（大小をつける）をかぶせていったという。

デッキに立って見上げると、センターには船舶ライトが。夜景も非常に美しい。

船舶ライトはホームセンターで手に入る

パーゴラは、支柱が4×4で、垂木は2×2。接合はシンプソン金具

細格子の和風ウッドフェンス

製作◎佐藤一郎さん（兵庫県）

細い角材を使ってすっきり仕上げたフェンス。格子の雰囲気は和風だが、細やかな工夫がモダンなデザインとして成功している。支柱をはさんで表裏から格子を打ちとめ、立体感を出した。これは実は、目隠し効果の高い点が特徴のひとつだ。正面からはそうでもないようで、やや横にずれるだけでかなり視線が遮られるとか。風はとおし、プライバシーは確保してくれるおすすめデザイン。また、格子のサイズにも変化をつけてあり、単調さを防ぐアイデアがうかがえる。

格子は1本1本、2×6から切り出したもの。このフェンスにはそういう細材が200本以上も使われている。

モダンな格子のウッドフェンス。メンテ（塗装）に苦労しそうだがお気にいり

別バージョンの縦格子スタイル。これもシャープで美しい

木ネジが見えないようすべて裏側から接合

黄金比のデザインフェンス

製作◎天野 匡さん（京都府）

三角定規の形としてなじみのある直角三角形といったら、30度、60度、90度の三角形だ。見た目にも美しい、安定感のある形になる。これを使ってデザインしたフェンスがまたおしゃれ。製作上は45度の二等辺三角形のほうが楽だが、人目にさらされるフェンスデザインにはやはりこだわりたい。

この直角三角形の各辺には、3対4対5という比率が使える。切り出すべき板材の長さを導き出すのに非常に重宝したという。たとえば直角にまじわる2辺が15㎝と20㎝だったら斜辺の長さは25㎝、という風に使えるわけだ。

素材は豪州ヒノキ。明るい色味に加えて、交互に張った板材がデッキに美しい影を作り、楽しめる。

板材の角度が違うだけでこんなに印象が変わる

ロープフェンス

製作◎辻本英彦さん（大阪府）

麻縄風のロープでも似合いそうだ

木ばかりでは直線的になりがちなデッキに、自然な曲線でセンスアップ。それがロープをあしらうフェンスデザインだ。支柱に穴あけしてロープを通すだけだから製作も簡単。ただ、ロープでは支柱同士で支え合う関係を作れないぶん、1本1本をがっちり立てる必要がある。

こちらは鉄骨の支柱にワイヤーロープという組み合わせ

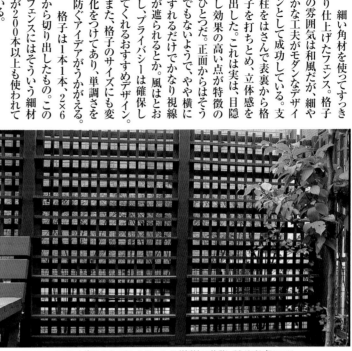

斜め張りのデッキフロア

製作◎佐藤一郎さん（兵庫県）

広い面積をしめるデッキフロアは、デザイン的にひと工夫するとかなり雰囲気が変わる。佐藤さんが挑戦したのは、全体を四分割してそれぞれ45度の角度で張っていくパターン。洗練されたデッキができあがる。

手間はかなりかかる。まず床材の長さが何種類もあること。そのうえすべての両端が45度切りだ。普通の床なら、床板の切り出しが簡単なようにすることが多い。数をこなすだけでたいへんだからだ。しかし佐藤さんはこだわりを捨てることなくがんばった。

これだけ並ぶと誤差やズレはつきもの、やはり現物合わせが確実だ。各面のいちばん長い材、つまり中程から、内側・外側へと張り進めていくのがおさまりよく仕上げるコツだ。

センターは別材にトールペイント。ぴったりのアクセントだ

今年こそ挑戦したい!

憧れの空中デッキ

屋根の上は広さも確保できるし眺めは最高だし、特等席です!

製作◎大畑憲一さん（大阪府）

上／「作ってよかった!」という大作。グレーチングの床面もシャープ。右／側板の間に踏み台を並べたような構造の階段

ベランダデッキを拡張して、屋根の上に作りあげた屋上デッキだ。構造的には２×材のシンプルな接合ばかりで、特別なテクニックは必要としない。ただ台風のとき、床面が風をはらむ危険性を考え、床にはグレーチング（側溝のフタなどに使われる金属の格子板）を採用。風が通るので安全性が高いという判断に基づいている。

真っ白な塗装で爽快感があり、もちろん眺めは抜群。家族のお気にいりになるのも無理はない。

斜面への基礎作りはたいへんだけど、空中デッキの爽快感で吹き飛びます!

製作◎Kさん

高台にあるKさん宅。庭からは広々とした田園風景を楽しめる絶好の立地だ。丘の斜面まで敷地に入っていることから、斜面に支柱を立て、高台から張り出す形でデッキを製作。メインの支柱に自然木を使った点が特徴的。ふたまたに分かれていてよりしっかり支えられる木を選び、基礎は生コンを固めて自作。水平出しなど苦労したができあがりは上々、安定感もよく、下から見ても美しいデッキだ。

自然木を使った支柱が芸術的でさえある。作業そのものは単純な角材よりずっとむずかしいが、刺激になる作風だ

この景色を独り占め。お茶を飲むもよし、ガーデンパーティーもよし、うらやましい限りのデッキライフだ

サンルームデッキ

製作■佐々木 攻さん（岩手県）

ウッドデッキを手作りしたあと、もっと有効活用できるようにと屋根をかけた（プロ施工）。その透明のルーフから発想したのが、透明の壁だ。それも、すっかり閉じてしまうのではデッキの意味がないから開閉自在の壁。それが折戸へと発展した。開放時なるべく広い開口を確保しようと思ったらやはり折戸だ。佐々木さんは見事に手作り。

実は折戸用の金具など、必要なパーツはホームセンターで手に入る。下のレールを先に掘る。それから上（ルーフ側）に戸を吊るレールを設置。これで戸の高さが出るから、そのサイズで木枠を作り、ガラスをはさみ込んだ。それぞれを蝶番でつなげば、できあがり。

デッキはいつの間にかサンルームに変身していた

支柱だけ残して大きく開くことができる折戸。木枠がナチュラル

家中でいちばん高い場所、ベランダデッキに作った見晴らし台

製作■杉本 進さん（愛知県）

高台にあり、眺望については申し分なしの杉本邸。デッキもできあがり、ベランダも床面に2×4を敷き並べてウッディに仕上げた。ベランダは花火見物に最適だったが、もっとよく見られるようにとさらに高い見晴らし台を作ることに。

安定を確保するため壁面に密着させ、そのためドアの上という場所になった。高さは約2m、広さは畳1枚ほどで計画。材料はほとんど2×4。支柱は4×4ではなく2×4をL字に組んだスペシャル支柱。コストや運び上げる労力を考えて、なんとか2×4の組み材を発想したが、頑丈なうえに筋交いなど接合しやすいというオマケがつき大助かり。この選択は正解だったようだ。

基礎を掘ったりできないぶん、周囲から支えをして安定させた。腰掛けて足をぶらぶらさせながら楽しむ。手すりは重量対策で1×4だ。床板は2×4で、ベランダのフロアデッキと同テイスト。

支柱はご覧のような、2×4をL字に組んだもの。補強材の取りつけに対して自由度が高く、1本が軽いのもいい

金具で外壁とも接合してある。さらに台そのものを左右から補強

ベランダに木材を運び上げるのはひと苦労だったが、作ってよかったと満足。家族にも大好評だ

材料は2×材が主。気持ちよさそうなベンチ

植物の世話に便利なロフト風ベンチ

製作 奥井順太郎さん（東京都）

かなり高いところまで育ったバラを手入れするために生まれた発想。ロフトのように高い、空中ベンチだ。座って作業できる点が大きく、いちいちハシゴを動かしながら進むことを考えると劇的に作業性がアップした。都合に合わせて工夫を重ねるうちに生まれたベンチのアイデアだが、取りいれてみたくなってくる。

最初に作ってあったのは単純なウッドフェンス。手入れにハシゴが必要になるとフェンスがハシゴかけになってくれたが、バラの成長につれ届かなくなり、ローズアーチを足したがそれでもついに間に合わなくなった。そこで浮かんだのが、ローズアーチのトップに板をはって、人が乗れる作業場を確保するアイデアだ。これが空中ベンチ。原形がローズアーチなので見た目もよく、便利、おしゃれ、夢がある、3拍子そろったユニークベンチとなった。

大小使い分けられる2ウェイテーブル

製作 松坂和彦さん（神奈川県）

普段はコンパクトに、パーティーでは大きく。それが便利テーブルの条件。松坂さんが作ったガーデンテーブルも、そういう使い分けのできる点がポイント。天板が途中で折れてサイドに下がっており、使うときだけ持ち上げて支える。支える受けはスライド式の2×材。天板裏に仕込まれた2本を引き出し、天板を受ける仕組み。

天板は板材が横にならんだ形だから、折れる部分は目立たない。折ったときの受け材の干渉に気をつければ、比較的簡単にできそうだ。シンプルで的を射たアイデアテーブル。

人数によって大小を使い分ける。無駄な家具もいらないし、デッキライフ向上、まちがいなし

スライド式の天板受け。今出ているところだ。2本、向きを変えて使われている

雨水がたまらない座面上げ下げ式ベンチ

製作 佐藤一郎さん（兵庫県）

ボルト・ナットを多用し、座面を上げたり下ろしたりできるよう工夫したスペシャルベンチ。きっかけは雨。雨上がり、座面の溝などにたまった雨水がなかなか消えてくれないのを見て、上げておければ水切れがいいのではと考えた。それが製作へつながったわけだ。実際作ってみると、座面の上げ下げは非常に便利。邪魔にならないし、掃除しやすいのも利点。ベンチ下を収納にしようかという案も検討されているとか。

このベンチの特徴はもうひとつ。デッキの構造材に直接固定されていること。前の脚はデッキ支柱そのもの。後ろの脚は長く伸びて傾斜した背もたれの受けを兼ね、床下、地面近くで支柱に固定されている。傾斜した背もたれは座りやすさのポイントだが、デッキ一体化タイプなら比較的簡単に取りいれることができる。

上／広くゆったりしたベンチ。やや傾いた背もたれでリラックス。下／座面を上げた状態。脚はデッキの支柱と一体。この座面下の空間は収納にも使えそうだ

窓枠を利用したユニーク物干し台

製作 安居 滋さん（神奈川県）

デッキができあがると、その広いスペースは物干し場にうってつけなわけだが、物干し台をどうするかが悩みの種だ。せっかくのウッディな雰囲気をこわしたくはないし、場所も取りたくない。その点、この窓枠に取りつけた物干し台はすばらしい。使うときは扉のように開いてサオをわたし、使い終わったらまた閉じる。中央にはマグネットがついていて、閉じたらきちんと固定されるようになっているのだ。フルカバーできるパーツもちゃんとそろっている。

上／これが使用状態。外周の穴はフリーだが、中面の穴はビー玉で飾ってある。下／閉じた状態。内から見ても外から見ても楽しめる

手軽なカーテン式開閉の手作りシェード

製作◎森田隆博さん（鹿児島県）

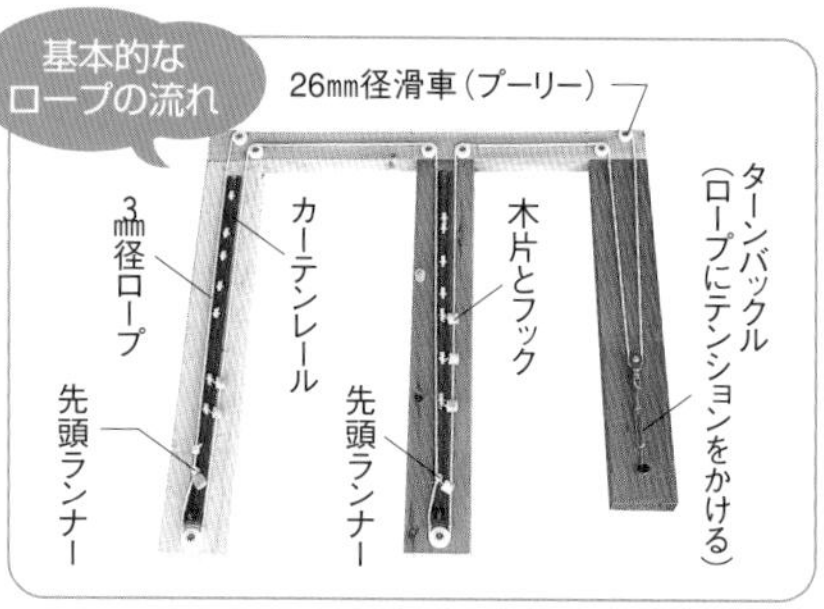

垂木が少なく、すっきりした印象のパーゴラ。この雰囲気をこわすことなく日除けをつけようと、おしゃれに、ゆったりした掛け方で布をたらした。さらにこの開閉を簡単にするために、上の写真のような仕組みを考案。窓側でヒモをたぐると、4本のレールについたシェードがいっせいに動く。非常に便利なリール式。

基本的にはカーテンと同じで、金具もカーテンレールとカーテンランナーを使用。各レールの先頭ランナーだけがロープとつながっており、この先頭ランナーに引かれたり押されたりしてシェードがたぐられる。

シェードには穴あけして、下から、木片つきのフックを通すと、木片がストッパーになってシェードは落ちない。そのフックをランナーにかける。取り替えも簡単。

1カ所でロープをひけば簡単に開閉できる便利なシェード

これも開閉式、完全DIYのルーバーフェンス

製作◎森田隆博さん（鹿児島県）

こちらのデッキはフェンスも開閉する。デッキの外側に並べたプランターに水やりするのに、いちいち通りに出なくてもいいようにと発案。これなら起き抜けの格好でも大丈夫。

フェンスは、風を通しながら外からの視線をさえぎるルーバータイプ。角度のついた細板は太陽光をよく取りいれるのでデッキ内も明るい。市販品もあるが、好きなサイズにするため自作した。

そのとき役立ったのが、下の写真のようなギザギザの台。ルーバー製作用に作ったものだ。2本作って左右を支えれば完璧。ルーバーは1本ずつ合わせようとするとたいへん。この台に全部並べてから打ちとめれば一発OKだ。

上／上の項のデッキ、フェンスオープンでこんなに開放的に。右／フェンスが開閉すると便利。留守にするときにはわざと開けておき、空き巣に仕事をさせないようにする

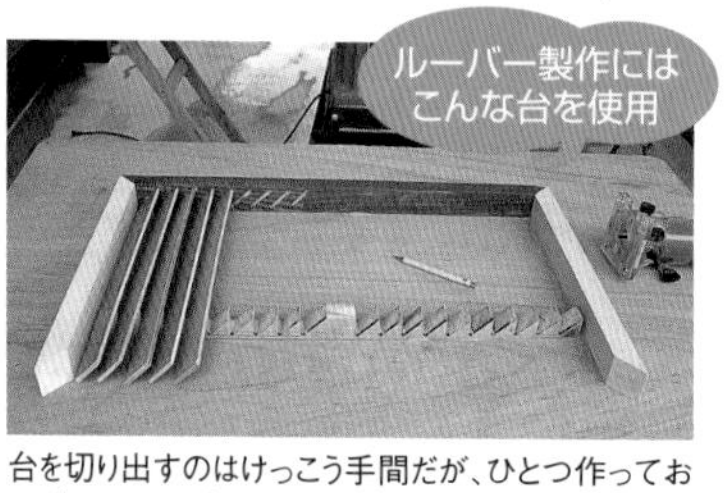

台を切り出すのはけっこう手間だが、ひとつ作っておけばいろいろと利用できるので重宝するはず

コンパクトにしまえる折りたたみスロープ

製作◎関 豊彦さん（大阪府）

掃き出し窓から通じたデッキは、広さがあるぶん車椅子の取りまわしも楽。しかし高低差はネックだ。そこでスロープ製作を計画したが、落差42cmをスムーズに降りるには、スロープにも長さが必要だった。どうしてもアプローチにスロープがはみ出してしまう。そこで発想されたのが折りたたみ式。普段はたたんでおいて、使うときだけのばす。これでスロープは2mも確保でき、安全に車椅子を進められるようになった。

たたみ方にも工夫がある。2段階に分けて、半分折った状態でも使える点が特徴で、このとき水平が保てるよう短い脚をつけるなど細やか。フェンス上の花の手入れのとき、踏み台として活躍。

フルにのばした状態のスロープ。幅約800㎜。奥のデッキは母親の部屋に隣接

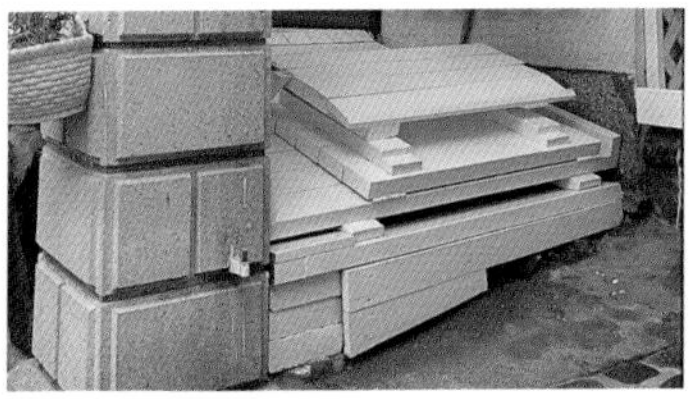

右／完全にたたんだ状態。根元は谷折り、先は山折りだ。左／これは半分折った踏み台モード。短い脚で水平を出した。この脚もたためる

ロープをわたした物干しスペース

製作◎伊勢 誠さん（愛知県）

デッキの一部を物干しスペースに使えるようにと、プランニングの段階から視野にいれていた。場所は勝手口からすぐのところで、家事には最適。奥さんにも好評。フェンスは高めで、その高さにあわせて外壁側にも支柱を設置。このシンプルなひと手間でデッキの幅一杯を物干しに使えるわけだ。基本は雰囲気のあるロープ使いだが、竿も使えるように切り欠きがいれてある。支柱の途中にあるちょい置きの棚も重要。これは使いはじめるとかなり重宝したとか。

デッキのいちばん奥、勝手口のそばが物干しスペースだ

外壁側に立てた支柱。高さ約1600㎜。デッキと一体なので安定している。幅約800㎜

こちらはフェンス側。ヒートンにロープをかけてある。フェンストップには竿をかける切り欠き

掘りゴタツ風バーベキュー炉

製作◎五十嵐 覚さん（北海道）

コンクリート製品であるU字溝は、バーベキュー炉にちょうどいい。この簡単な炉をデッキ下に仕込み、掘りゴタツのようにバーベキューを楽しめるようにした。まわりの床板に、足を落として座れて楽。イスもいらないから省スペース。アイデアコンロだ。

ところでU字溝はレール状の資材だから両端が空いている。ここをふさぐにはコンクリート平板がぴったりだ。これからデッキを作る人も、もうデッキのある人のリフォーム案にも、バーベキュー炉はおすすめしたい。

家族みんなで囲みたい、デッキ一体型バーベキュー炉

●すべり台
●ブランコ
●木馬

サスペンションから生まれたスプリング木馬

製作●滝川幸則さん（愛知県）

こちらも2×材で作った、デッキのアクセント。子どもに大人気の木馬だ。車のサスペンションを使ったところがユニーク。1本ではやわらかすぎたが2本に増やしてちょうどよくなった。

足元は、スプリングを直接デッキ面に接合。形状に合わせてまるく溝を彫り、スプリングをはめたら、U字金具をかませて裏から金具で締め込む。シンプルかつ確実だ。

高さは約750㎜。乗り降りのためのステップもちょうどいいところにさりげなくある

スプリングの根元。何本ものU字金具でがっちり固定してある

デッキから砂場へ、2×8のつるつるすべり台

製作●辻本英彦さん（大阪府）

枕木デッキに作りつけたすべり台。娘さんの希望によって実現した。デッキに作ればその高さを利用し、少し登るだけでてっぺんに立てるから便利だ。すべった先には砂場を作り、安全を確保。

すべり台の材料は2×材が主。レールに2×8を2枚、両サイドの縁は1×6と2×2。支柱はデッキに支持し、中ほどで補強をいれている。2×材専用金具を利用したので、手軽な作業で頑丈に接合することができた。大人がすべってもぐらつきはまったくなし。レールは少しでもすべりが良くなるように、何度もニス塗り。

手すりとしてつけた2×2は外から木ネジでとめてあったが、大喜びで遊ぶ娘さんの手がネジ頭のすぐそばをすべっていく場面が何度もあり、あわててネジ位置を変えたこともあったとか。結局手すりは内側から、深く木ネジを打ってとめている。

支柱の接合は2×材専用金具を使用。ホームセンターの棚用品コーナーで

小さな子どもでも遊べるゆるやかな傾斜のすべり台。デッキよりやや高いところからスタートする

ステンレスシートのきらきらすべり台

製作◎滝川幸則さん（愛知県）

レールの傾斜角は36度。公園で実際のすべり台の角度をはかり、吟味した数字だ。構造材はほとんど2×材、レールは合板にステンレスの薄板をはったもの。ステンレスの厚みは0・5㎜、ホームセンターでも手に入る素材だ。

接合は両面テープという柔軟な製作スタイルなのでネジ頭の心配はせずにすんだ。しかしそれだけでは砂などがもぐり込んですぐはがれてくる恐れがある。そこでもうひと手間。シリコンでステンレスシートまわりをコーティング。長く使えるすべり台になりそう。

デッキとは2カ所で固定してあるだけ。はずすときも簡単だ

デッキのためのアイデア小物

ステップにぴったり、デッキ専用サンダルボックス

製作◎河上芳朗さん（神奈川県）

せっかくできあがったデッキも、土足で庭から上り下りしていれば汚れるのも早い。そこで専用のサンダルを常備するわけだが、雨ざらしではサンダルもすぐ傷むから、勢いひさしのある窓側にばかりサンダルは置かれてしまい、あまり意味をなさなくなる。

そこで考えられたのがこのサンダルボックスだ。デッキの庭側にあるステップ代わりに設置しておくとちょうどいい。開閉時フタがデッキに干渉しないように注意。

これはアイデア！

板の裏からゴムシートをはって雨水の浸入を防いでいる

パーゴラブランコ

製作◎笹山真樹生さん（宮城県）

吊りブランコは、写真のように、荷重に強い場所を選ぶのが最初のポイント

デッキと相性のよいパーゴラ。垂木からブランコを吊るのも手だ。実際遊ばなくても、演出としても雰囲気がある。構造はシンプル。ロープやチェーンで座板を吊るだけ。ホームセンターにはいろいろな金具があるし、目的に合うパーツはすぐ見つかるはずだ。

こちらのブランコは最初ロープで吊っていたが、乗ると伸びる傾向があり、結局チェーンにつけ替えたという。ロープだとカントリー風、チェーンはハードな雰囲気だ。ただチェーンは重量が跳ね上がるので垂木の強度に注意。

こちらは独立型、ナチュラルな三角ブランコ

製作◎大石一暁さん（栃木県）

デッキに置いて使える木製ブランコ。週末にでも気軽に作れそうなミニサイズだ。両サイドの大型三角形で安定をはかる。ブランコを吊っているロープは、バーに固定したU型金具に通し、座板を2点で支持。座板がくるりとひっくり返ったりする心配がなく、小さい子にも安心だ。

上部のバー付近、両サイドに入っている三角形の補強板は大きなポイント。これがゆがみをふせぎ、安定性と強度アップにつながってくる。荷重のかかり方を見ながら工夫してみよう。デッキブランコは、遊ぶ子供たちをリビングから眺められるおすすめ遊具。

ミニサイズの安心ブランコ。デッキライフがますます明るくなりそう

実践レポート1

和風モダンな2段ウッドデッキを作る

現場を測量し、プランを立てる。現場は、コンクリートの三和土やレンガ敷きがあるため、整地する必要がない。基礎石を置くだけでいいようだ

Step 1

プランニング

幕板を張らず、床材の縁をそろえないユニークなデザインに

現場は、小さな池や灯篭、自然石がある和風の庭だ。したがってそれに見合ったウッドデッキがほしい。それもストレートに和風ではなく、やや和風で、それでいてなぜかモダンなイメージがほしい。こんな難問に応えるために、基本的なプラン作りに加え、いくつかのアイデアを用意した。

まず、デッキ材はウエスタンレッドシダーを選び、これを油性塗料で塗って使用。

デッキは段差の少ない2段にし、洋風イメージを高めるデッキフェンスは作らない。幕板は張らず、床材は縁をそろえないでバラバラに並べて張る。さらに和風の味つけをするために、竹をうまく使ったり、枕木をデッキとからめてみたい。また、古い井戸ポンプがあったので、これでうまく雰囲気作りをしたい。で、結局できたのが、図のようなプランだ。

作業は基本的には通常のデッキ作りと同様で、デザインが違うだけだから、ここでのノウハウは、他のデッキ作りにも大いに役立つに違いない。

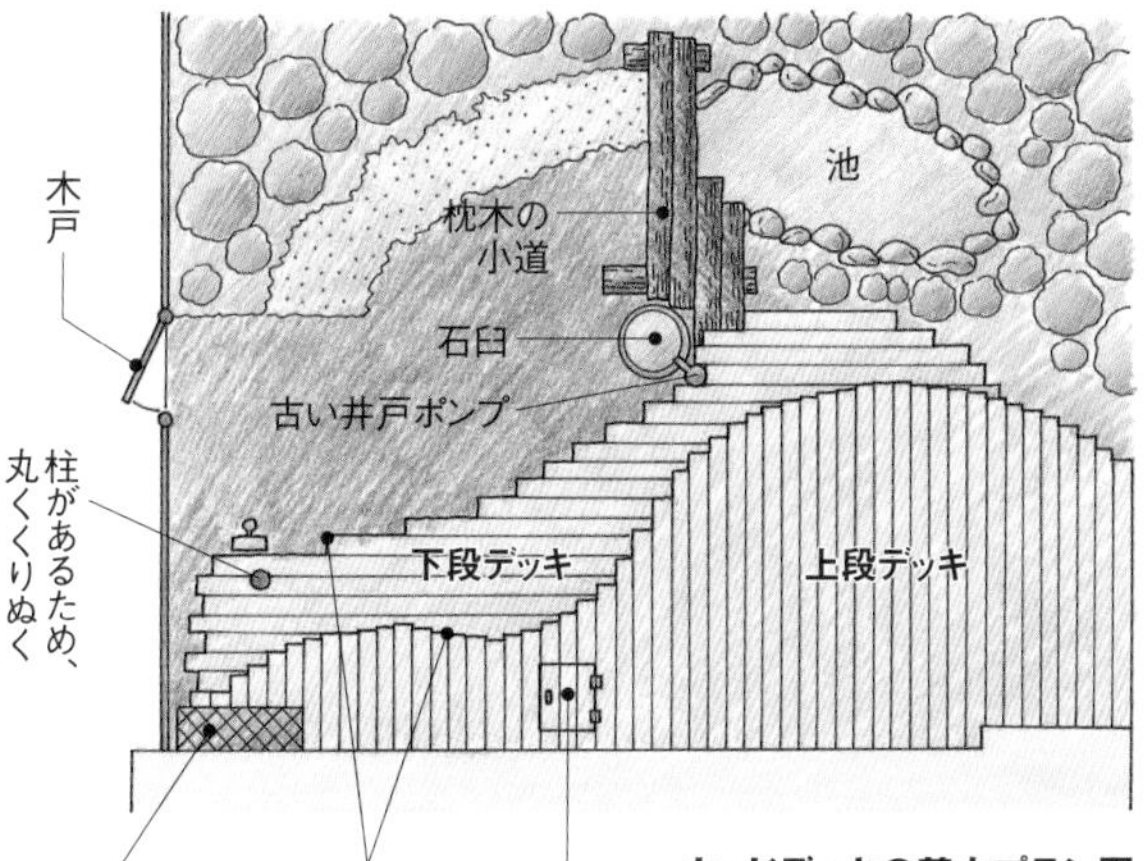

ウッドデッキの基本プラン図（平面図）

Step 2

用意するもの

デッキ材はウエスタンレッドシダーの2×材を

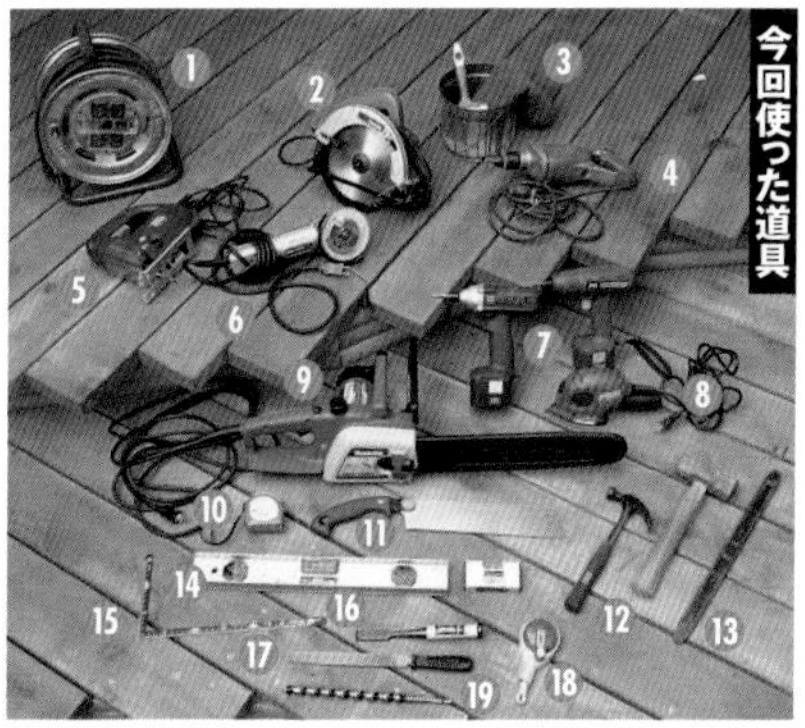

1コードリール 2丸ノコ 3ペール缶&ハケ 4電動ドリル 5ジグソー 6ディスクグラインダー（金属切断砥石つき） 7インパクトドライバー 8サンダーポリッシャー 9電気チェンソー 10メジャー 11ノコギリ 12カナヅチ・ハンマー 13バール 14水平器 15サシガネ 16ノミ 17金ヤスリ 18チョークライン 19ドリルビット（15㎜径）

用意した資材は、別表のとおり。ここではウエスタンレッドシダーの2×6と4×4を選んだが、塗装をすることを考えると通常のSPF材でもよかったかもしれない。塗料は油性の木部塗料（ワンコートHSプラス シダーカラー 2・5ℓ缶）を選んだが、これも水性ステインなど、他の塗料でもかまわない。予定塗布面積よりも2割ほど広い面積をカバーする量がほしい。

また、基礎石として、ここでは羽子板つきの束石を用意したが、もちろん他のタイプでもかまわない。なお、割竹や古い枕木は、和を演出するための素材だ。

この他、小物&金具として、各種木ネジ、枕木固定用のカスガイ、床下収納用金具、蝶番などを用意した。

用意する資材			
木材			
2×6（ウエスタンレッドシダー）	8ftを27本、10ftを40本、12ftを5本、14ftを5本	153,150円	（木工ランドより通販で購入）
4×4（ウエスタンレッドシダー）	6ftを12本	21,360円	（木工ランドより通販で購入）
古枕木	2400㎜を2本、1200㎜を2本、600㎜を1本	約12,400円	（木工ランドより通販で購入）
割竹	3m程度の長さのものを14～15本	約3,000円	（ホームセンターで購入）
基礎石	羽子板つき沓石（くついし）49個	約36,750円	
塗料	ワンコートHSプラス、2.5ℓ缶（シダーカラー）	20,475円	
その他	木ネジ各種（38㎜／65㎜／75㎜／90㎜）、カスガイ（数個）、鉄筋（少々）、蝶番（2個）、床下収納用金具など		

※価格は取材時のもので目安価格です。時勢により変動する場合があります。

Step 3

塗装

デッキ材を組む前に

ウエスタンレッドシダーは、SPFなどに比べ、耐候性が高いので、塗装無用という意見もあるが、塗ればさらに耐久性が高くなる。ここでは、デッキ材の木目を生かしたいために、半透明の木部用塗料、シダー色のオスモカラーを選んだ。

なお、塗装作業は、木材を組む前にやるのが基本。塗りやすいし、塗りムラも出にくい。カットしたときの切り口はあとで塗り足せばいい。

駐車場など広い場所を確保し、届けられた木材をまず塗装する。養生シートは必需品

Step 4

基礎石を並べ、束柱を立てて固定

束柱は予定サイズよりもわずかに短めに

通常なら、現場の整地からはじめるのだが、すでにコンクリートのタタキ（三和土）やレンガ敷きがあり、地盤がしっかりしているので、いきなり基礎石を置いていくことにした。

用意した基礎石は、柱が簡単に立てやすい羽子板つきの束石。これをプラン図を見ながら置いていく。まず、基準となる位置、たとえば家側の1列目の両端の位置をしっかり決めてから、他の基礎石を置いていけばいい。しかし、この段階では基礎石が固定されるわけではないから、見当程度でいい。基礎石間の間隔は600～1000㎜だ。

また、この段階で束柱を立てておく。束柱の長さは、基本プラン図の側面図通り、上段デッキ部分は、基礎石の高さを含めて500㎜、下段デッキ部分は320㎜になるようにすること。ここで注意したいのは、後で床材を張るときに、束柱の頭が床材と当たることがないように、わずかに短めにしておくこと。

基礎石は、羽子板つき束石を選んだ。金具がついていて、この金具に4×4を固定して使用する

上／ 木ネジで、束柱を束石に固定する。後でデッキ材を張ることを考えると、予定の長さよりもわずかに短いほうがいい。左／ プラン図を見ながら、見当をつけて、基礎石を置いてみる

束柱・根太・大引の基本配置図（根伏せ図）

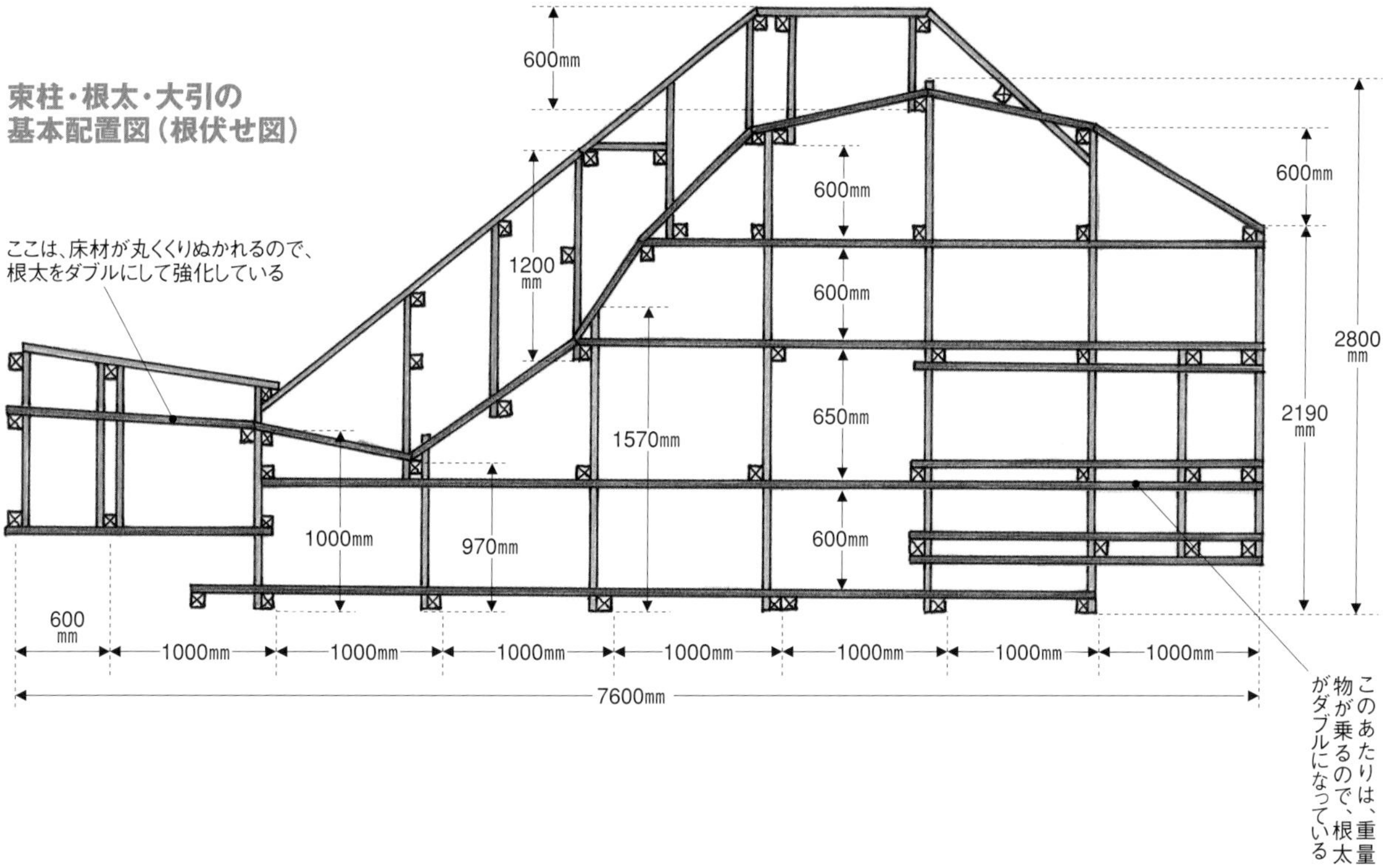

ウッドデッキの基本プラン図（側面図）

上段デッキと下段デッキの高低差は2×6の幅（140㎜）＋2×6の板厚（40㎜）＝180㎜とした。

下段デッキと枕木の小道の高低差は2×6の幅（140㎜）＋2×6の板厚（40㎜）＝180㎜とした。

したがって、束柱の高さは上段デッキ部が約500㎜、下段デッキが約320㎜

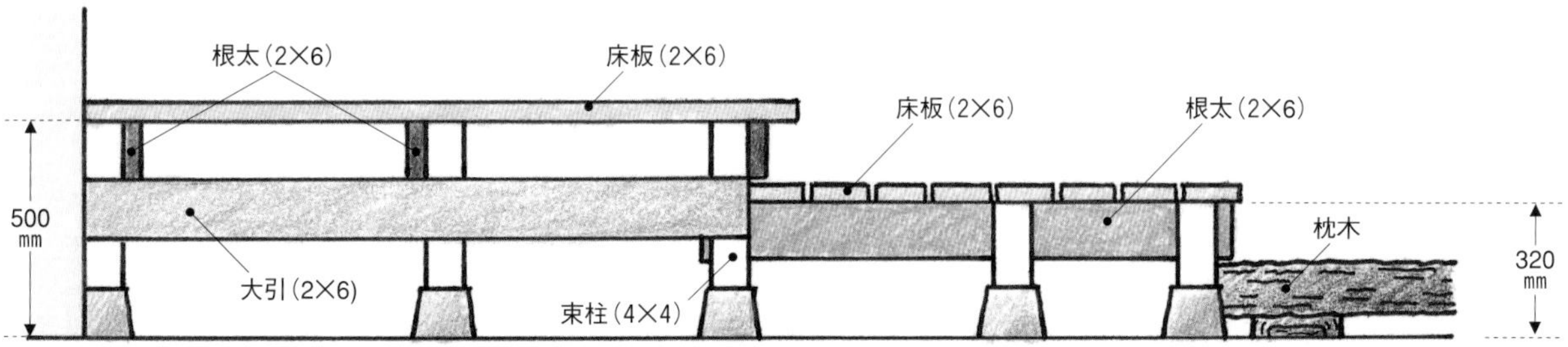

水平、高さ…。基準の根太を慎重に

束柱に根太と大引をつけて、束柱同士をつなげていく作業。

まず、基準となる束柱を決め(ここでは家側の1列目の2カ所)、高さと水平を確認しながら、根太材を束柱に固定する。ここをいい加減にすると、この先の作業がすべて狂ってしまうのでくれぐれも慎重に。

基準となる根太材がついたら、プラン図を見ながら、周囲に根太や大引を組んでいく。この段階でようやく、基礎石が正しい位置に固定されることになる。

やや、めんどうなのは、外側の根太が斜めにつながる箇所だが、これは現物合わせでカットしていくこと。完成時にはまったく見えない箇所なので、ぴったりつながらなくても気にしない。

また、いろいろな都合で、プラン通りに根太が組めなくても、あまり気にすることはない。ただし、水平だけは、ときどき確認して作業をすすめること。

デッキの上に重量物が載るというケースがある箇所は、根太をダブル(サンドイッチ)に組んで強度を高めておくと安心だ。

1 まず、家側の根太を1本決めてしまう。2本の束柱に根太を固定。高さ(500㎜)と水平をしっかり確認すること。これをしっかり決めれば、これを基準にして根太を周囲に広げていく。なお、写真でもわかるように、現場はコンクリートの沓脱ぎがあり、この部分は基礎石を使わず、直接束柱を立てた

2 材の長さが足りない箇所は、このように補強材を使ってつないだ

3 根太の下に入るのが大引。根太と直角に交差するように取りつけた。水平、高さを確認しながらの作業だ

4 沓脱ぎがじゃまになる所は、ノコギリを使って大引をこのように切り欠いた。現物合わせの対応だ

5 一番外側の縁になる根太は斜めにつなげた

6 根太が斜めにつながる部分のカットは、現物合わせで。接合は木ネジの斜め打ちで。出っ張った部分はその場でカットしていく。多少プラン図とおりにいかなくても気にしない

7 下段部の根太をつける。側面図でもわかるように、下段部の根太は上段部の根太よりも、140＋40㎜下げて固定。下段部の奥の束柱は上段部の手前の束柱と共通している

8 根太&大引がほぼ組み上がった。細かい部分ではプラン図と若干違いがあるが、気にすることはない

9 重量物（ここでは陶芸窯）が載る予定があるので、その部分は根太&大引をダブルにして、強度を高めた

ジグザグ張りで、デザイン的なおもしろさを強調

2×6材による床張りは、目に見えてデッキが完成に近づくのがわかるので楽しい作業となる。

プラン図のとおり、縁をそろえずに、ジグザグに張っていくが、ここでは、下段部分から張っていく。下段デッキの根太は上段デッキの根太の下に入り込んでいるので、場合によっては途中上段デッキをはずしたり、束柱との干渉するところをカットする必要が出てくるかもしれない。

なお、床材は下段では家と平行に、上段では家と直角になるように張っていく。また、床材同士の間隔は8㎜とした。

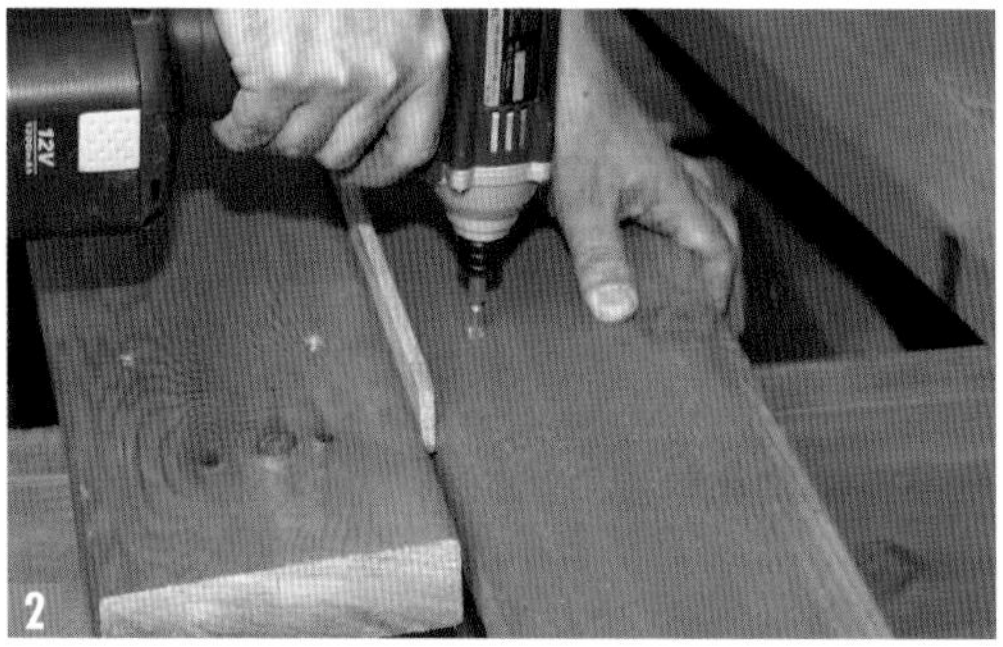

床材の間隔を一定にするために、厚さ8㎜の木っ端を挟んでスペーサーとした

下段デッキの外側から張っていく。変形デザインなので、下段の床材は、一部上段デッキの根太の下に入り込むような形になる

床材は、このように縁をそろえず、不規則なジグザグに張っていった

下段の床材が張り終わった

上段部の床材を、今度は家に対して直角になるように張っていく。これもジグザグに張っていく

カットした先端部は、ヤスリやサンダーでなめらかにする。このあと、塗装する事も忘れずに

床材を張り、先端部を適当な位置でカットする

Step 7

床収納を作る

もうひと手間で便利機能を追加

簡単作業でできる便利機能追加は、床収納だ。

完成したデッキの床の一部を開口し、その下にプラスチックのコンテナを置けば立派な床収納ができあがる。もちろん、開口部の下に根太や大引がない場所を選ぶことが前提となる。

開口した材はフタのように組んでハッチ（蓋）にし、蝶番と床収納用取っ手で開閉できるようにする。

1 床に墨線を引き、カットした。床板を一度はずし、丸ノコでカットしたほうがきれいにカットできる

2 家側の根太をもう1本追加した。次の工程でわかるように、短い床板を張るためだ

3 家側に短い床板を張った。さらにハッチの受けを追加（2×4）

4 反対側も同様の受けをつけた

5 カットした床材を1×4でつなぎ、ハッチとする

6 ステンレスの蝶番2個と床収納用の埋め込み回転取っ手をつけた

7 これで床収納が完成した。下にプラスチックコンテナを置く

Step 8
枕木で小道を作る

枕木を平らに安定させるのがポイント

下段デッキの先端から池の先端部に向かって、枕木を置き、風雅な小道とする。安全のためにも、水平器やスコップ、カスガイなどを使って、枕木をしっかりと固定する。多少土を掘り下げ、一部埋め込むようにして、枕木を安定させるようにするのがポイントだ。

1 デッキの先端部の先に枕木を並べていく。高さと水平を確認しながら、微調整して並べる。水平は水平器を使って、高さは下に土をいれながら。けっこうしんどい作業

2 枕木のカットはチェンソーで

3 枕木同士をカスガイなどで固定し、しっかりした小道ができた

枕木同士の接合は、鉄筋で

枕木同士の接合でよく見られるのは、カスガイを打ち込むという方法だが、カスガイが表面に見えてしまう。そこでおすすめしたいのが、鉄筋を使う方法。ディスクグラインダーで鉄筋を適当な長さにカットし、先端を尖らせたものをダボ代わりにするという方法だ。

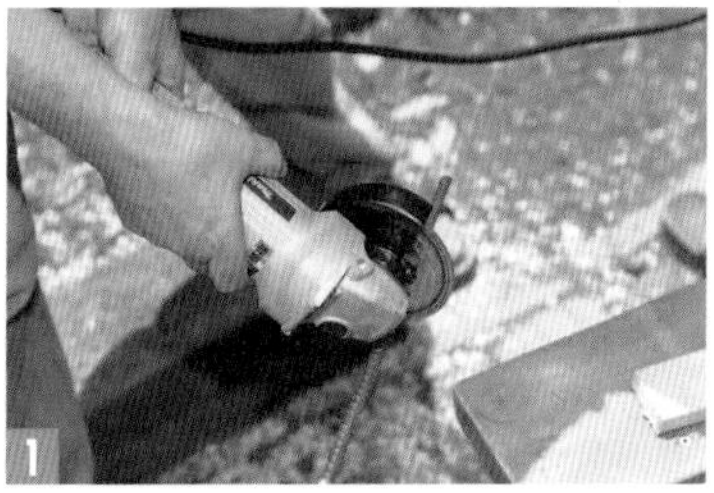
1 ディスクグラインダーで、鉄筋を15〜18㎝にカット。さらに先端を尖らせる

2 ドリルで下穴をあけ、鉄筋を打ち込む

3 接合させる枕木にやはり下穴をあける

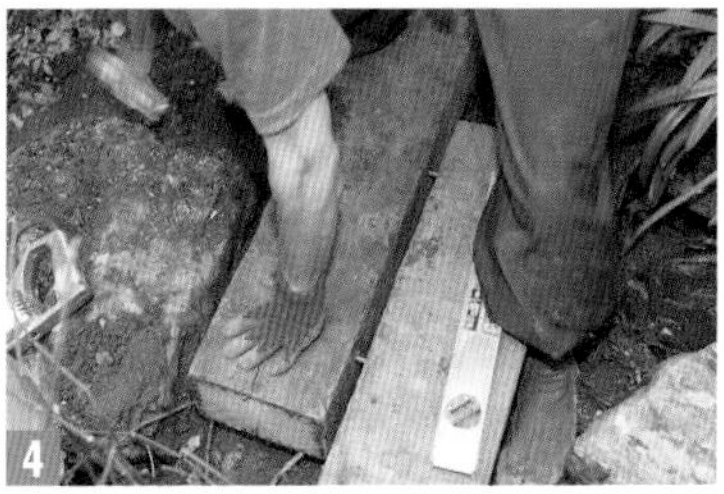
4 枕木を合わせ、ハンマーではめ込む。これできれいに接合した

Step 9

割竹を張る
和風ムードが一挙に高まる

上段デッキおよび下段デッキの一番外側の根太は、床が張り出しているので見えにくいはずなのだが、できあがってみると幕板のように見える。これを割竹で覆うと、和風色がさらに高まり、しかもややエキゾチックなイメージになる。

根太の幅は140㎜で、割竹が3枚ピッタリと納まるのも都合がよかった。

ただし、割竹はドリルで下穴をあけてから、細いクギで止めていくという作業になる。

1
外側の根太に、幕板のように割竹を張っていく。まずドリルで下穴をあける

2
細クギで固定。割れやすいので、カナヅチを強く叩きすぎないように

3
割竹を張り終わった。和風ムードが一挙に高まった

Step 10
井戸ポンプで演出

循環ポンプ利用で水音を楽しむ庭に

偶然手元にあった古い井戸ポンプ。これをデッキの先端部に固定し、循環ポンプを使って、池の水を汲みあげ、井戸ポンプから流れ出るような演出をする。

流れ出た水は、一度石臼で受けてから、また池にこぼれ落ちるというしかけだ。

2
ビニール管を通す穴をあけた板材（2×6）を張る

1
端材を使って、井戸ポンプをデッキに固定するための土台を作る。L字金具を使い、根太代わりの土台を作る

3
ワッシャーと木ネジで、井戸ポンプを固定する

4
循環ポンプを使って、水を流してみた

上／デッキの先には小さな池があり、枕木の小道をつけた。水の落ちる循環井戸ポンプも風雅な雰囲気作りに役立っている。
下／家側に向かって右側、室外機カバーの前には、丸い柱を避けるためにジグソーで丸い穴をあけてある。また奥には、デッキ材と同じ素材で、室外機カバーを作った。左／和風の庭に異形のウッドデッキが意外なマッチングを見せ、モダンなイメージとなった

ジグザグの床張りがユニークなウッドデッキが完成！庭が、モダンに変身した

実践レポート2

既存のウッドデッキに囲炉裏を作る

Step 1 プランニング

ウッドデッキライフをさらに楽しく!

既存のウッドデッキに囲炉裏を増設するには、いくつかのアプローチがあるが、ここでは囲炉裏の縁に大谷石を使ったものを考えてみた。

囲炉裏の縁は「硬い材質の木材」が一般的だが、材料代がかかる上に、デッキが風雨にさらされることを考え、さらに和風よりのデッキとのマッチングを考えあわせて、大谷石を選んだというわけだ。また、大谷石は材質が柔らかく、ディスクグラインダーで簡単に加工できるというのも魅力だ。

ただ、大谷石は近年、石材店でも売られていることが少ないので、入手が困難なケースもありそうだ。そんなときは、大手ホームセンターで大谷石に似た風合いの石材を探してくるという手もある。

また、炉床材には、銅板やステンレス板などが考えられるが、ここでは厚さ3㎜程度の鉄板を選んだ。軽量ブロックでかさ上げし、その上に鉄板を置き、縁に大谷石を使うというプランだ。

デッキリビングのバリエーションを増やすために、なにもないデッキに囲炉裏を作る

用意する資材		
鉄板	厚さ3.2㎜ 740×740㎜	3,300円(うち加工代は600円)
大谷石	200×150×720㎜のものを4個	石材店で購入可。約6,000円
軽量ブロック	10個	約1,000円
ドライモルタル	24kg入り袋を2個	約1,200円
川砂	20kg入り袋を1個	約300円

今回使った道具

ジグソー、インパクトドラバー、サンダー、ノコギリ、ディスクグラインダー(ダイヤモンドホイールつき)、コテ、練りクワ

※価格は取材時のもので、目安価格です。

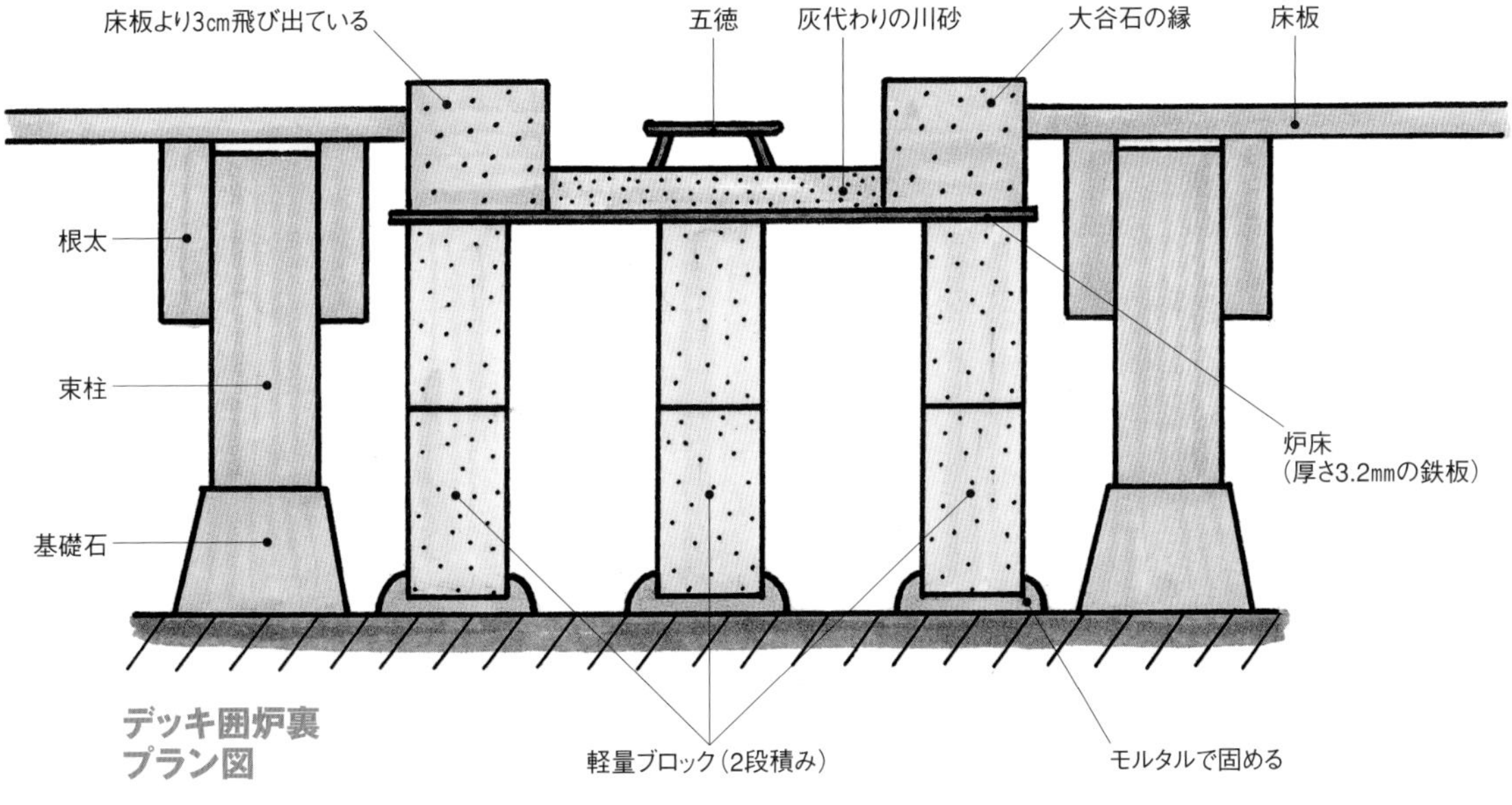

デッキ囲炉裏
プラン図

Step 2 デッキの開口

下地材の状態を見極めて

まず、囲炉裏の位置やサイズを決めるのだが、床下の状態をよく見極めることが大切だ。束石がない場所を選び、できれば根太や大引のあるところも避けたい。ただし、根太や大引を完全に避けることはむずかしいので、その場合はカットし、後で補強することになる。

位置とサイズが決まったら、床に墨線を引いて、いきなり床をカットしていく。一度床材をはずして、丸ノコやノコギリでカットしていってもいい。露出した根太は、ノコギリでカットしていくが、同時に補強も行なっていくこと。

1

デッキの床に墨線を引き、いきなりカットしていく。ジグソーがあれば簡単にカットできる。ジグソーがなければ、一度床材をはずしてから、丸ノコやノコギリでカットしていく

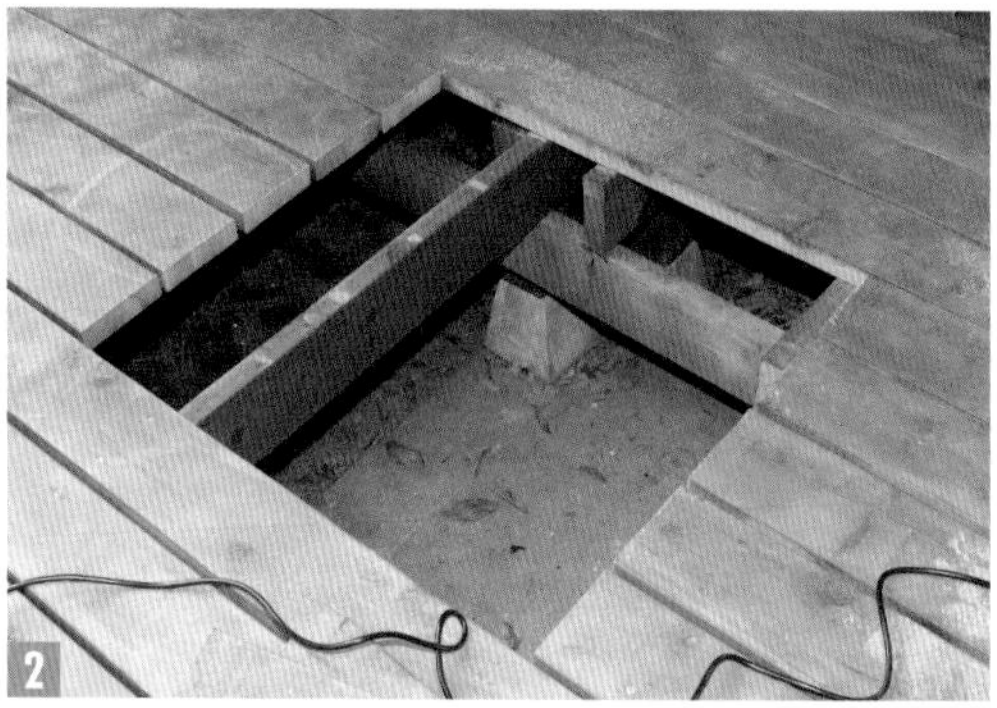
2

穴開けが終わった。下地材が露出している。この処理をしっかりしなければならない

3

サンダーで切り口をなめらかにする

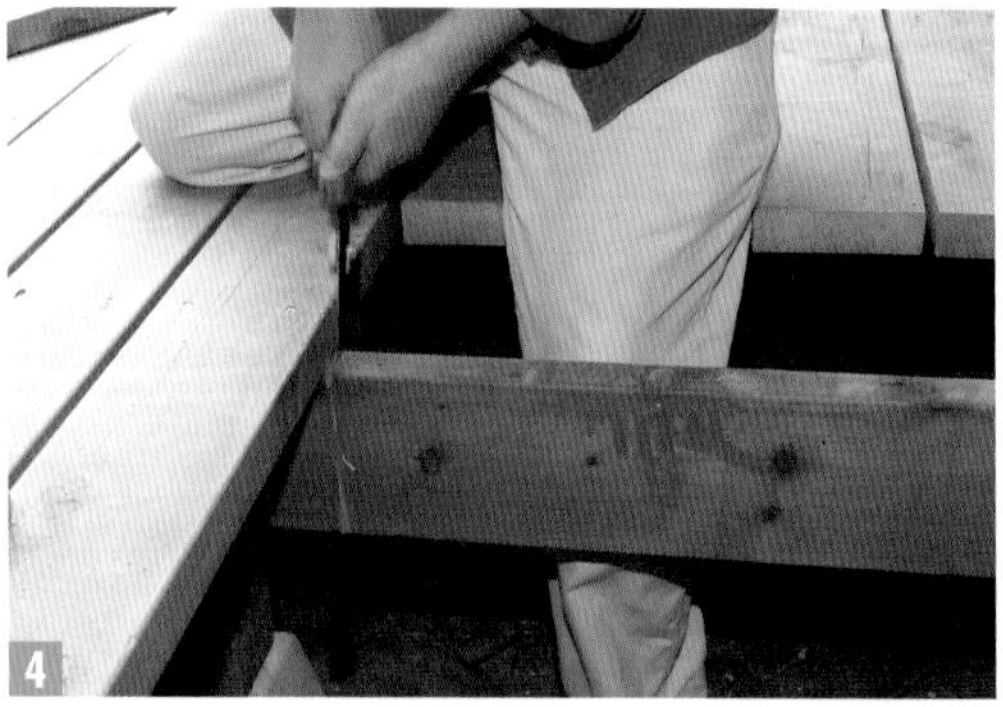
4

じゃまになる下地（根太）をカットする。ただしそのままでは強度に不具合が生じる…

5

各所に補強材をいれる。場合によっては新たに束石をいれることもある。要するに床板が沈んだり、がたつかないように補強する作業になる

6

囲炉裏を作るための開口処理が終わった

ブロックでかさ上げする

囲炉裏の底、つまり炉床の下地は、軽量ブロックを利用する。ブロックを重ね、モルタルでしっかり固定する。高さはモルタルの量で調整すればいい。また、水平に置くことも大切なポイントだ。ここでは、最終的に大谷石を置いたときに、囲炉裏の縁がデッキフロアから3㎝飛び出すような高さにブロックを設置した。

なお、ブロックの代わりに、レンガや他の石材を使ってもいいだろう。

ブロックを積みはじめる。高さはモルタルの量で調整すること

ブロックは2段積みとした。穴の中や周囲にモルタルをいれて固めていく

上に鉄板が水平に乗るように確認し、この状態で、モルタルが固まるまで1日置く

モルタルを練る。今回はセメントと砂が1：3の割合で配合されているドライモルタルを使った。水をいれて、耳たぶよりやや固めに練る

鉄板の加工はホームセンターで

炉床の素材となる鉄板はホームセンターで購入できる。ただし加工サービスは行なっていないというケースもあるので、その店が加工サービスを行なっているかどうかを確認しよう。近くに適当なホームセンターがない場合は鉄工所に依頼するという手もありそうだ。

ちなみに、今回の鉄板加工は大手ホームセンターで行なったもの。厚さ3.2㎜の鉄板を740×740㎜のサイズにカットしてもらって、加工料は600円。

鉄板は、ホームセンターで希望どおりのサイズにカットしてもらおう

Step 4

鉄板&大谷石を置く

大谷石はディスクグラインダーで微調整

モルタルが乾燥し、ブロックが安定したら、その上に用意した鉄板を置く。鉄板は購入時にホームセンターで加工済み。鉄板を置いたら、周囲に大谷石を置けば完成。大谷石はディスクグラインダーで簡単に削れるので、必要ならば微調整をすること。

ブロックの上に鉄板を置く

その縁に大谷石を置いていく

大谷石はすき間のないようにぴったりと置きたい。ややきつめぐらいの設定としたい

ディスクグラインダー（ダイヤモンドホイール装着）で、大谷石の縁を削って微調整する

最後の大谷石が入った

基本的な施工はこれで終了

灰の代わりに川砂をいれた

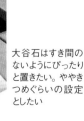

上／完成した囲炉裏を囲んで、至福の鍋タイム。下／灰代わりの川砂の上に五徳を置き、鉄鍋をかける。右／障子越しに見えるデッキ囲炉裏。囲炉裏はデッキライフを和風に染める絶好の演出法だ

デッキ囲炉裏が完成！
五徳に鍋をかければ、
くつろぎの時間がやってくる。
お茶もよし、酒もよし。
これぞ、和風野外リビングの快感

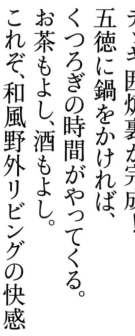

07 タンパは手作りがおすすめ

現場の地盤をしっかりと固めるために、タンパと呼ばれる道具があるのだが、要するに適当な重量物であればいいわけで、枕木や重量ブロックなどをタンパ代わりにすることをおすすめする。枕木はそのままよりも適当な板材を打ちつけて持ち手を作れば作業しやすい。

06 「仮の材を立てる」ことを「バカを立てる」っていうって本当？

1列目の根太を基準にして根太を広げていくときは、仮の板を立て、そこにクランプで根太を固定しながら、ハンマーなどで根太の水平を微調整していくというような作業が必要になるが、この「仮の板（棒）を立てる」ことを大工さんたちは「バカを立てる」という。その語源は聞き損なったが、要するに「そこに立って、板を持ってるということ」なわけで、もしかしたら、誰でもできる仕事だからなのかもしれない。

根太をクランプで「バカ」に固定している状態。この状態で水平に微調整してから本固定する

08 デッキ内に和風の囲炉裏を設置する

ウッドデッキというと、テーブル＆ベンチをならべてバーベキューなどと、どちらかといえば洋風なスタイルを思い浮かべる人も多いかもしれない。しかし、あるデッキプランナーによると、「デッキ上ではイスなど使わず、直に座るのが一番ですよ。木の温もりが伝わってきますから」、という意見もある。ならば！というわけでもないが、デッキ内に囲炉裏を設置した例を紹介しよう。デッキ内の囲炉裏作りで、一番注意しなければならないのが根太の配置。新築のときはもちろん、既存のデッキ上に囲炉裏を作るときも、つねに床板がしっかり支えられるように、開口部下にはしっかりと根太をいれておきたい。火床の高さは、囲炉裏の天板の高さにより変わってくるが、基礎部分のブロックの高さを調節して、極端に腰をかがめなくても済む程度の高さに調節したい。

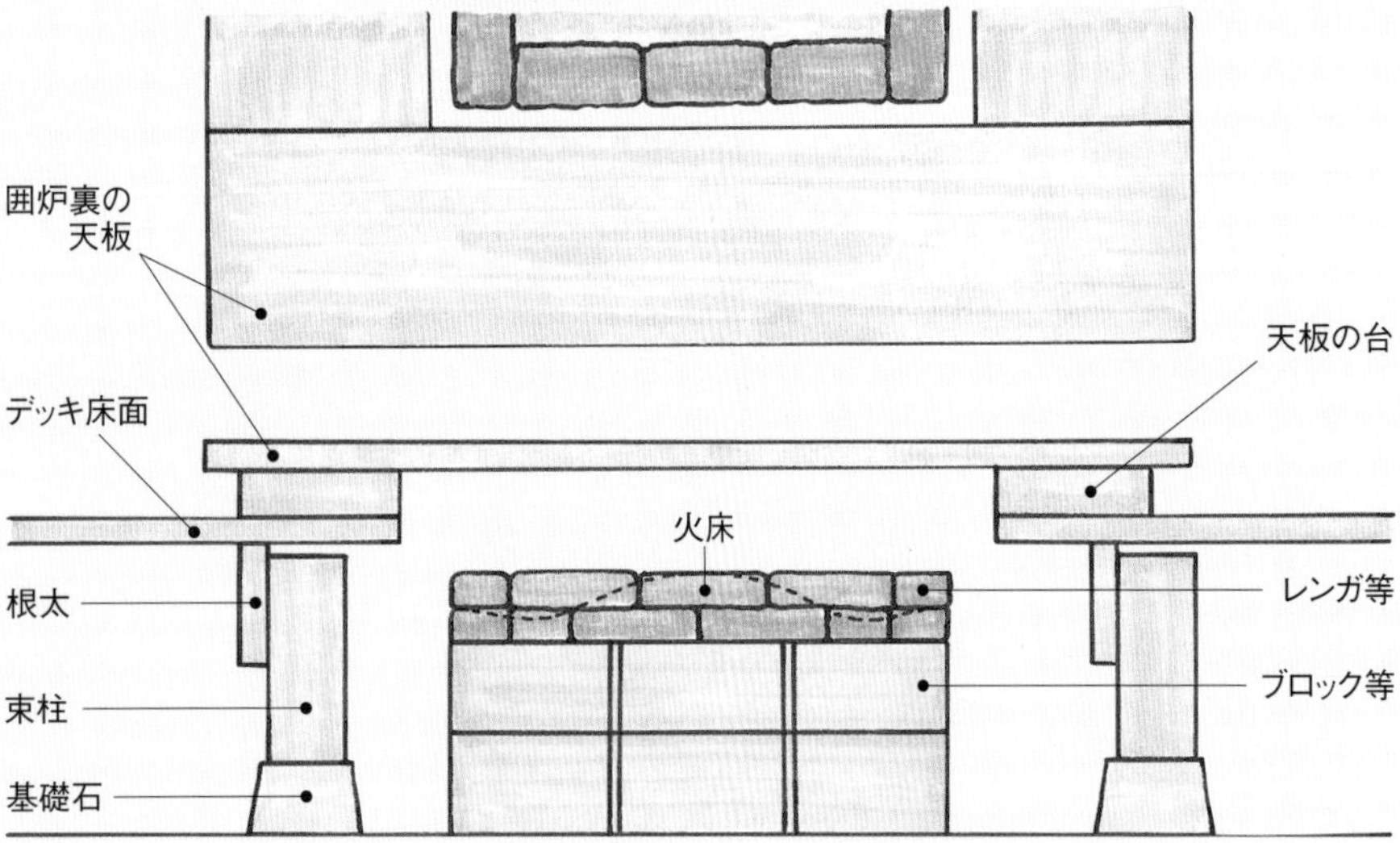

あ〜ら不思議、和風の囲炉裏がデッキに意外とマッチ！

Part 6

ウッドデッキの改装とメンテナンス

家族の楽しみ方によってウッドデッキは進化させていくことができる。
デッキを再塗装したり、フェンスや扉を新設したりと
既存のデッキを改装するテクニックと実践方法を紹介する。

Wooddeck
Maintenance

3年に1度が目安
ウッドデッキを塗り替える

3年に一度は塗り替え塗料はステインが一般的

ウッドデッキやラティスなどは日差しや雨風を直接受けるために傷みが早く、塗装して数年もすると表面の色あせが目立ち、塗膜もはがれてくる。3年を目安に塗り替えをしよう。

ウッドデッキ塗装に一般的なのが外部用ステイン。塗膜は作らず、木部に浸透して木目が透けるため独特の質感に仕上がる。塗り替えの場合、ステインが塗られているウッドデッキならステインの上塗りができる。しかし、塗膜のある塗料が塗られている場合、ステインを上塗りするためにはその塗膜をすべてはがす必要があり、これはDIYレベルでは不可能。そのため同じ塗膜を作る塗料を上塗りする。

道　具

ハケ

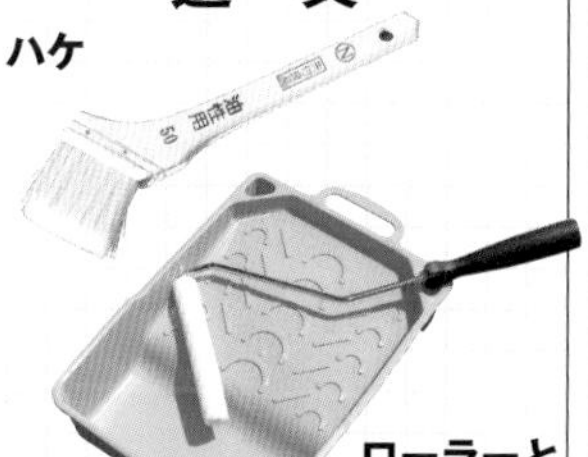

ローラーと
トレイ

養生シート

マスキングテープとビニールシートが合体したもの。これがあると養生の手際がグンとよくなる

●軍手　●長柄ホウキ　●ガムテープ
●スクレーパー　●サンドペーパー
●マスキングテープ

塗　料

外部用ステイン

ウッドデッキは外部用ステインで仕上げられていることが多い。防虫・防腐の成分が内部まで浸透するので、木材そのものの耐久性を高めてくれる。ガーデニング木部にはぴったりの性質といえる

屋外木部の塗り替えの作業手順とポイント

サンドペーパーをかける
↓
マスキングをする
↓
外部用ステインを塗る

家屋と接しているウッドデッキの場合はマスキング（養生）が大切。とくに油性のステインは付着したらまず落ちない。塗装は「養生8割」とも言われるほどで、マスキングに時間と手間をしっかりとかけることが成功の秘訣だ。ステインは防虫・防腐効果を高めるために二度塗りが基本。水性なら数時間で乾くのでその日のうちに塗れるが、油性の場合は乾燥に1日かかる。翌日の天気も調べてから塗装計画をたてることが大切。

サンドペーパーをかける　Step 1

表面を荒らすことで塗料の浸透、食いつきを良くするのが目的。

かなり手間のかかる作業だが、これをしっかりやるかやらないかで仕上がりは雲泥の差！

スクレーパーは塗装のはがれやカビなどを取るときに使う。屋外木部以外でもよく使われる道具なので1本持っていると便利

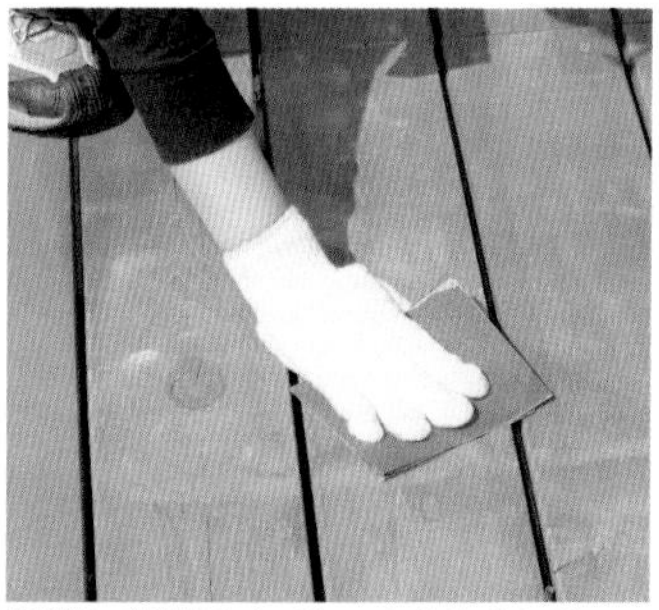

研ぎクズが出るまでしっかりとサンドペーパーをかける。やや目の細かいものを使う

1 表面をペーパーがけする

まずサンドペーパーで表面を研いで、塗装用の下地を作る。サンダーを使ってもいいが、屋外ということもあるので条件次第。全体的にムラなくかけることが大切だ。鳥のフンやカビはスクレイパーを使ってしっかりとそぎ落とす。しかし、あまりに汚れがひどいときは一度、全体を水洗いして乾燥させてからのほうがいいだろう。その場合は完全乾燥に丸1日考えておく。なお、塗装前日が雨だと、当日が晴れても木材の内部がまだ乾いていないので塗装にはあまり適さない。日程に余裕があれば、雨の翌日の塗装は避けたいものだ。

2 研ぎクズをはく

ペーパーがけができたら、長柄のホウキで研ぎクズをはく。これで下地処理は完了。次はマスキング（養生）に取りかかる

必見　ヒビ割れ、ビス頭のサビ等はそのままでOK

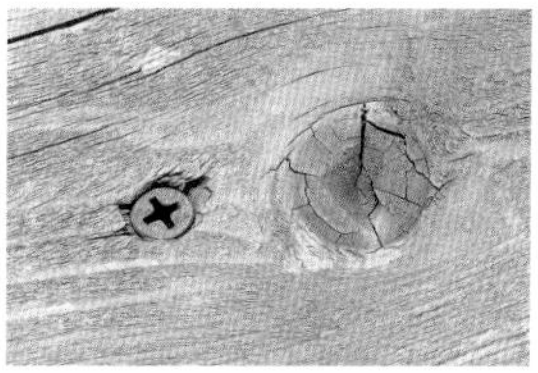

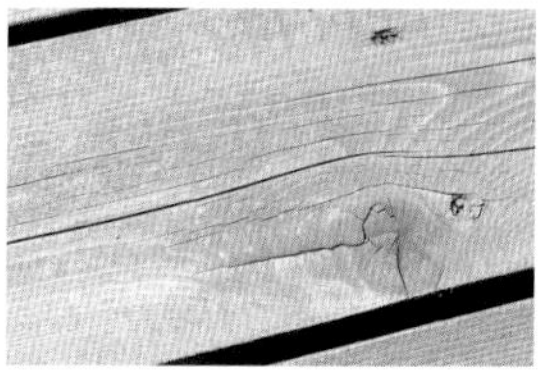

ヒビやカケはパテ埋めしない。パテにはステインがのらず、そこだけ色違いとなる。ビスのサビも木材には影響しないのでそのまま

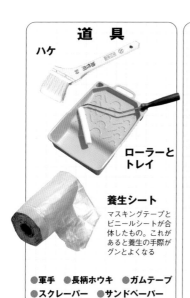

マスキング(養生)をする Step 2

「養生８割」と言われるほどマスキングは塗装にとって重要な準備作業。
しかし、裏を返せばこれをしっかりしておけば、仕上がりは約束されたようなもの！

1 専用テープを貼る

塗料がついては困る場所に養生用のマスキングテープを貼っていく。写真は雨戸。縁の部分に貼る

2 ガムテープも活用する

マスキングテープが貼れない石やモルタル、鉄などには布製のガムテープが便利だ

3 徹底して養生する

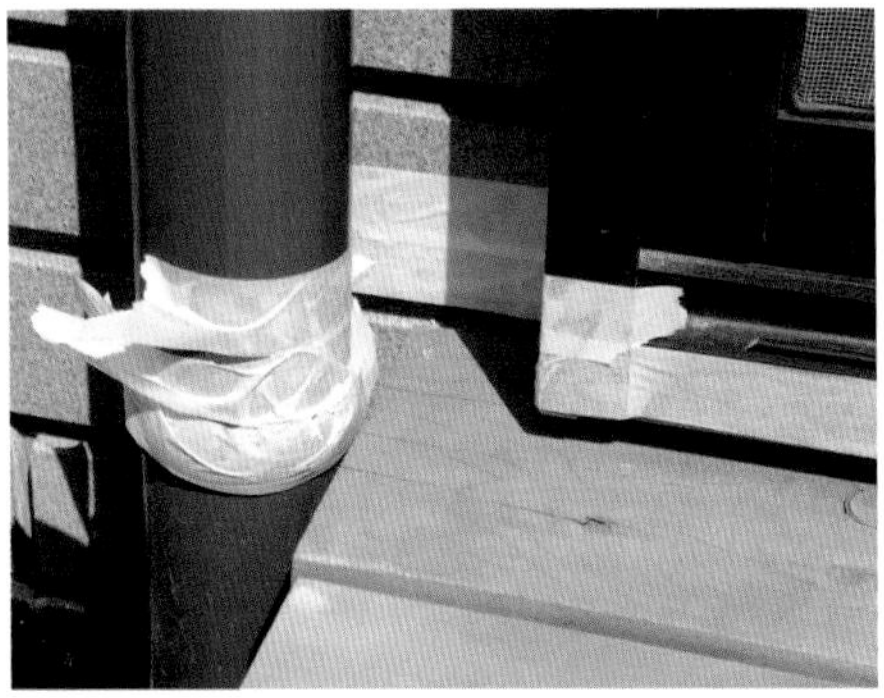

このような際の部分はルーズになりがち。塗料がついてからでは遅すぎるので、しっかり養生を！

デッキの外側に塗料がたれることもあるので、まわりもきちんとマスキングする。ベニヤか段ボールを広げてもいい

意外に忘れがちなのが草花の養生。塗料がつかないように、養生シートを使ってしっかりと保護してあげよう！

必見 養生シートをラクに貼るための〝捨てテープ〟という裏ワザ

写真はデッキ内のバーベキュースペース。養生の際、まずスペースの縁にガムテープを貼ってしまう。これを「捨てテープ」という。こうすれば縁に厳密に合わせて養生シートを貼らずとも、捨てテープの上にラフに貼るだけで済む。これで養生作業の効率が上がる。

▼

◀

必見 初心者にはマスキングテープの二枚貼りがおすすめ

写真のようにマスキングテープを二枚貼りすれば養生としてはカンペキだ。その分、手間はかかるが、塗装に慣れていない人にはおすすめしたい。さらに、こうしておけばある程度ハケ使いを乱暴にしても塗料が付着する心配がなくなり、作業効率はかえって良くなる。養生はいくら念入りにしてもしすぎるということはない。

外部用ステインを塗る Step 3

ステインは必ず二度塗りしたい。しっかり塗料を染み込ませることで、防虫・防腐効果が高まることはもちろん、一回塗りだけではどうしても塗り残しができるからだ。

1 逆さにしてよく振る

開缶する前に逆さにして振って、よく混ぜる。塗料はバケツに少量ずつ分けながら使うこと

2 縁から塗り始める

まずはデッキの縁をはじめに塗ってしまう。30mm程度の細いすじかいバケが便利だ

床材の間にも最初にハケを入れておこう。最後に表面部分を塗るだけの状態にしておく

3 広い面はローラーも便利

ハケで細部を塗ってしまったら、広い表面部分はローラーで一気に仕上げる。塗料を吸い込み過ぎないので細身のローラーのほうが使いやすい

ココが大切！

塗る順番は上から下、右から左

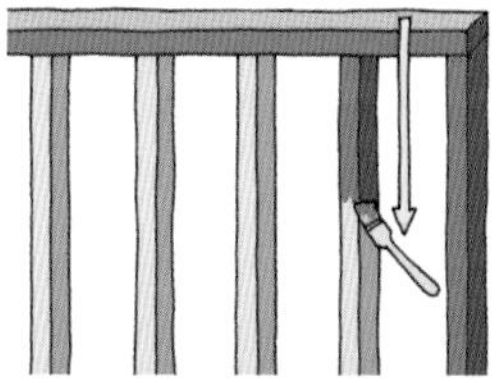

ステインは粘度が低く、サラリとしている。つまりタレやすい。手すりなどはまず上の部分を塗って、タレを伸ばすようにしながら下へと進む。

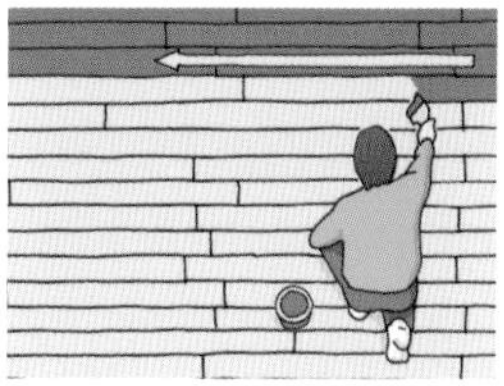

右利きの人であれば、イラストのように右から左へと移動しながらだと塗りやすい。左利きは反対。最後の逃げ場を考えながら塗っていこう。

4 接合部もしっかりと

木材同士の接合部分は水がたまって腐りやすい。念入りにステインを染み込ませる

5 塗り終えたら乾燥

油性は1日、水性なら2時間ほど乾燥。塗りムラは重ね塗りをすれば直るので気にしないこと

6 重ね塗りして完成

今回は段差のあるデッキだったので、視認性を良くするため段差部の色を変えた

実践
レポート

THE PROJECT
FOR REMODELING THE WOODDECK

そろそろやりたい…
デッキ改装

数年前に作ったウッドデッキを改修したい。
そんな読者に捧げるのが、
ここでの実践レポートだ。
既存のデッキを改装したいという
モデルファミリーの要望に応えて、
プロのガーデンプランナーがDIYerのために考えた
現実的なデッキ改装プラン。
他のデッキオーナーにとっても
大いに役立つノウハウに満ちているはずだ。

あなたもやってみませんか、こんなこと…

幼児の安全対策 ▶▶▶ ドア設定、フェンスデザイン変更

便利機能追加 ▶▶▶ 床下収納、カウンターテーブル＆スツール、室外機カバー

植栽用開口部増設、再塗装

デッキドア&縦格子の高いフェンスを取りつける

既存のウッドデッキをDIYで改造し、より使い勝手のいいデッキ空間に仕立てたい。そう思っている読者は意外に多いはず。たとえば、今回のモデルファミリー、鈴木邸の場合も、男の子の赤ちゃんが生まれて現在1歳半。眼前に迫っている「わんぱく坊主の季節」に備えて、高所にある既存のデッキに安全対策を施したいという。つまり、親の目を盗んで動きまわり、デッキから転げ落ちたり、最悪はフェンスを乗り越えて大怪我をするかもしれない。そんなことがおこらないように、デッキをより安全な仕様に変更できないかというのが、今回のメインテーマである。

そこで登場するのが、DIY誌「ドゥーパ!」でおなじみのD・パラダイスの高橋師匠である。

さっそく現場をチェック、鈴木ファミリーの要望に耳を傾けた後、さっと書きあげたのが、下のイラストのようなアイデアスケッチである。

まず、既存のラティスフェンスを撤去し、より高い、しかも子供がよじ登りにくい縦格子のフェンスに変更する。さらに、子供が勝手に外に出ていけないようにするため、外からのデッキ出入り口にスライド式のドアを取りつけ、カギがかかるようにする。これで、子供の安全対策はほぼOKというところなのだが、これで満足するような高橋師匠ではない。

夫婦が語り合う癒しの空間作りにも留意

デッキライフは、なにも子供のためだけにあるわけではない。子供の安全を確保した上で、次に考えたいのが、家族や夫婦がゆったりとくつろげる「癒しの空間作り」である。しかも、手作りで実現できるプランでなければならない。

そこでまず師匠は、足下で子供が遊んでいる場合でも、夫婦がお茶を楽しめるカウンターテーブルを考えた。またガーデン木工のビギナー向けアイテムともいえるエアコンの室外機カバーをつけて、プラスチックな雰囲気を消すことに。もちろん、近年デッキ作りで大流行の床下収納もある。これはフロアからの開閉で出し入れするのではなく、デッキの外側から開閉するタイプのものに。

さらに圧巻は、デッキフロアの端に大きな開口部を設けて、シンボルツリーを植え込むスペースを作ることにした。なにもないデッキ空間に緑の植栽がワンポイントあるだけで、子育てに疲れた母親は十分に癒されるものなのだ。

そして、最後にデッキの再塗装。既存のデッキフロア材はセランガンバツーで、今回のリフォームで使用する材はウエスタンレッドシダーなのだが、異なるふたつの材の統一を計る意味でも、デッキ全体を茶系のナチュラル塗料で塗装することにした。はたして、結果は…?

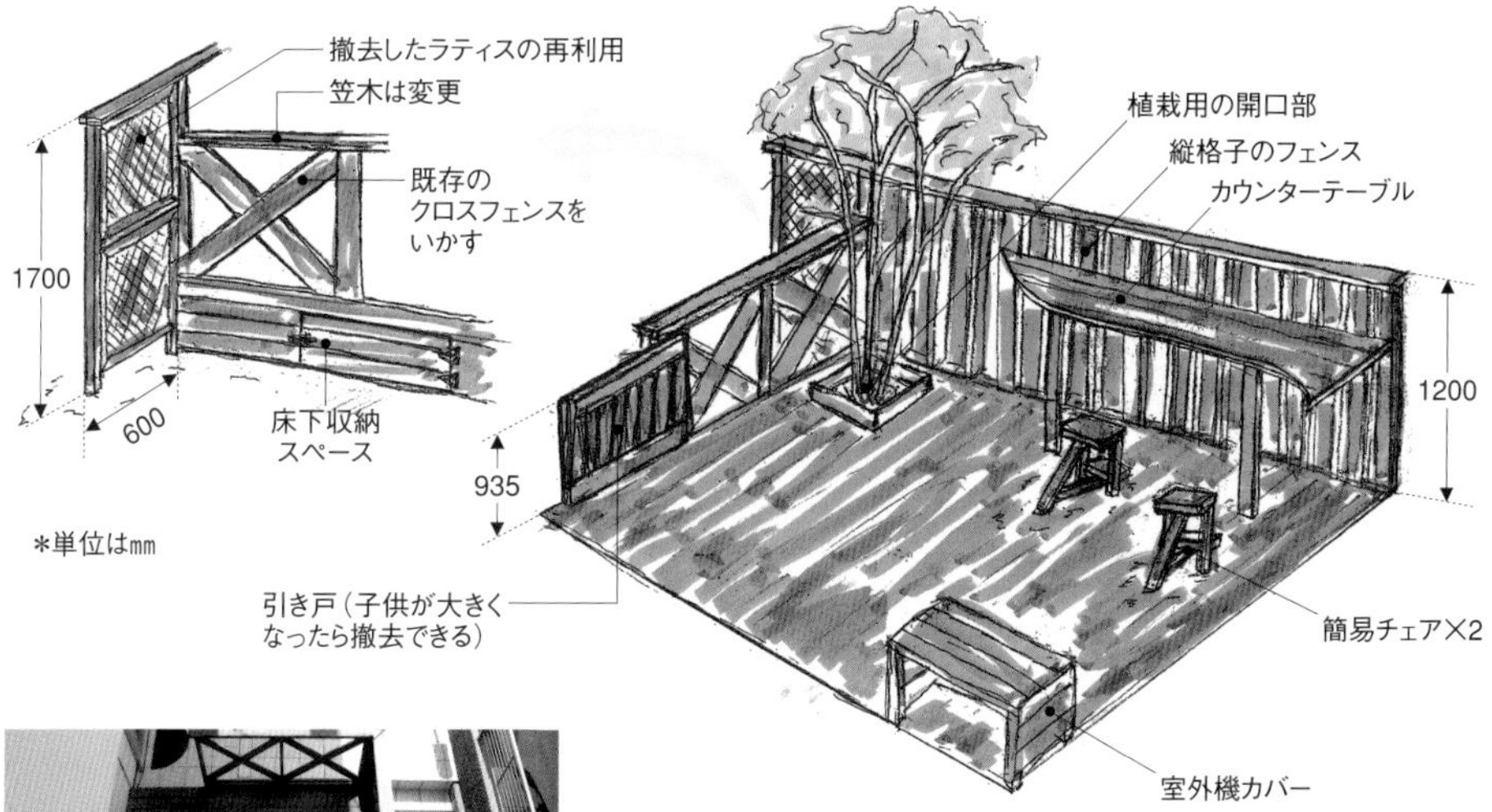

＊単位はmm

既存のデッキを上から見る。子供が右側（通り側）のフェンスを乗り越えると下にまっさかさまという危ない状況だ

既存のデッキフェンスは、背の低いラティスだ

単位はmm

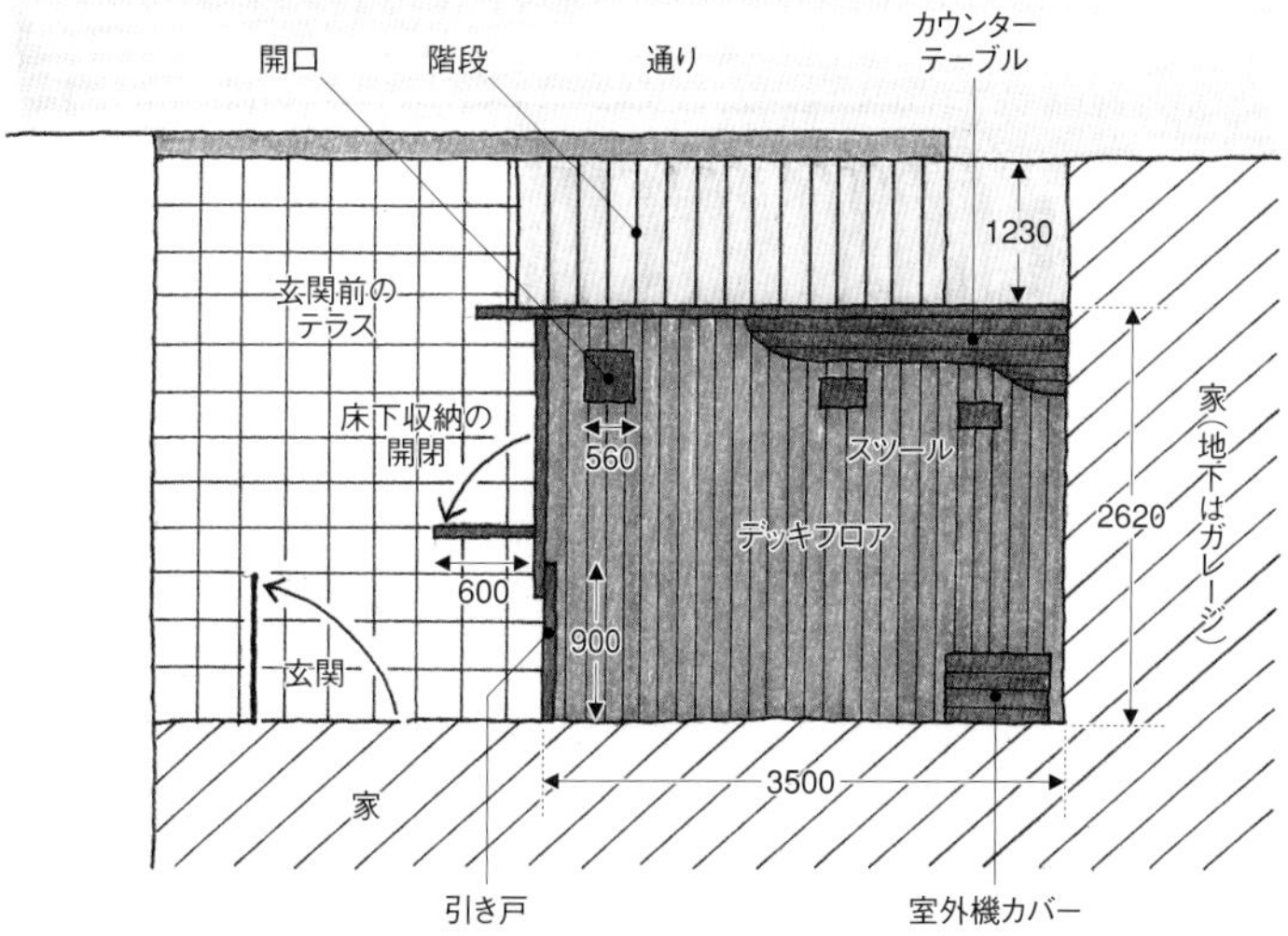

通り側フェンスの変更

既存のラティスフェンスは高さが800㎜とやや低めで、子供が乗り出すとひやひやする。

今回のモデルハウスは、通り沿いにガレージがあり、家はガレージの際にある階段を上った高い位置に建てられている。いってみれば、デッキは2階にあるようなもので、通り側のデッキから転げ落ちることは、すなわち相当にヤバいことになる。

そんなことにならないように、通り側のフェンスの高さを400㎜上げ、しかもラティスではなく、縦格子のフェンスにデザイン変更する。縦格子ということは、子供が足をひっかけてよじ登ることができないということでもあり、子供の安全対策フェンスに通ずるはずだ。

作業ポイントは、既存のポスト(柱)をどうやって延ばすかだ。これは、「既存ポストを1×材で包んで延ばす」ということで対応した。今回の既存ポストは75×75㎜の角材だったので、用意した1×材の幅をこのサイズに合わせ、丸ノコで割いて対応した。この方法は、既存ポストを延長する方法としてポピュラーな方法だ。(図参照)

もうひとつ。高さを変更した外側のフェンスを600㎜横に延長し、延長した部分のみ、撤去したラティスを再利用したラティスフェンスとした。これはデザイン的なアイデアであることに加え、上ってくる人の目線隠しにもなるし、ハンギングプランターの設置ポイントにもなるというメリットもある。

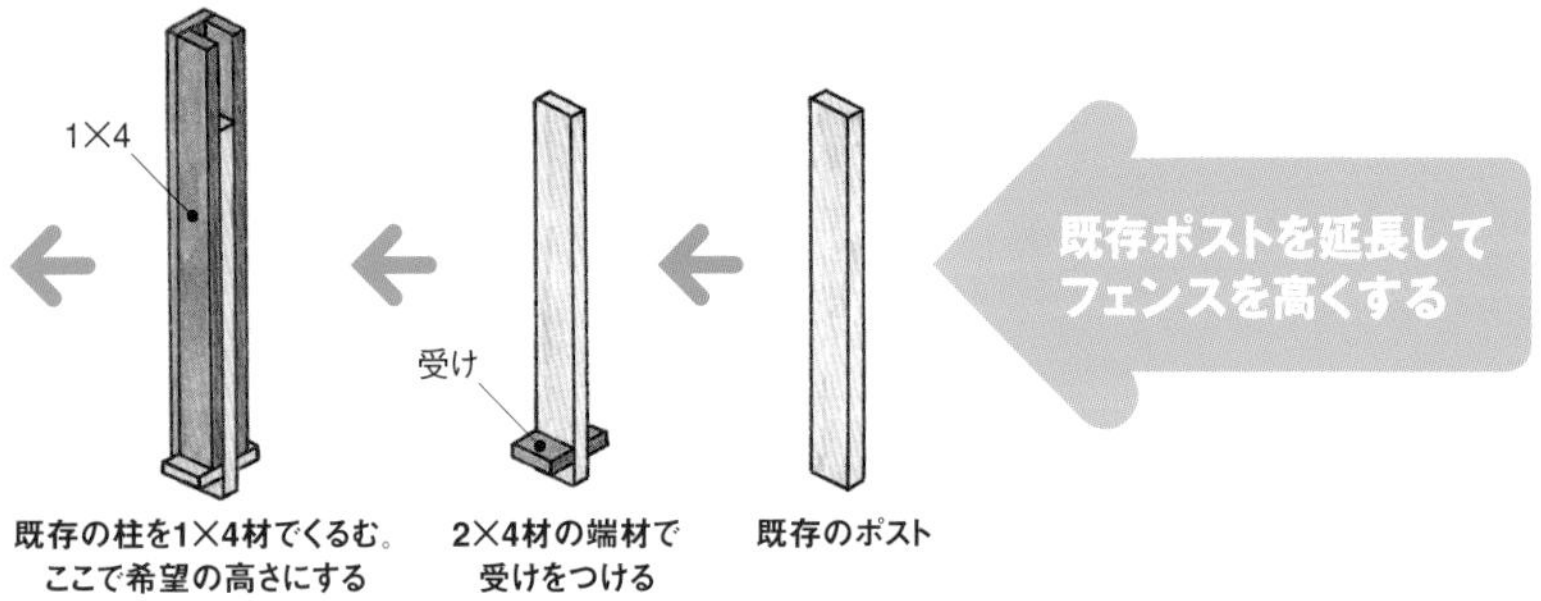

用意した資材	
2×材（ウエスタンレッドシダー）	2×6（14ft×4本）
	2×4（14ft×2本／12ft×10本）
	1×6（12ft×4本）
	1×4（12ft×15本）
	4×4（10ft×1本）
金物	ポストベース（シンプソン金具AB44）1個
	戸車2個
	アルミアングル（40×40×1000㎜）
	蝶番（2個）
	ラッチ1組
	掛けガネ1組
ネジ・クギ類	コーススレッド（65／75㎜）、細ビス（20／38／45／50／65㎜）
塗装関係	オイルステイン（インウッド・ナチュラルカラー）
	エクステリア木部洗浄剤（ウッドリバイバー）
その他	戸あたり（ゴム製）2個

用意したウエスタンレッドシダー。「木工ランド」の通販システムを活用。電話1本で、2日後に施工現場まで届けてくれる。2×4の12ftが2,000円、1×4の12ftが1,500円、1×6の12ftが2,360円と、リーズナブルな価格設定もありがたい。 木工ランド ☎055・241・2380 http://www.mland.gr.jp/

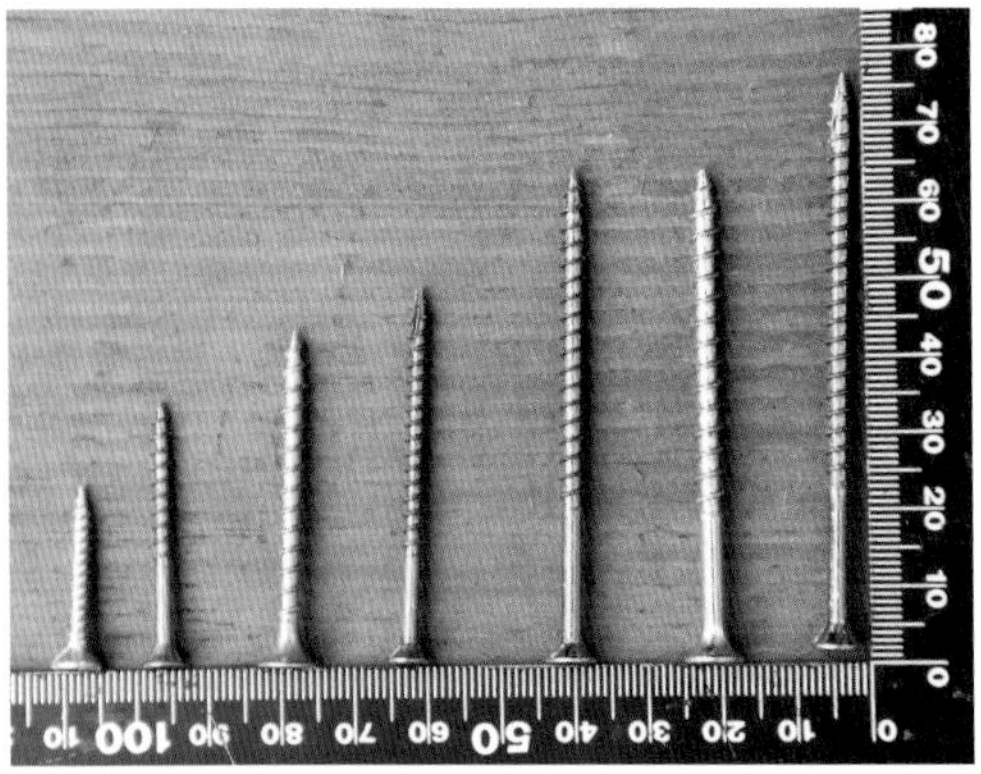
用意した木ネジ。左から、細ビスの20㎜、38㎜、45㎜、50㎜、65㎜、コーススレッドの65㎜、75㎜

用意したおもな道具・工具　インパクトドライバー、振動ドリル、ジグソー、丸ノコ、卓上丸ノコ、ノコギリ、ハンマー、ノミ、カンナ、ヤスリ、サシガネ、スコヤ、メジャー、水平器、塗装用具、デッキブラシ、ブロワー、コードリール

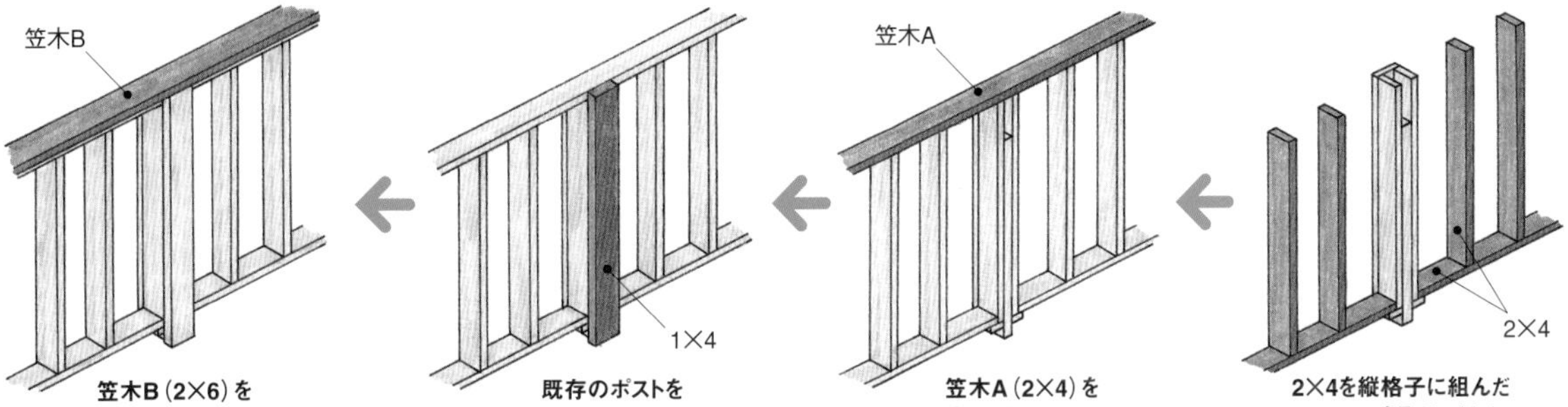

2×4を縦格子に組んだフェンスを取りつける

笠木A（2×4）を乗せて取りつける

既存のポストをここで完全にくるむ（1×4）

笠木B（2×6）を乗せて取りつける

既存のデッキフェンスを撤去するが、通り側のフェンスはポストを残し、玄関側のフェンスは笠木だけを撤去する

通り側のポストに受けを取りつける（図参照）

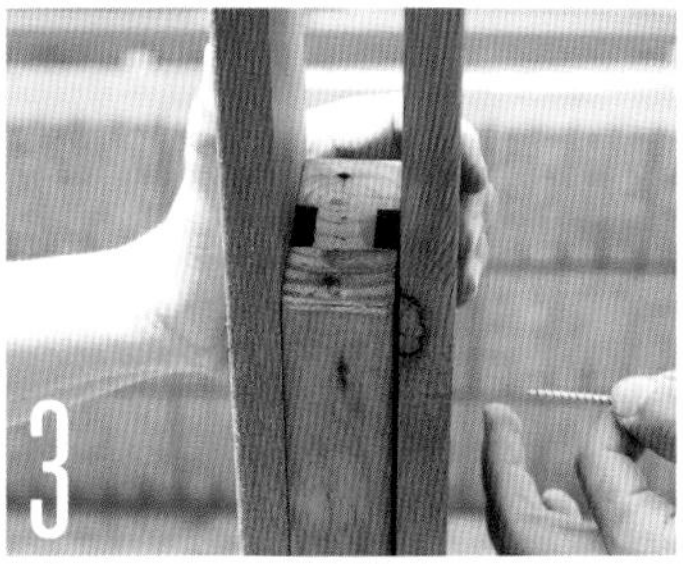

既存ポストの両サイドを、既存ポストよりも400㎜長い1×4材でくるんで高くする。幅を既存ポストに合わせて、少し割いてある（図参照）

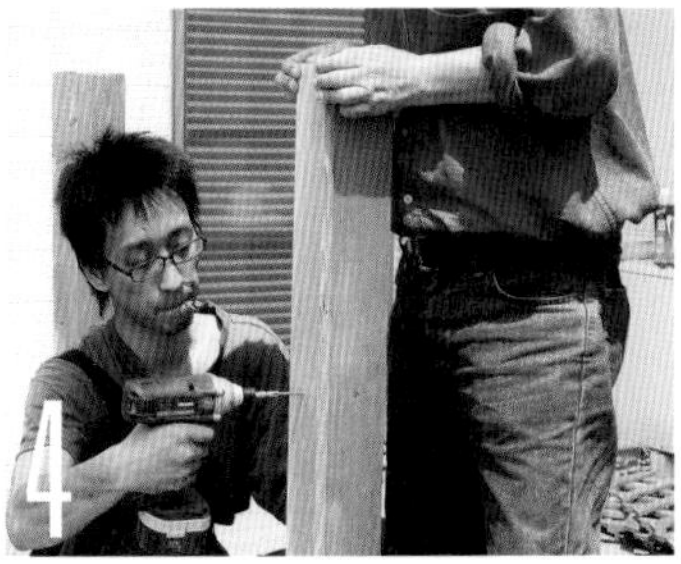

通り側既存ポストの後を1×4でくるむ。これも幅を現物合わせして割いたものを使う（図参照）

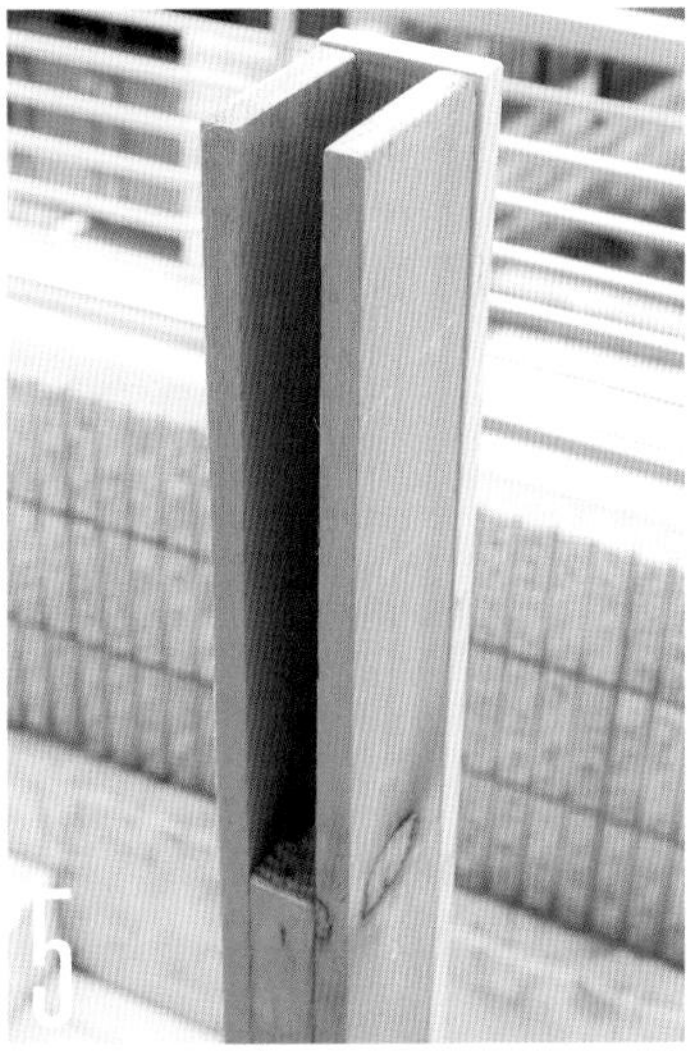

このようにくるんで高さを上げた（図参照）

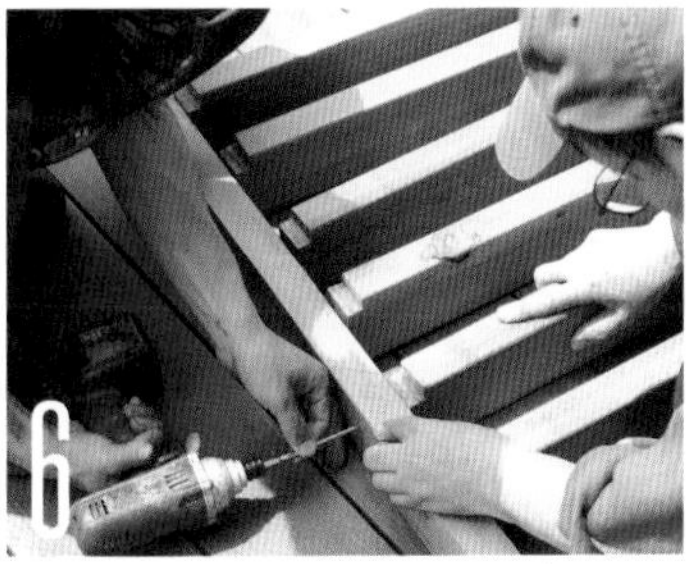

ポストに組みいれる前に、あらかじめ縦格子を組んでおく。胴縁の下側から木ネジを打つこともできるからだ

縦格子に組んだものをポスト間に組みいれる

ここで笠木を取りつける。このとき笠木の長さは、玄関側（手前）に600㎜ほど飛び出させておく

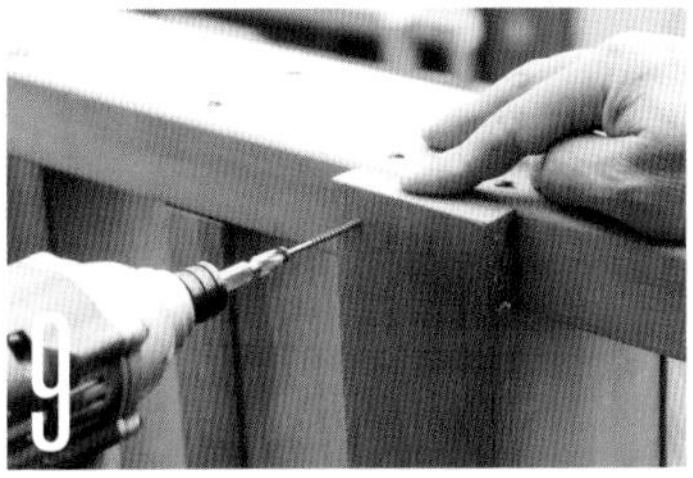

手前側が開いていた既存のポストを1×4でふさぐ（図参照）

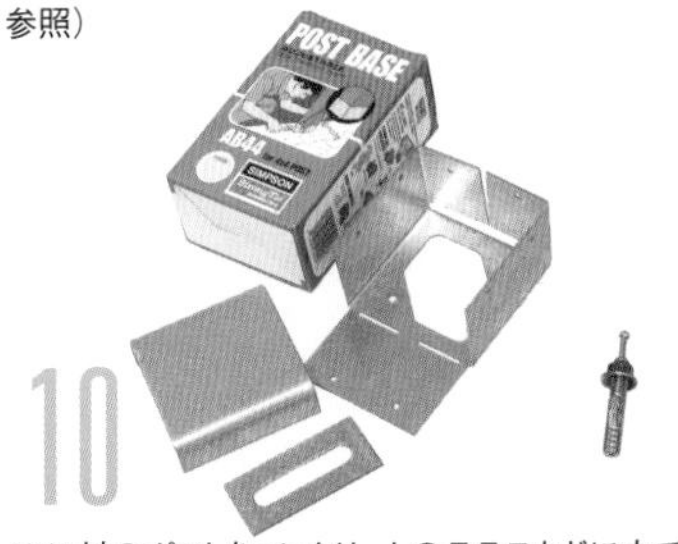

4×4材のポストをコンクリートのテラスなどに立てるときに役立つポストベース。これはシンプソン金具のAB44という商品。振動ドリルでコンクリートに下穴をあけ、アジャスタブルボルトを差し込むようになっている。ホームセンターなどで約850円

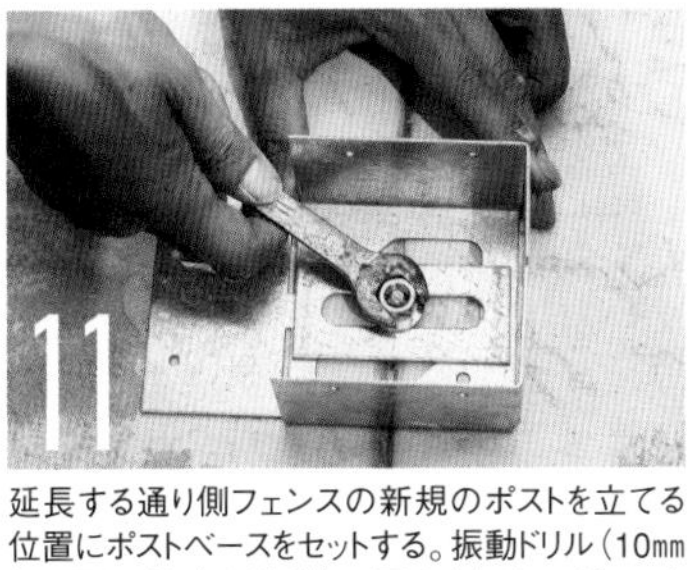

延長する通り側フェンスの新規のポストを立てる位置にポストベースをセットする。振動ドリル（10㎜径の石工用ビット装着）で下穴をあけ、アジャスタブルボルトで固定する

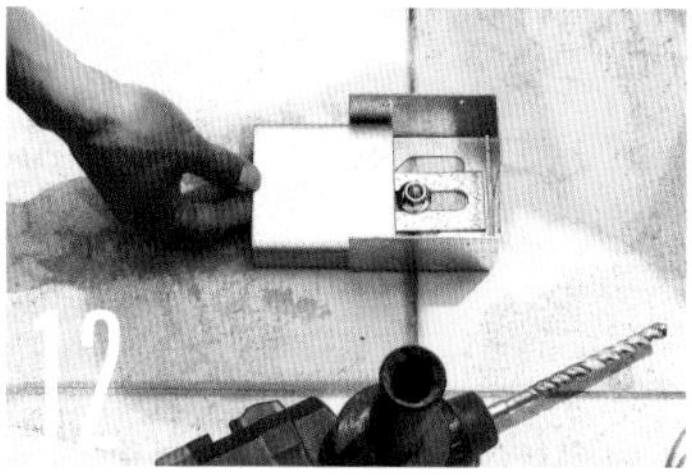

ポストベースがセットされた

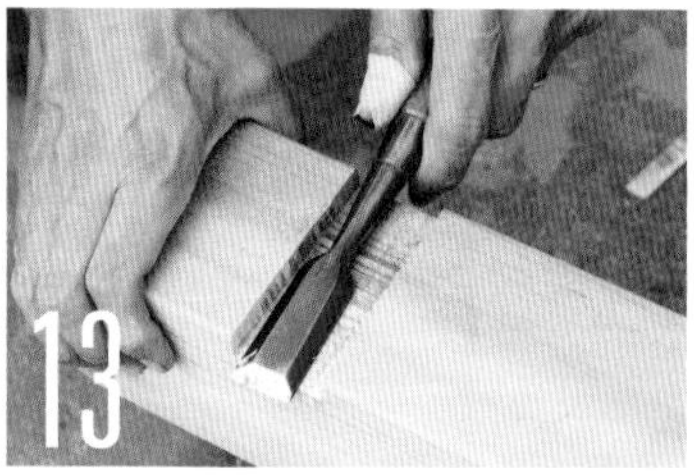

新規ポストのラティスの枠板が入る箇所を欠く。丸ノコとノミを使用

新規のポストを立てる

新規のポストを立て、枠板や笠木を取りつけた

笠木の上にもう1枚、今度は2×6材の笠木を取りつける

玄関側のクロスフェンスの笠木を取りつける（2×6使用）。幅広の2×6材を使った笠木を取りつけたのは、後述する引き戸のガイドを裏側につけるため

延長したフェンスのサイズに合わせて、最初に撤去したフェンスのラティスをカット

ラティスを取りつけるための胴縁をつける

ラティスを組みいれる

通り側のフェンスができあがった

approach 2

植栽をいれる開口部を作る

デッキフロアの端に開口部を作り、そこに植木を立てたい。開口部の下に土を盛り、実際に直植えしてもよいが、とりあえず背の高い立ち木をいれる大きな植木鉢を用意し、開口部に置くことにした。開口部のサイズは、580×580㎜。まず、フロアに墨線を引き、ドリルで穴をあけ、ここを起点にジグソーで開口する。さらに、カットした床材を利用し、開口部の縁に枠を作ればできあがり。

ジグソーカットをスタートさせるために、デッキフロアにドリルで穴をあける

ジグソーで開口する

開口した。サイズは580×580㎜

紙ヤスリで、切り口を軽く面取りする

取り除いた板材を使って枠を組む

枠板を開口部にはめ込んで固定すればできあがり

DIYビギナー必携！ デッキ作りの基礎知識

09 欠き加工はどうやってやるの？

上／ノコギリで両側に筋をいれる。この後に内側にたくさんの同じような筋をいれる。下／最後にノミでたたき落とす

床張りのときのさまざまな障害物を除けるために必要な欠き加工には、ノコギリと平ノミを使う方法とジグソーを使う方法が一般的。まず墨線を引いた後、ノコギリで両側を切り、さらに内側にたくさんの筋をいれ、最後に、ノミでたたき落とす。また、ジグソーでやる方法も安全で、初心者にはおすすめだ。こちらは墨線通りに刃を進めるだけだから簡単（図参照）。

ノコギリ&ノミによる欠き加工

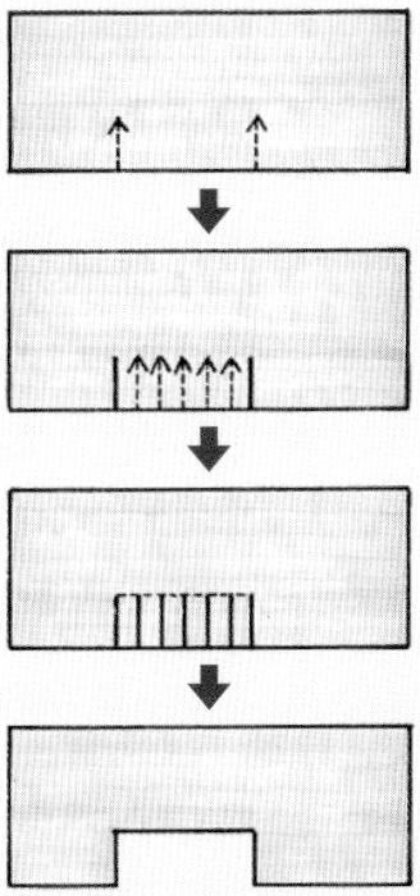

ノコギリで両側を切る→内側を切る→ノミでカット

ジグソーによる欠き加工

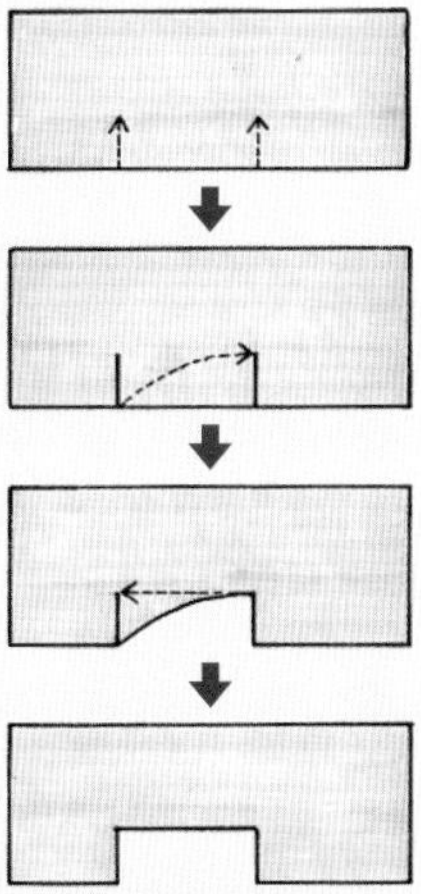

両側を切る→斜めに切る（右に）→左に直線カット

安全対策のドア設置

子供の安全対策の目玉ポイントともいえるのが、デッキ部への出入り口に設置するドア。既存のフェンスにマッチしたもので、後づけが簡単にでき、しかも、子供が成長したら不要になるため、簡単に撤去できるものが好ましい。そこで、考えたのが、引き戸式のドアだ。

まず、既存のフェンスの笠木の裏側にアルミアングルと1×材で引き戸のガイドを作る。引き戸は1×4材で組んだパネルに戸車（2個）をつけた簡単構造のもので、戸車のレールはつけない。子供が開けられないように、掛けガネをつければ完成だ。

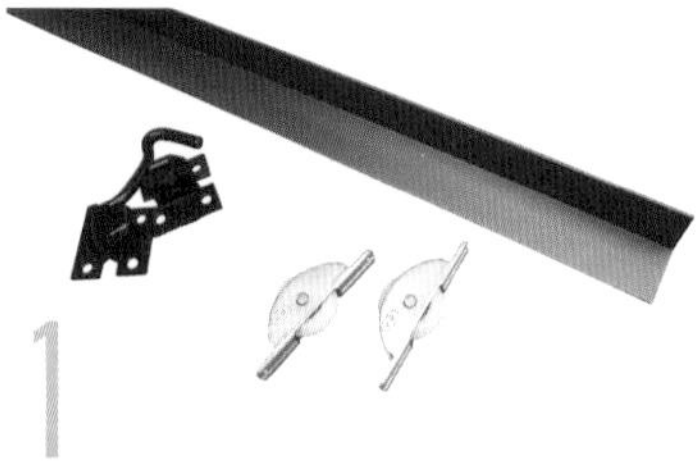

引き戸取りつけに用意した金具類。アルミアングル、戸車、掛けガネ

フェンスの笠木の裏側に、ガイドをつけるための材（1×材を裂いたもの）を取りつける

ガイドとなるアルミアングルを取りつける（20㎜の細ビス使用）。なお、アルミアングルはディスクグラインダーで簡単にカットできる

1×4材をこのようにパネル状に組み、引き戸を作る。下部に2カ所、戸車をつける

戸車を隠すように、もう1枚横板をつける

引き戸を下からみたところ

引き戸のガイドを完成させ、引き戸を収めてみる。アルミガイドの反対側にもう1枚、細く裂いた1×材がつけられて溝を作り、引き戸のガイドとなっているのがわかる

引き戸が開き過ぎないように、ガイドの端にストッパーをつけた

引き戸が閉まったときの掛けがねをつけた

引き戸が壁と当たるところにゴム製の戸当たりをつけた。これで子供が指をはさまれて痛い思いをすることはない

引き戸が完成した。掛けガネをかければ子供は外に出られない

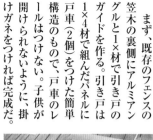

床下収納の設置

既存のデッキの機能追加のオーソドックスなアプローチとして床下収納がある。普通は床を開口して、持ち上げ式のフタを取りつけるケースが多いが、ここでは既存デッキのサイドにドアで開口する床下収納を作ってみた。

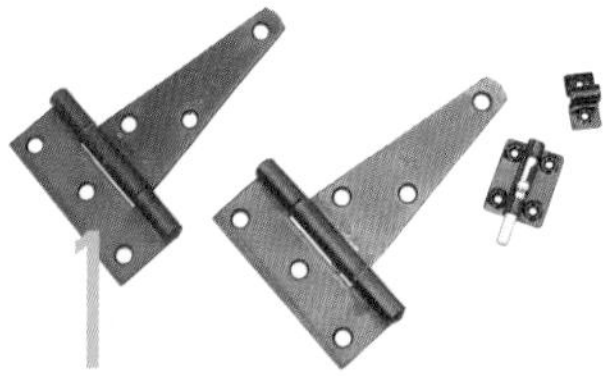
1
用意した金具。黒い蝶番とラッチ

2
デッキサイドに板材を張るための受け（撤去した板材を流用）をつける

3
床下収納の開閉ドアの部分を残して板材（1×4）を張る

4
1×4をこのようにパネル状に組み、開閉ドアを作る

5
ドアを取りつける（蝶番&ラッチを使用）

6
床下収納のドアが完成。ドアをあければ中は空洞だが、プラスチックコンテナなどをいれ、床下収納とする

DIYビギナー必携！ デッキ作りの基礎知識

10 ロープフェンスを長持ちさせる方法

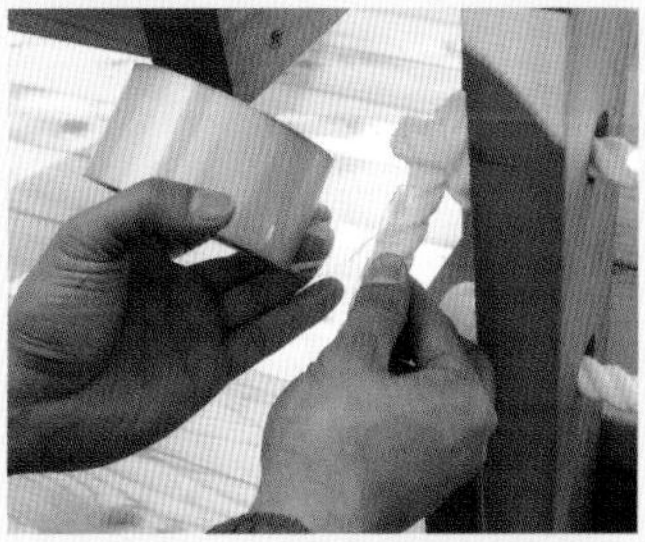
ビニールテープは透明がおすすめ

どちらかといえば直線的なイメージの強いウッドデッキのなかで、ロープフェンスは、柔らかなイメージを作る貴重なアイテムのひとつ。繊維製であることから、時間が経てば当然汚れも目立つし、結び目部分もボソボソになってしまう。少しでもきれいな状態を長持ちさせたければ、結び目の切った部分に透明のビニールテープを張ること。また、ロープを結ぶときは、先端を水に浸してから結ぶと、乾いたときにしっかりとした結び目が完成する。

11 材を組むときには下穴をあけよう

むずかしいななめ打ちも下穴をあけておけば簡単に木ネジが打てる

「木ネジがうまく打てない」「曲がって入り木ネジが飛び出した」なんて経験をした人も多いはず。それを解決してくれるのが、下穴あけ作業だ。あらかじめネジ道を接合する材同士にあけておけば、木ネジは実にスムーズに入っていく。下穴あけには3mm径程度のドリルビットを使うといい。下穴あけビットはドライバービットとおなじように本体のチャックに装着するだけ。ひと手間かかって面倒と思うかもしれないが、結果的には効率いい作業ができるのでぜひ行ないたい。どんな作業でもプロはかならず下穴をあけてから木ネジを打つほどだ。

approach 5

カウンターテーブルを作る

通り側に面したフェンスに簡単なカウンターテーブルを作る。まず、天板の受けを2×4で組み、これをフェンスに直接取りつける。次に脚（2×4）、最後に2×6&2×4で天板をつける。受けの骨組みを組むときに、斜めカットがあるが、完成時には見えない部分なので、しっかり組んであれば神経質になることはない。また天板の形も自由、ここではジグソーを使って曲線カットをしてみた。

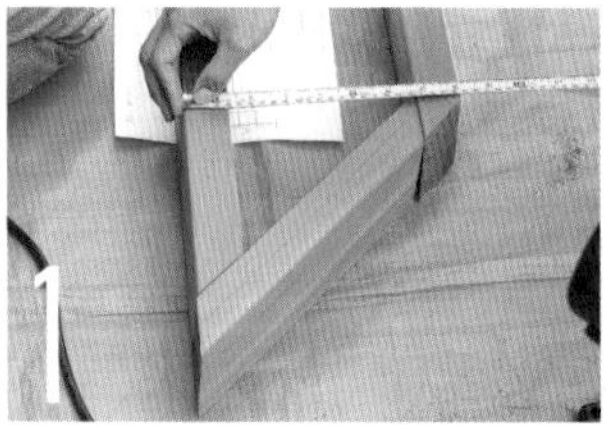

2×4で、天板の受けを組む。受けのサイズは、幅420mm、長さ1800mmとした。斜めカットも多いが、現物合わせで組んでいく

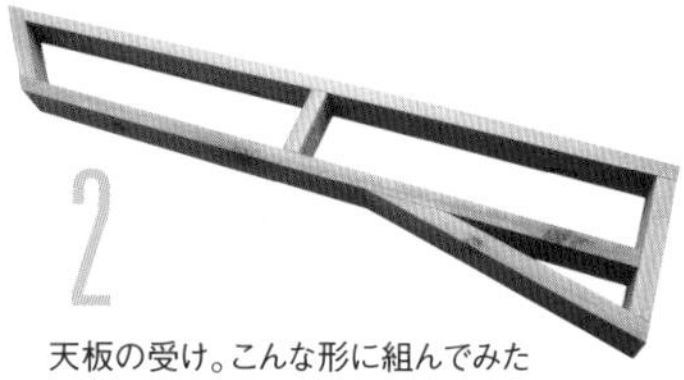

天板の受け。こんな形に組んでみた

天板の受けをフェンスに直接取りつける。このときにテーブルの適当な高さを決める

骨組みの内側に2本の脚を取りつける

天板を取りつける。まず2×6を2枚、2×4を1枚あてがってみる

好みの天板の形に墨つけする

ジグソーでカットしたものを受けの骨組みに取りつける

天板の切り口をヤスリで面取りすれば、カウンターテーブルが完成

approach 6

簡単スツールを作る

2×材の端材を利用し、カウンターテーブルに合わせたスツールを作る。図のような3点支持の簡単構造だが、意外に強度がある。3カ所に20度の斜めカットがあるが、これを慎重にクリアすればまず失敗はない。簡単にできるおしゃれなデザインスツールだ。

簡単スツールの構造

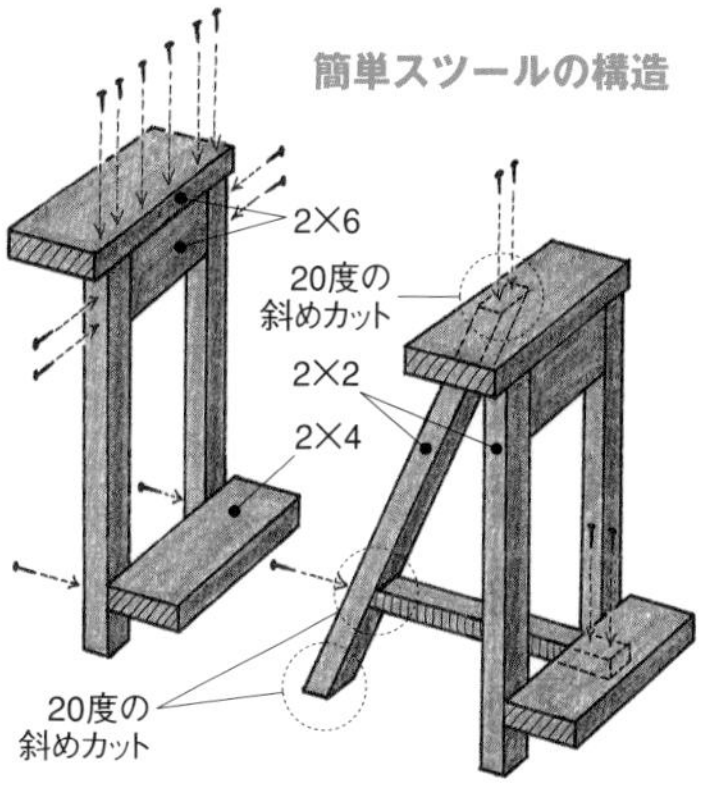

2×6と2×2（2×4を裂いたもの）で、最初にこのように組む。長さは好みに合わせて決める

足台を取りつける

後脚を取りつける

簡単だが、おしゃれなスツールが完成した。強度も十分。カウンターテーブルと相性もぴったりだ

DIYビギナー必携！ デッキ作りの基礎知識

12 斜め切り、角度切りって難しいんじゃない？

ウッドデッキ作りでは、床張りなどで斜め切り、角度切りを多用することがある。DIY初心者にとっては、「ちょっと難しそう」と思われがちだが、専用の道具さえ揃えれば、さほど難しいテクニックではない。斜め切りで多用する道具は「丸ノコ用可変定規」「留めスコヤ」のふたつ。どちらもホームセンターなどで安価で手に入る。まず、「丸ノコ用可変定規」だが、ちょうどサシガネの90度部分に分度器がついていて、角度を調節し、丸ノコのベースにあてがいカットすることで、自由に角度切りができるというもの。「留めスコヤ」は45度が一発で引けることから、床板や根太などの切り出しに重宝する。斜め切りは、丸ノコの角度調整ネジを調整するだけで好みの角度（通常の丸ノコは最大45度まで傾斜をつけられる）でカットできる。「丸ノコ用可変定規」と丸ノコを併用すれば、角度をつけてなおかつ斜めにカットすることも可能なのだ。また、「ソーガイド」を使用すれば、ノコギリでも角度切りができる。

お手軽工具ソーガイドで楽々角度切り

丸ノコ用可変定規（左）と留めスコヤ

13 材に木ネジを打ち止めるときは両端から！

木ネジで材を固定するときは端から順番に追ってしまいがち。が、実はこれ間違い。というのも、この方法では順に打っていくたびにもう一方の端が微妙にズレていってしまうからだ。そうならないためにおすすめなのが、両端を先に木ネジで打ち止めてから内側を固定していく方法。室外機カバーなどパネル材を止めるときも、端から押さえてしまえば両端がぴったりあっているので、極端に言えば内側を雑に打ってもズレることはない。また材が反っていた場合、端を最後に内側に木ネジを打つことで、反りを抑えながら材を固定することができる。これはデッキの床板を固定するときにも有効だ。意外に知らないこの方法、ぜひお試しあれ！

指を指しているのがはじめに木ネジを打った一方の端。次にもう一方の端に木ネジを打てば、パネル材のように実加工されたズレやすい材もスムーズに固定できる

approach 7

室外機カバーを作る

デッキ上にある無粋なエアコンの室外機をウッディなカバーで覆い、雰囲気を変えたい。これもデッキリフォームのポピュラーな方法だ。ここでは、1×4を使い、あっという間に室外機カバーを作ってみた。より頑丈に作るならば、四隅の脚に2×4を使うなどすればいいだろう。完成した室外機カバーは花台にするなど、実用性もある。

室外機のサイズに合わせて、1×4をカットしたものを、プランどおりに組んでいく（プラン図参照）

室外機カバー
プラン図

天板を乗せたが、配線部がじゃまになったので…

配線部分をカットした

室外機カバーが完成した。花台などを置ける実用的なアイテムでもある

approach 8

塗装する

今回使ったウエスタンレッドシダーは、防虫防腐効果があり、塗装不要という意見もありそうだが、塗装すればさらに安心なので、油性ステインで塗装することにした。ついでに3年ほどたって色あせているデッキフロアも再塗装し、デッキ全体の統一感を図ることにした。ただし、再塗装するフロア部分は、洗浄剤で汚れを洗い落とし、乾燥させてから塗装することにした。なお、洗浄剤は、エクステリア木部洗浄剤「ウッドリバイバー」、塗料はインウッドのナチュラルカラーを選んだ。両者とも、アウロジャパン(株)☎0120・044・790 http://www.auro-japan.shop)が発売元。

また、塗装にあたっては、非塗装部分が汚れないようにしっかり養生すること。とかく、養生はいい加減になりやすいが、塗装が成功するかどうかは、養生に時間をかけるかどうかにかかっているのだ。

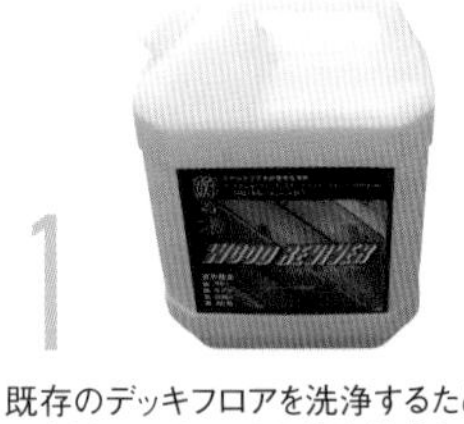

既存のデッキフロアを洗浄するために用意した中性タイプのような洗浄液「ウッドリバイバー」。4ℓボトルで3980円。使用量目安は1ℓで3.5〜7㎡とか

デッキフロアに水をまき、洗浄液を含めたデッキブラシで汚れを取る。最後に水できれいに洗い流すこと。これで乾燥したら、塗装開始

養生テープや古新聞などを使って、非塗装部分をしっかり覆う。これを怠ると失敗することになる

今回塗料に選んだインウッドは、驚くほど伸び、しかも1度塗りで十分効果を発揮するので経済的なこともありがたい。インウッドは、3.8ℓで7,230円。色はナチュラルカラーのほかに、シダー色、ピーカン色、シエラ色、メープル色がそろっている

既存の床も汚れを落としたあとに塗装した。塗料がよく伸びるので、布でしごきながら塗ったほうが効率がよかった

塗装が終了した。床とフェンス、テーブル、スツールが同色となり、統一感が増した

デッキフロアの開口部に植栽（山ボウシ）を置くだけで、その場の空気が大きく変わる。視覚のどこかに自然の緑が加わるだけで、無機的なデッキ空間に瑞々しさが加わり、潤いのある雰囲気が現出する。さっそくモデルファミリーの鈴木さんの1歳半の逞人ちゃんとお母さんに登場してもらおう。

　高床式のデッキに、行動半径がまったく読めない子供がいるだけで落ち着かないものだが、高いフェンスと出入り口のドア設定で、安心して子供を遊ばせられるとお母さんにも好評。これならば、近くのママさん仲間を呼んでカウンターテーブルでお茶を楽しみながらおしゃべり大会なんてこともOKだし、夜はご主人と夜風に吹かれてビールを1杯などということも十分に可能。どうやら、今回のデッキリフォーム、大成功！

リビングルームからデッキを見る。カウンターテーブルや床に植栽を施すと優しい景観になる

上が引き戸が開いている状態。下が引き戸が閉まっている状態

フロアの開口部には、山ボウシを置いた。やはり少し高い植栽のほうがいいようだ。開口部に子供が落ちるということならば、板材を格子状に組んだもので立ち木の根元をふさいでもいい

デッキリフォーム終了！子供が安全に遊べる野外リビングができたぞ！

14 木ネジはどんなものを用意したらいいの？

大切な準備に、木ネジがある。デッキ作りでは大量に使うため、相当量用意しなければならないのだが、種類がたくさんあるために、どれを用意したらいいのか迷ってしまう。

クギを選ぶ場合、長さは材の厚さの2.5〜3倍といわれるが、木ネジはクギよりも保持力が高いので、もう少し短くて、板の厚さの2〜2.5倍というのが正しい木ネジの選択だ。2×材を主力のデッキ材に使う場合には、2×4や2×6の厚さが38㎜だから、その約2倍である75㎜、1×4なら厚さが19㎜だから、その倍の38㎜の木ネジを用意すればいいだろう。もちろんベストはあらゆる状況に備えて、90㎜や50㎜もあれば心強い。

よく使われる木ネジはコーススレッドと呼ばれるもので、ふつうのネジよりもピッチが長くてネジ山が高いので、保持力が非常に高く、デッキ作りではポピュラーな木ネジとなっている。なお、コーススレッドには、一般の亜鉛メッキタイプのほかに、ステンレス製もあるが、海に近い地域の場合は錆びにくいステンレス製をおすすめしたい。ただし価格はその分高くなる。また、割れが出やすい箇所に打ち込むときに使うのが、ナゲシビスとかスリムビスと呼ばれるものがある。これもあると便利だ。

この他、状況にあわせてコンクリートビスや丸クギも用意すると完璧だ。

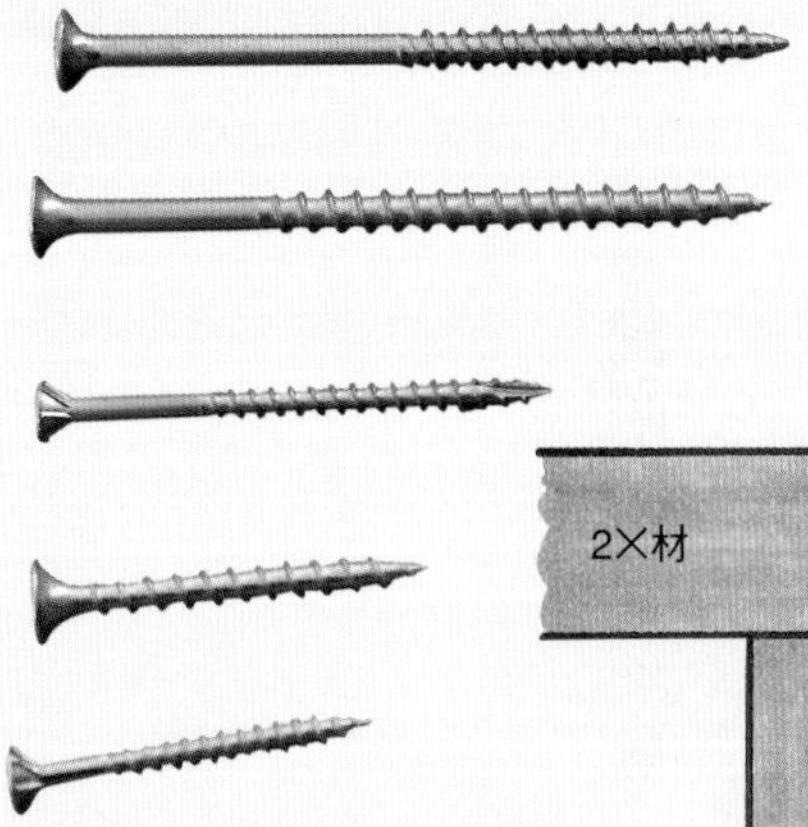

デッキ作りで多用する木ネジ類。上から75㎜ナゲシビス、75㎜コーススレッド、50㎜細ビス、38㎜コーススレッド、32㎜コンクリートビス

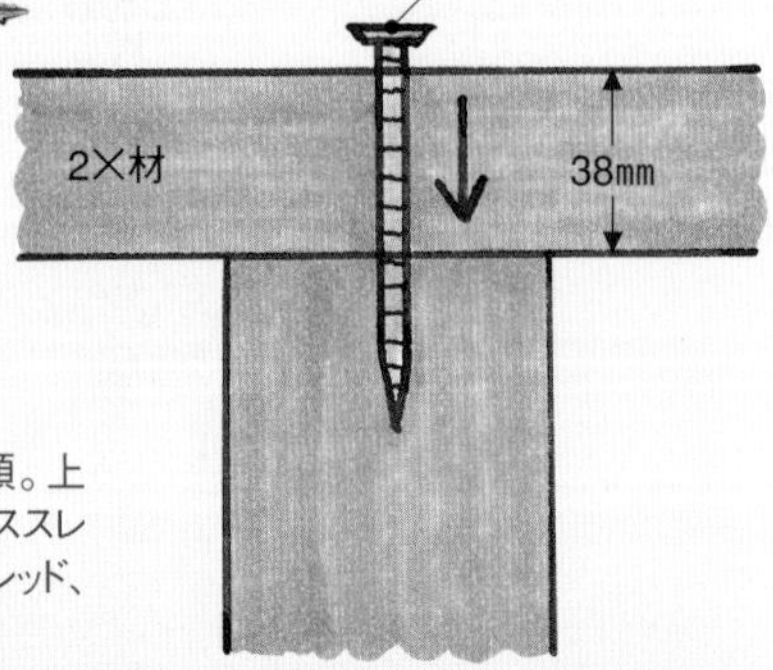

15 床張りは木ネジよりもクギのほうがベター？

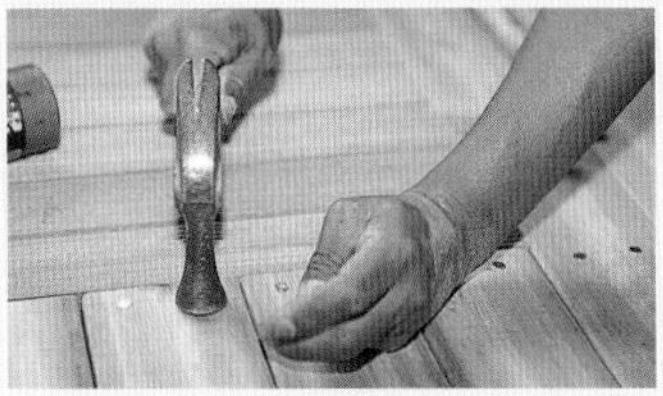

床張りはクギのほうがベターだという業者も多い。クギは頭がフラットなスクリュークギがおすすめ

インパクトドライバーを使い、木ネジで床張りを行なうと、パワーが勝ってどうしてもネジ頭が床にめりこんで、くぼみができて、見た目にもよくないし、水がたまり、サビも出やすくなる。そこで、木ネジではなく、クギとカナヅチで床張りを行なうほうがベターだという業者もいる。その場合、抜けにくいスクリュークギがおすすめだ。

16 プロの裏ワザ コーナーポスト編

4×4の端材を接続！

デッキ部分が完成し、フェンスの製作に取りかかる。各支柱を立て笠木をつけようとあてがってみると、「あれ、笠木とコーナーポストの間にすき間ができている！」。こんなときは焦らず騒がず、足りない分を継ぎ足せばいいのである。とはいえ、4×4をそのまま継ぎ足したのではつまらない。継ぎ足す4×4の端にぐるりと10㎜程度の溝をいれてやることで、存在感のあるコーナーポストに仕上がる。

17 床板張りのスペーサーはなんでもいいの？

写真は、3㎜厚のアクリル板を床張りのスペーサーに使った例だが、厚ささえあえば、スペーサー代わりにあるものはいろいろとありそうだ。薄い板材、適当なL字型の金具、場合によっては木ネジ1本というケースもある。なお、床板のすきまは3〜5㎜というのが一般的だ。

こんなL字型の接合金具も立派なスペーサーになる。

木ネジをスペーサー代わりにするケースもあった

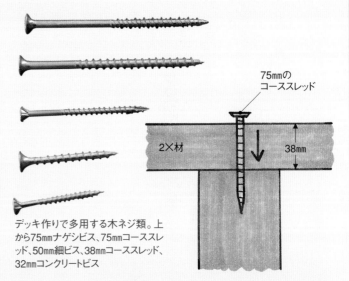

Part 7

ウッドデッキキット&フェンスカタログ

設計プランや木取りなど面倒な作業は苦手で、時間もない、
という人にぴったりのデッキキット。
フロアやフェンス、ステップなど、パーツを組み合わせるだけで
簡単にデッキになるキットデッキと
デッキには欠かせないフェンスを紹介する。

Kit deck & Fence Catalog

キットデッキweb

★中川木材産業

ビギナーからプロ用まで、幅広いキットデッキを取り扱っているのが、中川木材産業だ。

ここで紹介するキットデッキwebは部材に耐久性の高いウエスタンレッドシダーを使っている。タイプはサイズによって156通り用意されており、床板も縦張り、横張りが選択可能。価格は間口885㎜×奥行き約1800㎜（床板縦張り）で3万3300円から。

デッキの高さは標準が425㎜で、625㎜まで対応ができる。オプションの手すりは横ストライプ、クロス、ボーダーの3タイプ。標準色は写真のチークブラウンで、ダークブラウンに変更もできる。

自分サイズに対応できる初心者向けのデッキキットだ。

モダンな雰囲気の縦ストライプのフェンスがついたキットデッキweb

キットデッキの組みあわせ例	
①デッキ(kc-y 2830-1115)(2830㎜×1115㎜)	61,500円
②手すり縦ストライプ(18200円／m×3.7m)	67,340円
合計(基礎石はのぞく) 送料別	128,840円

キットデッキラフ

ウェスタンレッドシダーを部材に使用し、40㎜厚の肉厚な床板で、重厚かつ耐久性もあるデッキキット。
サイズ◎間口2712㎜×奥行き1789㎜（縦張り床）
価格◎76,800円（手すりはオプション32,400円）

キットデッキハード

メンテナンスが不要といわれるハードウッドのウリン材を使ったキットデッキ。
サイズ◎間口3553㎜×奥行き1929㎜
価格◎162,400円

キットデッキミニ

組み立てが早くて30分でできてしまうという簡単デッキキット。部材はウエスタンレッドシダー。写真はLタイプ、手すり２枚セットつき。
サイズ◎間口1749㎜×975㎜
価格◎66,500円

あれこれ迷う! キットデッキ・オプションパーツ

問い合わせ◎中川木材産業　https://shop.wood.co.jp/

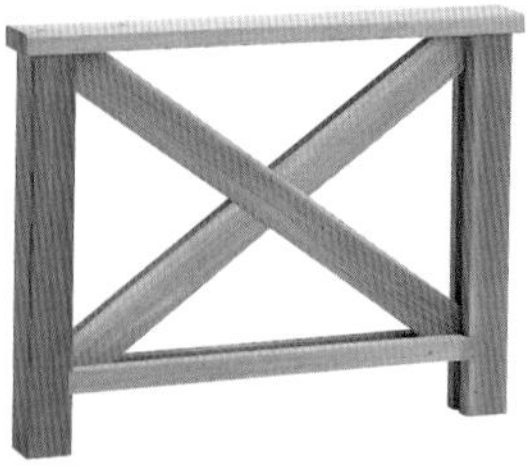

手すりクロス

手すりのついたクロスフェンス。ラティスフェンスとはちがった雰囲気にしてくれるはず。
サイズ◎高さ700㎜×１スパン
価格◎11,000円

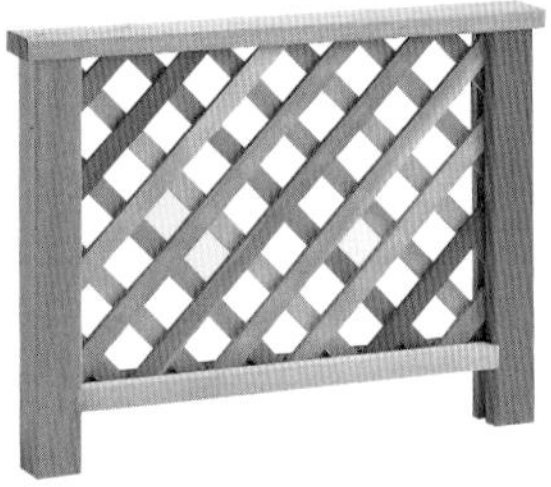

手すりラチス

オーソドックスなラティスフェンスに手すりがついたタイプ
サイズ◎高さ700㎜×１スパン
価格15,800円

階段

アクセントになる階段。デッキ高さ560㎜に対応。できればほしいアイテム。
サイズ◎幅800×高さ560㎜
価格◎14,500円

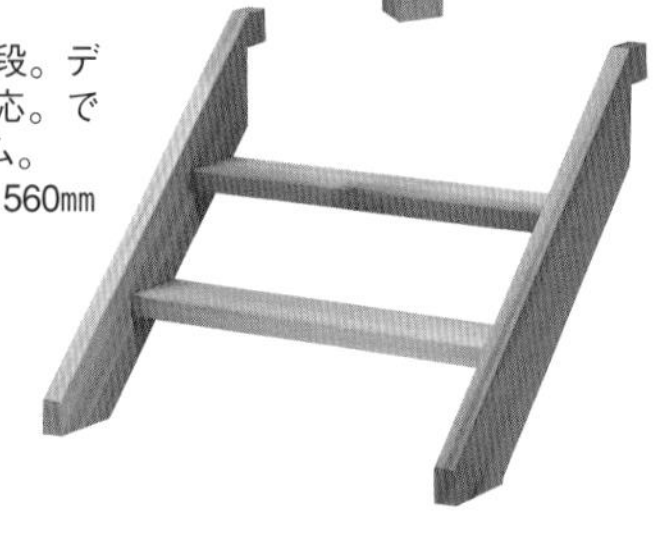

手すり横ストライプ

横に張ったフェンスがモダンな雰囲気を醸し出すフェンス。
サイズ◎高さ700㎜×１スパン
価格◎11,000円

ステップ

35㎜厚のレッドシダー材を使ったステップ（節あり）。庭とデッキをつなぐ踏み台として最適。
サイズ◎間口770㎜×奥行き435㎜×高さ150㎜
価格◎8,800円

※価格は税込です。ここで紹介している商品情報は2008年9月現在のものとなるため、価格・仕様の変更や、商品が廃番になっている場合があります。

オプションが豊富だから、デッキをより個性的に作ることができる

デッキ・プラン・システム

★ジョイフル本田

パネルデッキプレートやラティスのほか、接合金具・ボルトセットと、細分化された専用パーツまで用意されているのが、デッキ・プラン・システム。

これを扱っているのが、関東で大規模にチェーン展開しているホームセンター、ジョイフル本田だ。

左上の写真は、900×900㎜サイズのデッキプレート6枚に、オプションパーツを取りつけた一例。これで価格は13万3650円。基礎石にはコンクリート平板を使うが、これは価格に含まれていない。

デッキを構成する各パーツは、いちから自分で組み立てるキットタイプのほかに、途中まで組み立てられた半完成タイプもある。

キットタイプでさえ作るのが面倒、という人は、半完成タイプを選べばいいだろう。ただキットタイプの方が自分で作る分、お買得になっている。

キットデッキの組みあわせ例	
①デッキ部（8,570円／枚）×6	51,420円
②デッキフェンスコーナー・ラティス（6,890円／枚）×4	27,560円
③デッキステップ（5,240円／個）×3	15,720円
④ゲート・金具別（7,660円／枚）×1	7,660円
⑤トライアングルフェンス（9,990円／枚）×1	9,990円
⑥アーチフェンス（13,500円／枚）×1	13,500円
⑦背もたれ付ベンチ（7,800円／個）×1	7,800円
合計（基礎石はのぞく）	133,650円

（コンクリート平板は、250×250×60㎜サイズで1枚290円）
＊予算は半完成品を基準に算出（金物は別売）

あれこれ迷う！ キットデッキ・オプションパーツ

問い合わせ◎ジョイフル本田　https://www.joyfulhonda.com/

クロスフェンス

おなじみのクロスフェンスもラインナップ。
サイズ◎幅980×高さ565㎜
価格◎8,280円

背もたれ付ベンチ

フェンスなどと連結が可能な腰掛け用ベンチ。幕板に固定できるので、デッキを広く使える。自分で作るキットタイプ。
サイズ◎幅975×奥行380㎜
価格◎7,800円

トライアングルフェンス

本体上部の三角形が印象的。デザインの異なったフェンスをつければ、デッキ全体の雰囲気も一新するはず。
サイズ◎幅975×高さ1960㎜
価格◎9,900円

アーチフェンス

硬いイメージになりがちなフェンスを、やわらかいイメージにしてくれるアーチフェンス。プランターをかければさらに効果的。
サイズ◎幅975×高さ1550㎜
価格◎13,500円

※価格は税込です。ここで紹介している商品情報は2008年9月現在のものとなるため、価格・仕様の変更や、商品が廃番になっている場合があります。

システムウッドデッキキット

★リーベ

デッキくん

1坪デッキキット。材はウエスタンレッドシダーで、カット不要のボルト固定タイプで取りつけができ、作業は簡単。デッキ材は無塗装なので自分好みでアレンジ可能。フェンスと支柱、ステップがセットになっている
サイズ◎1800㎜×1800㎜
価格◎69,800円（フェンス、ステップつき）

リーべのシステムウッドデッキキット。
床材にアイアンウッド、下地は特殊鋼材で耐久性抜群

下地材は特殊コーティングした鋼材なので、水平がとりやすく、メンテナンスの手間も少ない

床材は天然木のアイアンウッド、下地材は特殊金属鋼を使用した耐久性の高いウッドデッキキット。

　アイアンウッドの固定には特殊固定金具を使用することで、床材を直接ビスで固定する必要がなく、アイアンウッドとはいえ下穴あけなどの作業がないので、初心者でもスムーズに施工できる。

　耐久性のあるデッキなので、メンテナンスの手間もかからず経済的でもある。

デッキの組みあわせ例

①デッキ（1800㎜×2700㎜）	186,900円
②ステップ	24,990円
③フェンス（25,200円×3枚）	75,600円
④フェンス柱、笠木	47,565円
合計（基礎石はのぞく）送料別	335,055円

問い合わせ◎リーベ　https://www.1128.jp/

ウッドデッキ&フェンスキット

★ウッドDE工房

組みあわせ例

①デッキ＆フェンスT27-18/A5	116,500円
合計（基礎石はのぞく）送料別	116,500円

塗装が面倒という人は、オプションで5色から塗装の選択ができる

ストレートフェンス90

ウエスタンレッドシダーのフェンス。ラティスタイプとクロスタイプがある。
サイズ◎幅900㎜
価格◎6,000円

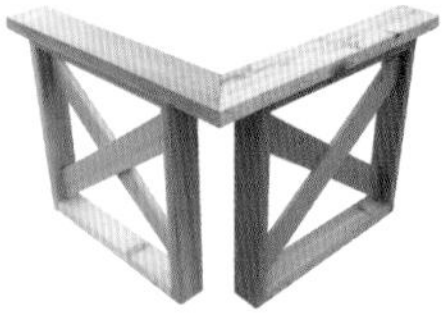

コーナーフェンス9-9

コーナー用のデッキフェンス。レッドシダー材。こちらもラティスとクロスの2タイプがある
サイズ◎幅900㎜×900㎜
価格◎12,000円

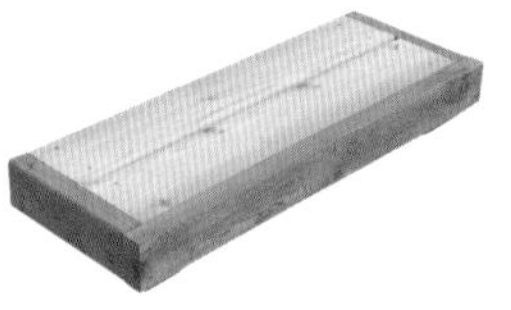

デッキステップ90

デッキの必須アイテムのステップ。ウエスタンレッドシダー材を使用。
サイズ◎約880㎜×330㎜×130㎜
価格◎5,800円

ウッドデッキ本体に、フェンスとミニステップがセットされたキット。材はウエスタンレッドシダーを使用している。

　設置スペースに合わせて、０・５坪タイプ（間口１８５４㎜×奥行き９１２㎜）から用意されている。価格は１坪タイプで、７万４３００円（塗装なし。塗装ありは８万６３００円）。フェンスのデザインもラティスとクロスの２タイプから選択可能だ。

※価格は税込です。ここで紹介している商品情報は2008年9月現在のものとなるため、価格・仕様の変更や、商品が廃番になっている場合があります。

Kit deck&Item 5

システムデッキ

★タカショー

オーニングなどを自分なりにアレンジしてデッキライフを楽しんでみては？

1.5坪タイプのシステムデッキ。写真は、木の風合いを生かしたナチュラルタイプ

90cm×90cmのデッキ材を組み合わるタイプで、サイズは0・5坪から1・5坪タイプまで用意されている。

付属品はラティスタイプのフェンスと、ステップ1個のほか、組み立てに必要なボルトや木ネジ、補強プレートもついているので、初心者でも安心して組み立てることができる。

パーゴラつきのタイプもあるので、自分らしいデッキにアレンジ可能だ。

キットデッキの組みあわせ例

①システムデッキナチュラル(2900㎜×1900㎜×1170㎜)	135,000円
合計（基礎石などはのぞく）	135,000円(税込)

和風システムデッキ

ブラウン塗装の和風モダンなデッキキット。フェンスはスクエア型。サイズは0.5坪から1.5坪までで、写真は0.5坪タイプ
サイズ◎1900㎜×1000㎜×1170㎜
価格◎58,000円（税別）

問い合わせ◎タカショー　https://www.takasho.jp/

Kit deck&Item 6

ウッドデッキ(規格型)

★ウッドプロ

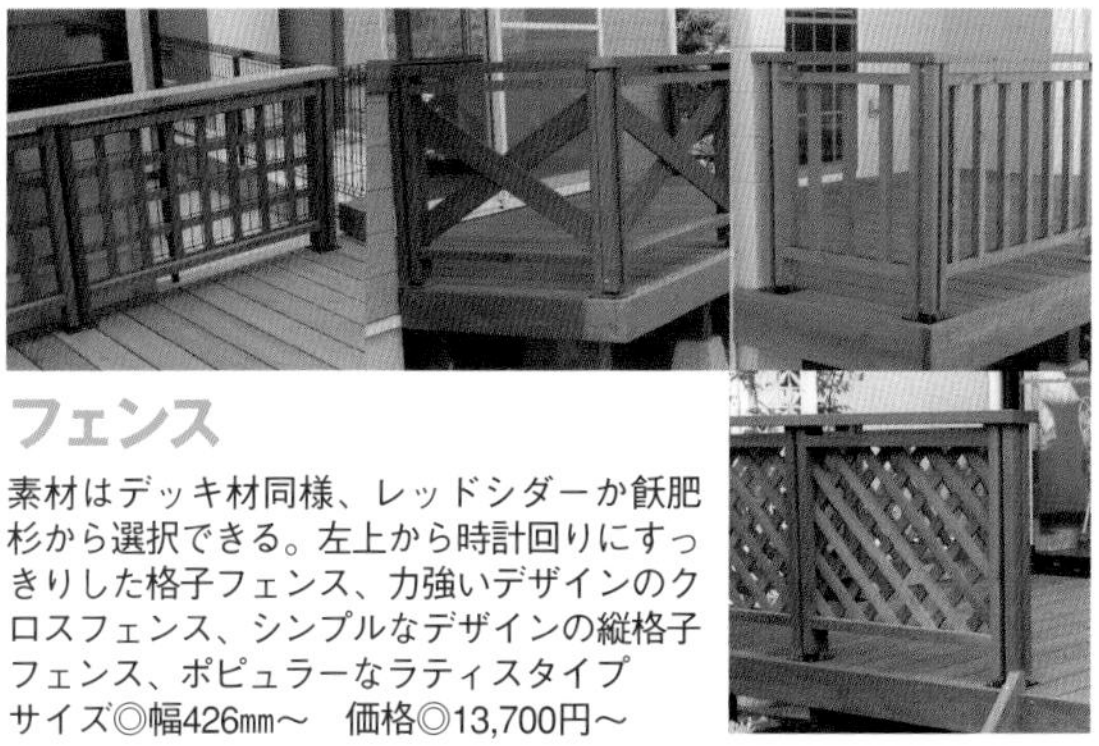

フェンス

素材はデッキ材同様、レッドシダーか飫肥杉から選択できる。左上から時計回りにすっきりした格子フェンス、力強いデザインのクロスフェンス、シンプルなデザインの縦格子フェンス、ポピュラーなラティスタイプ
サイズ◎幅426㎜～　価格◎13,700円～

写真は、素材は飫肥杉、フェンスは斜め格子、ステップは箱形タイプのデッキキット

素材はウエスタンレッドシダーか、湿気や虫害に強いといわれる国産材の飫肥（オビ）杉の2種類。サイズは1・9m×0・9mから約4m×3・6mまでバリエーションは127通りもある。

オプションのフェンスはラティスタイプから、クロス、格子、縦格子の4タイプあり、ステップも2種から選択できる。色もナチュラルからチャコールブラックなど6色から選択可能だ。

キットデッキの組みあわせ例

①デッキ(3500㎜×2000㎜)	92,000円
②フェンス(斜めラティス)	81,000円
③ステップ(箱型ステップ)	7,600円
合計(基礎石はのぞく) 送料別	180,600円

側板階段

レッドシダーか飫肥杉から選択可能。段数も1段か2段かで選ぶことができる
サイズ◎高さ300㎜～600㎜×幅800㎜
価格◎6900円～

問い合わせ◎ウッドプロ　https://www.woodpro21.com

※価格は税込です。ここで紹介している商品情報は2008年9月現在のものとなるため、価格・仕様の変更や、商品が廃番になっている場合があります。

デッキに欠かせないアイテムといえば、やっぱりフェンス！

ひと口にフェンスといっても、デッキに据えつけるタイプや、ブロックに取りつけるタイプなどいろいろある。

ラティスや縦格子、クロスなど、デザインによって、デッキ全体の雰囲気も変わるはず。

アクセントとして使えるものもあるから、いろいろな組みあわせを楽しもう。

ラティスパネル

ダイヤタイプのものは、枠なしの注文も可能。適度な目隠し具合が魅力で、開放感を重視する人は65㎜間隔のタイプを選ぶといい（ジェイスタイル）

価格◎①厚さ22㎜×長さ1825㎜×幅890㎜　7,640円
厚さ22㎜×長さ1825㎜×幅1230㎜　10,000円
②厚さ38㎜×長さ1830㎜×幅640㎜　8,400円
厚さ38㎜×長さ1830㎜×幅940㎜　10,160円
厚さ38㎜×長さ1830㎜×幅1240㎜　12,770円
③厚さ38㎜×長さ1830㎜×幅940㎜　8,060円
厚さ38㎜×長さ1830㎜×幅1240㎜　10,250円

②枠付きラティス ダイヤ 30㎜間隔

①ヘビーラティス スクウェア 45㎜間隔

③枠付きラティス ダイヤ 65㎜間隔

ルーバーラティス 30㎝幅

幅が300㎜と細長い設計となっているため、狭い隙間やサイズ調整にも対応できるルーバーラティス。高さは900㎜、1800㎜の2種類がある（アイリスオーヤマ）

価格◎オープン価格
サイズ◎幅300㎜×
高さ900㎜（左）
幅300㎜×
高さ1800㎜（右）

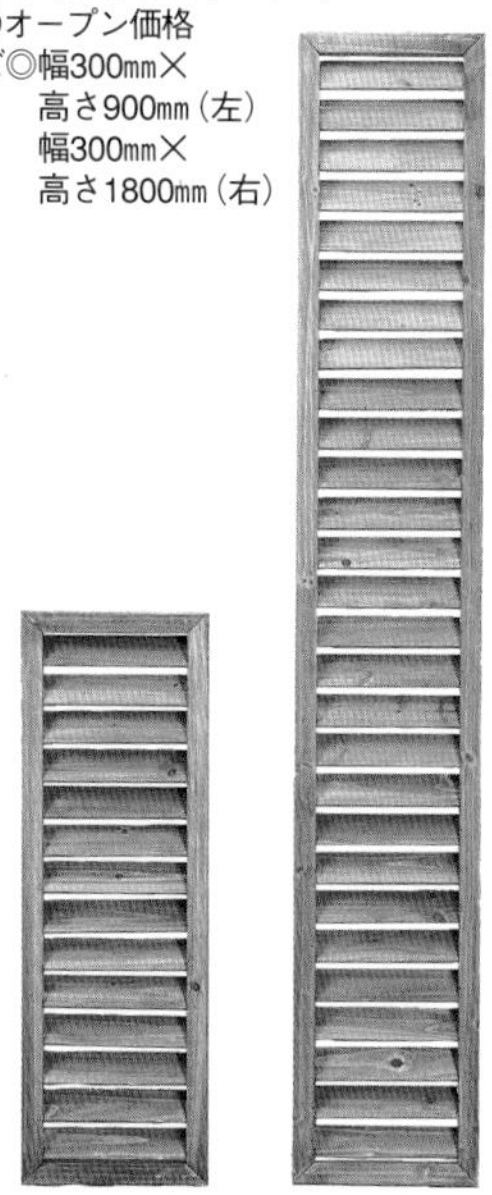

ラティスフェンス

スタンダードな斜め格子のラティスフェンス。写真は防腐加工がされたタイプ（ホクモク）

価格◎11,600円
サイズ◎幅900㎜×高さ800㎜

クロスフェンス

ラティスフェンスにあきたら、クロスフェンスを使ってみよう。写真右はコーナーポスト付きのタイプ（ホクモク）

価格◎7,000円
サイズ◎幅900×高さ700㎜

※価格は税込です。ここで紹介している商品情報は2008年9月現在のものとなるため、価格・仕様の変更や、商品が廃番になっている場合があります。

ラティス付き プランターボックス

650㎜のプランターがピッタリ入るラティスボックス。背面にラティスが付いていて装飾性も高い。プランターボックス部には水抜き穴がついているので、直接土を入れて植物を育てることもできる（アイリスオーヤマ）
価格◎オープン価格
サイズ◎厚さ300㎜×幅715㎜×高さ900㎜
◎厚さ300㎜×幅715㎜×高さ1500㎜

スタンド付伸縮ラティス

間仕切りや目隠し、簡易ゲートなど様々なシーンで活躍する伸縮タイプのラティス。スタンドは安定感のある、前後に足が伸びたタイプのものを使用していて、壁掛プランターなども飾れる。大・小の２サイズ（写真は小サイズ）がある（アイリスオーヤマ）
価格◎オープン価格
サイズ◎小・幅約280〜1050㎜×高さ975㎜
大・幅約380〜1480㎜×高さ1090㎜

ワイヤーラティス　30㎝幅

格子部にはツル性の植物を絡ませやすく、スタンダードラティスとは違う楽しみ方ができる。高さは900㎜、1500㎜、1800㎜の３種類（アイリスオーヤマ）
価格◎オープン価格
サイズ◎幅300㎜×高さ900㎜、1500㎜、1800㎜

クリアビュー　レーリングキット

透明強化ガラスを使った、開放感抜群のフェンス。枠はウェスタンレッドシダー材。幅は6フィート（1829㎜）まで有効。手摺り高914㎜、1067㎜の２種類がある（ジェイスタイル）
価格◎高さ 914㎜・50,400円
1067㎜・53,550円

ルーバーラティス　120㎝幅

高さが600㎜と低いので、デッキに使うときは、下に１枚フェンスを置き、２段にするなどのちょっとした工夫をするとなおいい。カラーは２色（アイリスオーヤマ）
価格◎オープン価格
サイズ◎幅1200㎜×高さ600㎜

シーモア　スチールバラスター

ユニークな形をした金属製格子が特徴の、おしゃれなデッキフェンス（ジェイスタイル）
価格◎11,550円
サイズ◎幅1829㎜（まで有効）×高さ914㎜

※価格は税込です。ここで紹介している商品情報は2008年9月現在のものとなるため、価格・仕様の変更や、商品が廃番になっている場合があります。

デザインラティス　60cm幅

庭の境界に最適なコーナーラウンドタイプのデザインラティス。木板が交わる部分は、ステンレス製のステープルと接着剤で固定しているため、さびにくく、はずれにくくなっている。高さは900mm、1500mm、1800mmの3種類（アイリスオーヤマ）
価格◎オープン価格
サイズ◎幅600mm×900mm、1500mm、1800mm

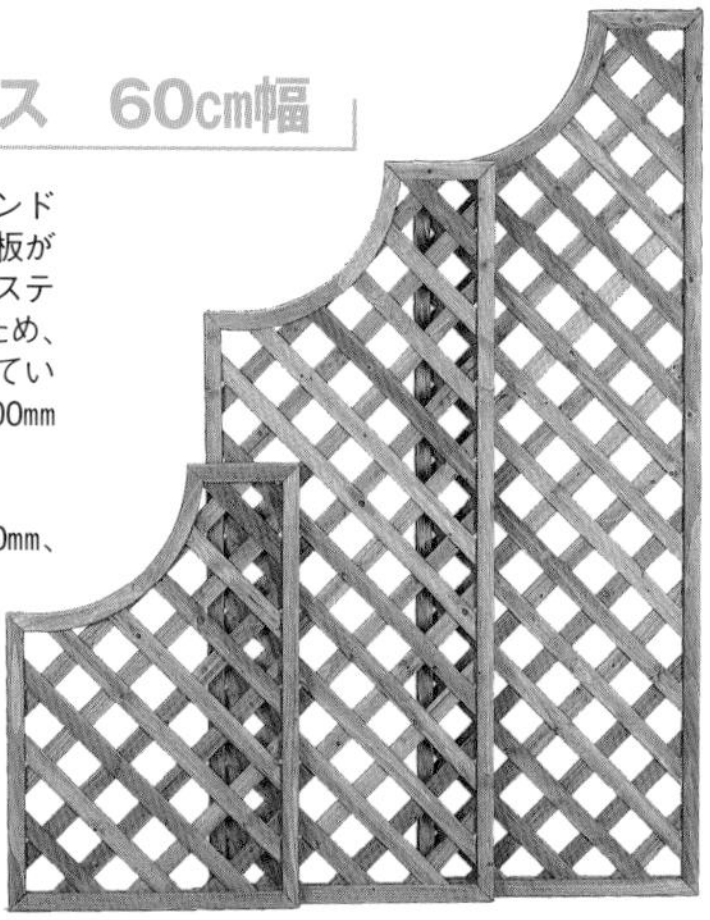

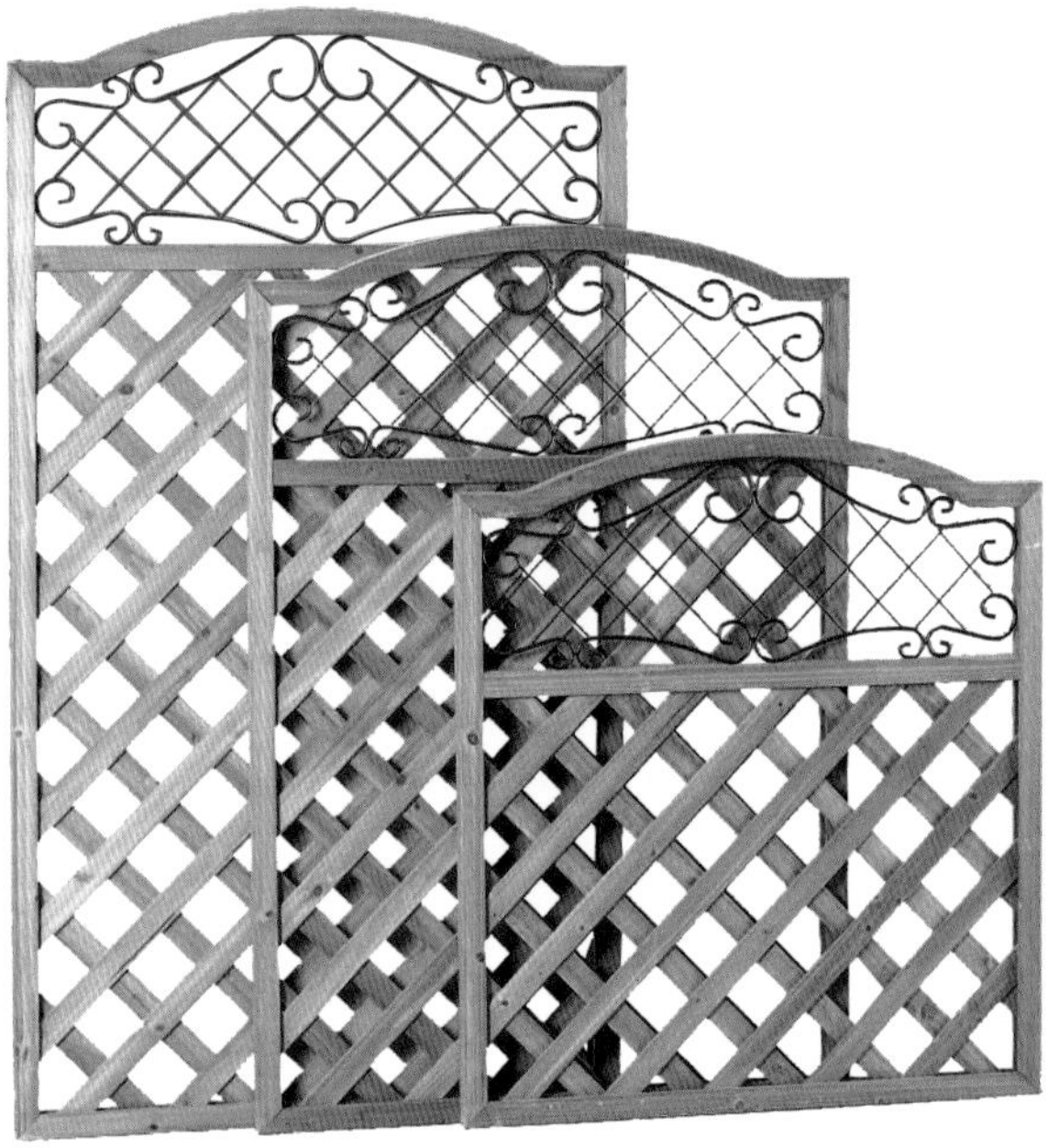

ワイヤーデザインラティス　90cm幅

上部のワイヤーデコレーションが上品で、とてもかわいらしいラティス。ワイヤー交差部、接触部を溶接で固定することではずれにくくなっているため、耐久性もいい。高さは980、1280、1580mmの全3種類（アイリスオーヤマ）
価格◎オープン価格
サイズ◎幅900mm×980mm、1280mm、1580mm

各社問い合わせ先

アイリスオーヤマ	https://www.irisplaza.co.jp/
ジェイスタイル	https://www.jstyle.co.jp/
ホクモク	https://hokumoku.com/

トラディショナル　レーリングキット

ありきたりなウッドフェンスじゃ満足できない人は、アルミ製格子のこれを。枠にはウェスタンレッドシダー材を使用している（ジェイスタイル）
価格◎24,150円
サイズ◎幅1816mm（まで有効）×高さ914mm

タスカニー　レーリングキット

ロックバーと、格子にゆるやかな曲線が付いたことにより、トラディショナルタイプよりも強度とおしゃれ度がアップしている（ジェイスタイル）
価格◎28,350円
サイズ◎幅1829mm（まで有効）×高さ1067mm

ルーバーラティス　90cm幅

高さが900、1200、1500、1800mmと種類豊富で、好みの高さが見つかるはず。カラーは洋風住宅に合うブラウンと、和風住宅に合う落ち着いた色のダークブラウンの2色（アイリスオーヤマ）
価格◎オープン価格

※価格は税込です。ここで紹介している商品情報は2008年9月現在のものとなるため、価格・仕様の変更や、商品が廃番になっている場合があります。

ウッドデッキ作り&ガーデンエクステリア

用語事典

DIY Garden & Wooddeck Dictionary

専門用語は面倒だけれど、覚えてしまえばホームセンターで買い物したり、専門家と話すときなどのコミュニケーションは格段にスムーズなものになる。新しい用語を覚えれば気分だけでもベテランの仲間入りだ。

文責◎ドゥーパ！編集部

あ

あいがき[相欠き、合い欠き]
ふたつの材をつなぐ際、それぞれの部分を同形に欠きとり、つなぎあわせる方法。同じ材質の材を相欠きでつなぐ場合、原則的に材の半分ずつを欠きとって、上下端がそろうようにあわせる。

アプローチ[approach]
もともとは建物へと向かう導入路のことだが、庭に作られる小道のことも指す。製作者の考え方、センスによって、洋風から和風までさまざまなデザインで作られる。

アンカーボルト[anchor bolt]
コンクリート基礎と土台、束柱などをしっかり固定するためにコンクリート基礎に埋めこむボルト。抜けないよう、埋めこみ部分の先端を曲げたり、アンカープレートを取りつけたりしている。

い

いため[板目]
木を年輪に沿って切断するとあらわれる、山形や波形の木目。またこのような木目が出た材を板目材と呼ぶ。

インターロッキング[interlocking]
ブロック状のコンクリート製舗装材。すべらず、歩きやすく、施工および補修が簡単で、比較的安価なので、歩道や道路に広く使用される。色や形が豊富で、ピンコロ石に似せたものから、かみあわせのあるもの、浸透性能のあるものなど、各種製品化されている。

インパクトドライバー[impact driver]
ネジ、ビス、ボルトのしめつけなどに使用する電動ドライバーのひとつ。回転力に加えて打撃力があり、普通の電動ドライバーより強力。

う

ウエスタンレッドシダー[western red cedar]
米杉・カナダ杉。日本のヒノキの仲間。材の色は赤褐色～暗褐色。軽くやわらかで、木目はまっすぐ。耐久性・耐候性にすぐれ、腐りにくく、虫害に強い。ヤニがなく寸法が安定しており、塗装性もよい。デッキ材のほか、住宅の外壁、屋根材として広く使用される。

うま[馬]
長い材の切断や加工のとき、作業しやすい高さで支えるための4本脚の台。足場にする板を乗せるための4本脚の台もうまと呼ばれる。

え

エスピーエフざい[SPF材]
2×4工法などで規定された構造材の規格のひとつ。スプルース材、パイン材、ファー材がこれにふくまれる。

お

オイルステイン[oil stain]
木目を生かせる着色塗装仕上げ剤。普通は、ボイル油に染料や顔料を混ぜて使用する。針葉樹に使うと、油脂分が多いためにムラになりやすい。表面光沢はないので、これを塗ってからクリアラッカーを上塗りする場合もある。

オーバーレイごうばん[オーバーレイ合板]
銘木など天然木化粧単板を表面に張った合板のほか、メラミン、ポリエステル、塩化ビニール樹脂、プラスチック、紙布類、金属板オーバーレイ合板などの仕上げ用化粧合板の総称。

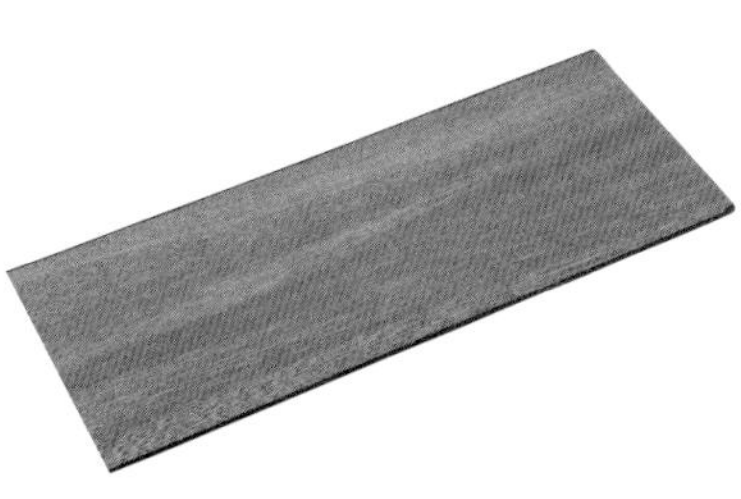

表面に天然木の突き板を張った天然木化粧合板

おおがね[大矩]
直角を求めるための大型の大工道具。水糸の直角を定めるときなどに使用する。大きな三角定規のようなもの。

おおびき[大引き]
根太を支える角材。端は大引き受けか

土台に、中間は床束や束柱に乗せて固定する。根太と直角になるようにし、通常900㎜間隔ほどで配置する。

か

かけや【掛矢】
杭などを打ちこむときに使う、カシなどを材料として作られた大きな木槌のこと。

かさぎ【笠木】
フェンス、手すり、羽目板などの上部に乗せる材。

カスガイ【鎹】
先端をとがらせたコの字型のクギ。材と材を接合するときに使用される。カスガイはあくまでも補助具であるので、しっかりと固定したい場合は、より強度のある箱金物、短冊金物、羽子板ボルトなどを使用したほうがよい。

ガゼボ【gazebo】
イングリッシュガーデンやオランダ庭園などで、周囲の風景を見晴らすために設置される園亭。あずまや。

かねじゃく【曲尺】
→さしがね

がら【ガラ】
コンクリートやレンガなどを取り壊したり、崩してできたクズ。

からねり【空練り】
コンクリートやモルタル、砂などの材料を、水を加えない状態で練りまぜること。

き

きどり【木取り】
木材を加工のために必要な部分に切りわけること。実際に木取りするときは、ノコギリの切断幅のことも考えておかないと、寸法が狂うので注意が必要。

キシラデコール【xyladecor】
ドイツ・DESOWAG（輸入代理店は武田薬品工業）製の木部用防虫、防腐保護着色塗料の商品名。同じような他社製品に、ガードラック、ノンロット205、アルボなどがある。

きそ【基礎】
建物自体の重さや、建物に加えられる力を支える、一番下の部分の構造。基礎には、下向きにかかる力だけではなく、引き抜かれる力もはたらく。このことを頭にいれて作業したい。

きそいし【基礎石】
土台や束柱を乗せる石の基礎のこと。しかしホームセンターなどでは、コンクリート製品の基礎も基礎石と呼ぶ。沓石、束石なども言葉はちがうが、基礎石と同じ意味。本来の基礎石の使い方は、小石を割栗石のように地中に突きこみ、そこに野石を置き、さらにその上に基礎石をセメント、モルタルなどで固定する。

きびろい【木拾い】
設計図を描く段階で、製作に必要な木材の寸法、量、材質などを調べること。これらを正確に洗いだすことで、経済的で無駄のない量の木材を用意することができる。

きんけつボルト【緊結ボルト】
ふたつ以上の材料を結合するためのボルトのこと。木材に使用するものとしては、羽子板ボルト、アンカーボルトなどがある。

く

クギシメ【釘締め】
クギの頭を材の面から沈めるときに用いるタガネ状の工具。先端が細くなっていて、使うときはこれをクギの頭にあてて叩きこむ。狭い場所にクギを打ちこむときにも使用できる。

くみてつぎ【組み手継ぎ】
材の接合方法のひとつ。板材を組むときに、相互に欠きとって組みあわせ、各種角度に接合する方法。二枚継ぎ、三枚継ぎ、五枚継ぎ、石畳継ぎ、蟻継ぎなどがある。

クランプ【clamp】
木工用しめつけ具。材を固定して加工作業を楽にしてくれる。接着剤で材を接合するときにも便利。

クロスフェンス【cross-fence】
フェンスのデザインのひとつで、枠に囲まれた部分が、X字型になっているもの。

け

けいりょうブロック【軽量ブロック】
JIS規格で区分される「空洞コンクリートブロック」のうち、A種、B種に分類される建築用コンクリートブロック。C種は重量ブロックと呼ばれ、ABCの順序で圧縮に対する強度が高くなる。デッキ作りやガーデニングで使用するなら、軽量ブロックでも十分実用的だ。

こ

コーキング【calking】
材のすき間を埋めること。埋めるための製品は、コーキング剤、チンク剤、シーリング剤などと呼ばれ、シリコン系、ポリウレタン系、アクリル系などがある。

こぐち【木口】
木材を木目に対して垂直に切ったときにあらわれる面。年輪の見える断面のこと。

コーススレッド【coarse thread】
木ネジの種類のひとつ。木工用ビスの仲間で、ほとんどまっすぐな細めの軸を持つ。一般のものよりピッチが粗く、山も大きい。保持力が強く、作業効率もよいので、クギに代わって広く使用されている。

こつざい【骨材】
コンクリートを作るときに混ぜる砂利などの総称。粒の大きな粗骨材では砂利、砕石、高炉スラグ砕石、再生骨材などがあり、粒の小さな細骨材には川砂、山砂などがある。

コーナーポスト【corner post】
ウッドデッキやフェンスなどの角に立つ柱。

こば【木端】
材の部分のうち、木口と直角に交わる木目の見える狭い面のこと。

コレットチャック【collet chuck】
電動ドリルなどにビット、先端工具を取りつけるためのチャックの一種。付属のキーをまわし、ブレードやビットを固定する。

コンベックス【convex】
小型の鋼製巻尺のこと、一般的にメジャーと同義。2～6m程度の測定ができる、さまざまなモデルが商品化されている。

さ

さいせき[砕石]
岩石や大きな玉石をクラッシャーなどで破砕して作った砂利。自然の川砂利にくらべ角張っていて、大きさが一定している。デッキ基礎工事のときやアプローチにまく砂利として使われる。

さげふり[下げ振り]
垂直を測る大工道具。糸の先端に逆円錐形のおもりがついている。壁や柱などの鉛直（重力の方向。垂直と思ってもらってかまわない）を測定するときに使用する。

さしがね[指矩]
長枝と短枝からなるL字型のものさし。長さや角度をはかるために使う。もともとは尺寸の目盛りがついていたが、現在はミリ単位になっている。かねじゃくも同義。

し

ジーエル[GL]
グランドライン[ground line]の略で、建物と接するまわりの地面の高さを平均したもののこと。もしくはその平均した高さをあらわす線。

ジグ[jig]
治具。部材を決まったかたちで固定して、作業のガイドとする道具のこと。状況に応じて自作することが多い。

丸ノコ用のジグ。正確なカットには必要だ

じゅうりょうブロック[重量ブロック]
JIS規格で区分される「空洞コンクリートブロック」の、C種に分類されるコンクリートブロック。圧縮に対する強度がもっとも強い。一般的には2階建て以上の建築に使用されているので、DIYではあまり使わない。

ショートポスト[short post]
→束柱

しんざい[心材]
樹木の髄を取りまく、樹心に近い部分。赤色をおびているため「赤身」ともいわれる。樹木の成長過程で辺材が死んで、微生物がきらいな樹脂成分が細胞をおおって心材となり、樹木を支える構造体となる。このため一般に腐りにくく、構造材や造作材に適している。

シンプソンかなぐ[シンプソン金具]
米国シンプソン社製の建築金物。2×4用にできていて、一般建築用はもちろん、ウッドデッキ、ガゼボ、家具用などの専用シリーズも充実している。

す

すいへいき[水平器]
水平を調べるための道具。水準器、レベルともいう。

すみせん[墨線]
作業用に材に引かれた線の総称。

すみつけ[墨つけ]
鉛筆などで、材料となる木材面に線や印をつけること。もともと墨を使っていたため、こう呼ばれる。

すみつぼ[墨壷]
大工、石工が直線を引くとき用いる大工道具。墨つぼ内で墨にひたされた墨糸を、先端のカルコを持って固定し、墨糸を弾いて直線を墨つけする。墨の代わりにチョークの粉を使ったチョークラインも、同じ働きをする道具。

スプルース[spruce]
国産のトウヒ、エゾマツと同類の木材で、米トウヒとも呼ばれる。辺材と心材のはっきりした区別はなく、材の色は白色～淡黄褐色。材質はやや軽くてやわらか。木目はまっすぐ。肌目も細かい。造作材、建具、家具などに用いられる。材質が安定しているので、和室の造作材として使うこともできる。

せ

セメント[cement]
DIYでは、レンガや石材、コンクリート製品を接着したり、コンクリートやモルタルを作るためのポルトランドセメント（石灰石、粘土、酸化鉄等を原料にしている）を指す。本来は接合剤の総称で、アスファルト、膠（にかわ）、石こう、石灰なども指す言葉。

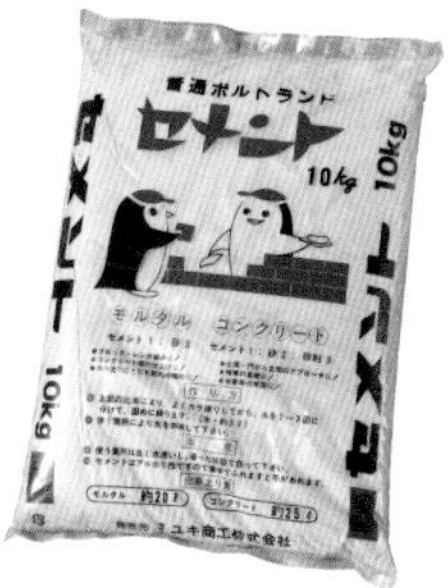

た

ダグラスファー[douglas fir]
米松の仲間だが、ファー（モミ）やパイン（マツ）ではなく、トガサワラの仲間。辺材は淡黄白色～淡赤白色、心材は黄褐色～橙赤色～赤褐色。木目はまっすぐ。肌目はやや粗い。樹脂成分が多い。構造材、下地材、造作材など建築全般に用いられる。硬く、乾燥が速いので、構造材としては1級品で価格も高い。

たるき[垂木]
屋根材または屋根下地材を受けるために、棟から母屋、軒げたにかけ渡す部材。一般的には太さ30×40㎜前後のマツやスギの角材で、450㎜程度の間隔で配置される。

ち

チップソー[chip saw]
刃先に硬質チップ（カーバイトなど）を使った、丸ノコ、テーブルソーなどの刃のこと。

つ

ツーバイフォー[2×4、204]
公称2インチ×4インチ、またはその整数倍の断面を持つ木材を使って、主にクギ打ち工法だけで組み立て、柱ではなく壁全体で荷重を支える枠組壁工法。アメリカ、カナダで開発され、主として住宅用の建築に用いられる。

ツーバイ材[2×材]
2×4工法のために規格化されて製材された材。公称2×4インチ（実際は乾燥材で38×89㎜）、またはその整数倍の断面（例＝2×6、4×4など）で構成される材の総称。梁、根太、まぐさなどに使用される曲げ材の甲種枠組材と、柱に使用される圧縮材の乙種枠組材がある。

つかいし[束石]
大引きや、根太を受ける束柱の乗る石。デッキ作りでは自然石よりもコンクリート製品が多く使われる。

つかばしら[束柱]
短い垂直材の総称。床下では大引きを支える柱のこと。

と

とうけつしんど[凍結深度]
冬期に地盤が凍結する深さのこと。基礎を作るときは、この凍結深度より深い位置から作らないと、霜のせいで建築物が浮きあがることも。寒冷地になればなるほど、これが深くなる。

どくりつきそ[独立基礎]
単独のコンクリート基礎や石などを柱の下に設置し、荷重を受ける構造。何種類かある基礎構造のなかの一種類で、ほかに布基礎、ベタ基礎などの構造がある。簡単にできるので、ウッドデッキなどにはよく使われるが、ひっぱられる力には弱いため、住宅用としてはあまり使われない。

どだい[土台]
柱からの荷重を基礎につたえるために設置される横材。地面に近い位置にあるので、湿気による腐朽や蟻害を予防するため、ヒノキ、ヒバ、クリなど耐久性の高い材や、防腐加工、塗装された材を使用したい。

ドリルドライバー[drill driver]
穴あけ、ネジのしめつけなどに使用される電動工具。先端部のチャックにつけるビットを、ドリル刃、ドライバービットと交換することで、高速回転のドリルと、比較的低速回転のドライバー、両方の機能をカバーする。

トレリス[trellis]
木製または金属製の、白ペンキなどを塗った、十字格子のフェンス材。ツタ植物などからませるためのものもある。ラティスも同義。

とろぶね[とろ舟]
セメント、モルタル、コンクリート類を練るときに使う箱。さまざまな大きさがあり、とろ箱とも呼ばれる。

な

なまコン[生コン]
レディミクスコンクリートとも呼ばれる。コンクリート製造工場から、まだ固まらない状態で、ミキサー車などを使って現場に配達されるコンクリート。

ね

ねだ[根太]
床板を受ける材のこと。基本的に大引きの上に、直角に交わるようにして架ける。

は

パイン[pine]
輸入マツ材のことで、ウエスタンホワイトパインなどが知られている。辺材はほぼ白、心材の色は淡黄色～淡赤褐色。軽くやわらかで、木目はまっすぐ。肌目はやや粗い。加工しやすく、狂いも少ないが、耐候性が小さいため、湿気の多い場所には向かない。造作材、床材、家具、合板などに用いられる。

はごいたつきくついし[羽子板付き沓石]
スタンダードなタイプの沓石（基礎石）で、支柱を固定する金属板（羽子板）が埋めこまれている。金属板がないものもある。

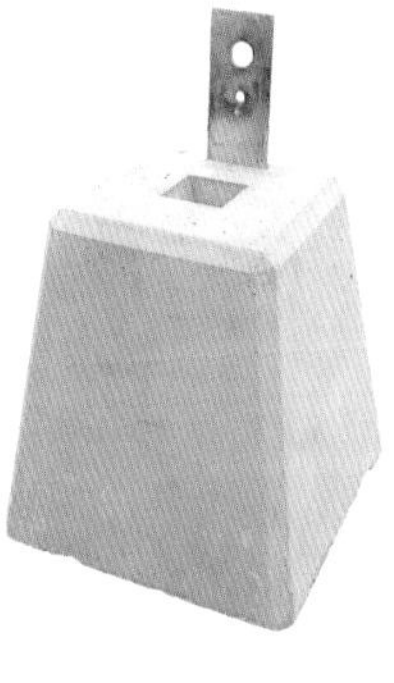

パーゴラ[pargola]
イタリア語の葡萄棚が語源。ツタ植物をからませるように作った、洋風の棚状建築物。

パティオ[patio]
スペイン住宅の中庭のことをさすが、実際にはレンガや石、タイルなどを敷いた広めのスペースをこう呼ぶことが多い。

パネルデッキ[panel deck(和)]
テラスやバルコニーに置くだけでウッドデッキ風の床が簡単にできる、置き型のガーデニング用木製ユニット床材。組みあわせて使う。

ひ

ビーム[beam]
梁（はり）のこと。ガーデニングでは主に、パーゴラ上部に水平にならべる材をさす。

ひうち[火打ち]
直角に接合されたり、交わったりする部材を変形しないよう補強するため、水平に設置する補助材のこと。直角部分を頂点とする二等辺三角形ができるよう、材と材の間にななめに渡して固定する。ウッドデッキに生かす場合、枠や、根太と大引きなどを補強するようにに設置するといい。

ビット[bit]
ドリルドライバー、インパクトドライバーなどの先端につけるプラス、マイナスドライバーやドリル刃などの先端工具。

ふ

ファー[fir]
モミ類のこと。材面はスプルースに近いが、光沢はあまりない。強度も低く、もろい傾向があり、耐候性も低いが、その分価格も安い。

フーチング[footing]

基礎底部の広がり部分。独立フーチングは独立基礎であり、連続フーチングは布基礎となる。

プランター[planter]
植物をいれる容器のこと。鉢型、箱型などいろいろな種類がある。

ブレース[brace]
筋違い（すじかい）のこと。四角形に組まれた柱の対角線上にいれる補助部材。風や地震などの水平力に抵抗し、四角形が変形するのを防ぐ。

へ

べいつが[米栂]
ウエスタン・ヘムロック（単にヘムロックとも呼ぶ）の通称で知られる樹種。辺材と心材のはっきりした区別はなく、材の色は桃白色〜淡黄白色。材質はやや軽くやわらか。木目はまっすぐ。肌目はやや密。加工性はよいがやや割れやすく、保存性もあまり高くないといわれる。柱、造作材、土台、箱材、桶材、家具、屋根材などに用いられる。米マツの代替材として利用できる。

へいばん[平板]
平板ブロック。平らな盤状のコンクリート製品で、主に舗装材などとして使われるが、ウッドデッキの基礎としても利用されることもある。

へんざい[辺材]
樹木の外周に位置する樹皮に近い部分。色あいが明るいため「白太（しらた）」とも呼ばれる。樹木の生きた柔細胞部分であり、水分や栄養分を通すパイプの役目をしている。このため構造的に心材より弱く、養分があることもあって害虫や菌の害を受けやすい。下地材や板材に使われる。

ほ

ボイドかん[ボイド管]
コンクリート打設時に使用する紙製の円筒状型枠材。配管用のスペースなどをあらかじめ確保しておくときに使用する。ウッドデッキの基礎作りなどにも利用できる。

ポスト[post]
柱のこと。屋根や床の荷重を基礎につたえ、支える垂直部材。

ほうづえ[方杖]
柱と梁、桁などをななめに結び、強度を高める構造材。火打ちを垂直に立てた構造になる。実際の建築ではブレースの補助的役目として使う。

ま

まくいた[幕板]
横に長く張った板。ウッドデッキでは外周に張りめぐらせる板を指す。

まくらぎ[枕木]
鉄道のレールを支持する製材加工された木材。クリなど腐朽に強い材を使って作られる。最近では、ガーデニング資材としてよく利用される。

まさめ[柾目]
木を年輪に対して直角に切断するとあらわれる縦じまの木目。柾目材は板目材にくらべ、変形しにくい。

み

みずいと[水糸]
鑓方（やりかた）、基礎工事で水平を示すために使う糸。

みずもりかん[水盛り缶]
基礎工事に際して、基準となる水平を決めるための器具。円筒の缶にゴム管を接続し、その先端にガラス管が挿入されている。透明なホースを使っても代用できる。

め

めんとり[面取り]
材木の角部や端部の直角を削り、面の形にすること。角部分の保護と手ざわりの向上、装飾的な目的を持つ。カンナやトリマーを使用して加工する。

も

もくネジ[木螺子]
木材の固定に用いるネジ。鉄、ステンレス、アルミなどの材質があり、長さも20㎜程度から120㎜超えるものまで、多くの種類がそろっている。DIYではネジ頭がプラスのものが多用される。

モルタル[mortar]
一般的にはセメントに砂を混ぜ、水で練ったセメント・モルタルを指す。基礎工事やレンガ積み、接着などに使用される。

や

やりかた[鑓方]
基礎工事に先立ち、基礎、柱の中心、高低などを表示するために設置する仮設装置。建築物の外周の四隅や要所に杭を打ち、そこに板を水平に打ちつけて作る。

よ

ようじょう[養生]
仕上がった部分に傷や汚れがついたり、雨がかかったりしないよう、ビニールシートや紙、ベニヤ板などでおおって保護すること。

ら

ラティス[lattice]
ななめに板が張られた格子パネル、ガーデニングではフェンスやパーティションとして用される。トレリスも同義。

斜め格子のスタンダードなラティス

ランマー[rammer]
土砂や砕石などをつき固める道具。ガソリンエンジンの爆発力によって跳ねあがり、落下の際の自重と衝撃で地盤を突き固めるものから、棒の先端に鉄製のヘッドをつけ、人力で突き固めるものまで、各種のモデルがある。

れ

レッドシダー[red ceder]
→ウエスタンレッドシダー

レベル[level]
水平のこと。また水平器や水準器など水平を調べる測量器具のこと。

ろ

ろばんざい[路盤材]
道路の表層、または基層と路床の間に設けられる部分に使う資材。砕石、砂などが使用される。道路を歩きやすくする、かかる荷重の分散、排水、凍上防止などの働きを持つ。

わ

わりぐりいし[割栗石]
建築基礎の地盤に用いる石材。石の大きさは通常12〜15㎝。敷きならべ、石のすき間には砂をいれてつき固める。割栗、栗石、グリとも呼ぶ。

PRODUCER
大迫裕三

EDITORS
脇野修平／小宮幸治／豊田大作／宮原千晶／設楽 敦（キャンプ）
オフィスインクベリー

PHOTOGRAPHERS
小山修司／柳沢かつ吉／早川澄雄／冨士井明史／高島宏幸
菊池孝彦／松葉時彦／竹内美治／鉄谷写真事務所／菊池一仁

COVER DESIGNERS
近江真佐彦／小沼康子（近江デザイン事務所）

DESIGNER
小出大介（DOMON MINDS）

ILLUSTRATORS
山本 勇／田中和雄／いわた慎二郎

暮らしの実用シリーズ

決定版 手作りウッドデッキ入門

2008年 9 月27日　第1刷発行
2021年 8 月30日　第7刷発行

発行人　松井謙介
編集人　長崎 有
編集担当　尾島信一
発行所　株式会社　ワン・パブリッシング
〒110-0005 東京都台東区上野3-24-6
印刷所　共同印刷株式会社

●この本に関する各種お問い合わせ先
本の内容については、下記サイトのお問合せフォームよりお願いします。
https://one-publishing.co.jp/contact/

不良品（落丁、乱丁）については業務センター　Tel 0570-092555
〒354-0045 埼玉県入間郡三芳町上富279-1

在庫・注文については書店専用受注センター Tel0570-000346